*A vingança do bom selvagem
e outros ensaios*

FUNDAÇÃO EDITORA DA UNESP

Presidente do Conselho Curador
Mário Sérgio Vasconcelos

Diretor-Presidente / Publisher
Jézio Hernani Bomfim Gutierre

Superintendente Administrativo e Financeiro
William de Souza Agostinho

Conselho Editorial Acadêmico
Luís Antônio Francisco de Souza
Marcelo dos Santos Pereira
Patricia Porchat Pereira da Silva Knudsen
Paulo Celso Moura
Ricardo D'Elia Matheus
Sandra Aparecida Ferreira
Tatiana Noronha de Souza
Trajano Sardenberg
Valéria dos Santos Guimarães

Editores-Adjuntos
Anderson Nobara
Leandro Rodrigues

GÉRARD LEBRUN

A vingança do bom selvagem e outros ensaios

Organização
Ruth Lanna e Pedro Paulo Pimenta

Apresentação
Pedro Paulo Pimenta

Tradução e posfácio
Renato Janine Ribeiro

© 2024 Editora Unesp

Direitos de publicação reservados à:

Fundação Editora da Unesp (FEU)
Praça da Sé, 108
01001-900 – São Paulo – SP
Tel.: (0xx11) 3242-7171
www.editoraunesp.com.br
www.livrariaunesp.com.br
atendimento.editora@unesp.br

Dados Internacionais de Catalogação na Publicação (CIP) de acordo com ISBD
Elaborado por Odilio Hilario Moreira Junior – CRB-8/9949

L454v
Lebrun, Gérard
    A vingança do bom selvagem e outros ensaios / Gérard Lebrun; organizado por Ruth Lanna, Pedro Paulo Pimenta; traduzido por Renato Janine Ribeiro. – São Paulo: Editora Unesp, 2024.

    Inclui bibliografia.
    ISBN: 978-65-5711-249-6

    1. Filosofia. 2. Ensaios. 3. Crítica cultural. 4. Debate público. 5. História da filosofia. I. Lanna, Ruth. II. Pimenta, Pedro Paulo. III. Ribeiro, Renato Janine. IV. Título.

2024-1628   CDD 100
                                                    CDU 1

Editora afiliada:

Sumário

Apresentação — Os passatempos aporéticos de Gérard Lebrun . *7*

   Pedro Paulo Pimenta

O homem público, uma figura em extinção . *13*

O retorno do liberalismo . *25*

O autoritário Estado moderno e seu destino . *31*

Quem é o senhor, Mr. Hobbes? . *43*

A loteria de Friedrich Hayek . *57*

A vingança do bom selvagem . *75*

Hume e a deusa cega . *97*

Duas ideias de liberdade . *115*

Pavana para uma doce vida defunta . *127*

França: uma unidade frágil . *135*

Como fracassam as aberturas . *145*

Quem precisa do socialismo? . *155*

Che: vencedor de si mesmo . *167*

Celso Furtado: os anos de aprendizado . *181*

Para acabar com o mito da cidade grega . *197*

Um materialismo *démodé* . *209*

Antígona: mito ou tragédia? . *215*

Foucault ao vivo . *229*

Uma viagem ao centro do paganismo . *239*

O outono do paganismo . *251*

Foucault no purgatório . *263*

As reflexões de Giannotti, rumo ao espaço . *279*

Fenomenologia é tema de livro subversivo . *291*

A personagem do escritor . *301*

Segredos compartilhados . *311*

Bibliografia . *321*

Lembranças de Gérard Lebrun . *327*
  Renato Janine Ribeiro

Apresentação
Os passatempos aporéticos
de Gérard Lebrun

O filósofo francês Gérard Lebrun gostava de dizer que São Paulo era seu "lugar natural". Por mais de 35 anos, entre 1960 e 1995, Lebrun foi presença incontornável na Universidade de São Paulo e na vida intelectual do país. Colaborador assíduo dos diários paulistanos a partir de 1977, soube como poucos dirigir-se a um público amplo, sem, no entanto, trivializar a filosofia ou vendê-la barato. Para quem cresceu na década de 1980 e teve acesso ao *Estado de S. Paulo*, à *Folha de S.Paulo* e, principalmente, ao *Jornal da Tarde*, Lebrun era uma figura marcante. Seus artigos transitavam da análise conceitual à polêmica ideológica, passando por resenhas que valorizavam livros que estavam entre o que de melhor se produzia à época – em termos de filosofia, mas também de outras disciplinas.

Lebrun fazia parte de um grupo amplo de intelectuais que alguns jornais adotaram como colaboradores regulares em seus suplementos de cultura. Publicados nos fins de semana, esses cadernos traziam textos caudalosos que não temiam ofender o leitor com a sua profundidade – respeitavam a sua inteligência. Eram espaços muito diferentes das magras páginas hoje reservadas à "polêmica" – isso no melhor dos casos, lembrando que o outrora vigoroso *Jornal da Tarde* foi extinto em 2012.

É, portanto, com um misto de surpresa e júbilo que reencontramos as "colunas" de Lebrun aqui reunidas – se é que podemos chamar assim a esses ensaios. A começar pelas considerações sobre a extinção do "homem público", esses textos elaboram uma refinada reflexão, às vezes ácida, mas nunca sem perder a ironia e o humor, acerca das condições de possibilidade, no plano do discurso e do saber, de algo como uma "civilização" – palavra que Lebrun inflete no sentido nietzschiano. Identificamos nestas páginas um "projeto filosófico", que o autor, no entanto, tem o cuidado de executar com discrição. Trata-se de uma arqueologia do liberalismo, não como ideologia da classe burguesa dirigente ou como ilusão inerente ao modo de produção capitalista, mas como uma analítica do animal humano – movido por instintos, dentre os quais a razão, e atuado por paixões. Animal que produz sentido, organiza sistemas e ordena a sua experiência – eminentemente política. Portanto, se não reconhecemos à primeira vista o filósofo às voltas com a metafísica, o seu destino e a sua superação – objeto dos grandes livros de Lebrun –, ou tampouco o professor empenhado em esmiuçar, com rigor filológico, os textos do passado, trazendo à tona significações que lhes dão atualidade, não podemos recusar ao articulista uma ligação íntima com esses outros papéis. No fundo, ele é indissociável deles.

Ao discutir a ideia de unidade da França a propósito de Braudel, Lebrun aplica a essa "nação" o esquema humiano da dissociação primária do *self*. Nos comentários às memórias de Celso Furtado, reconhece no economista um filósofo; à contracorrente dos acadêmicos, redescobre Hayek, mas para concluir, à

A vingança do bom selvagem e outros ensaios

revelia dele, que o melhor dos mundos possíveis, o da economia de mercado, é também uma realidade trágica. Esses ensaios aproximam Lebrun de Michel Foucault, que nessa mesma época andava às voltas com sua "biopolítica", e também de Didier Deleule, por sua vez também dedicado a uma arqueologia do liberalismo. Mais surpreendente, talvez, é a elegia do Che, publicada em 1987, que, associada ao provocador "Quem precisa do socialismo?", de três anos antes, sugere uma convergência inesperada com Jacques Rancière.

A aversão de Lebrun pela ideia de doutrina leva-o a rechaçar com virulência o marxismo e o socialismo, e mesmo a social-democracia. Por essa mesma razão, recusa-se a ver no liberalismo uma doutrina e uma tábua de salvação, e denuncia com força o mito do individualismo. Essas posições, em que a política e a filosofia se tornam indissociáveis, são elaboradas sobre o pano de fundo de uma reflexão, intermitente, mas não menos instigante, sobre o legado da Revolução Francesa. Se Lebrun se perfila, aqui, ao revisionismo histórico de François Furet, o faz deixando de compartilhar o caráter mais esquemático de algumas de suas análises e interpretações.

Escrevendo a partir de 1977 – antes da ascensão dos Conservadores na Inglaterra, e quando, portanto, o triunfo do "neoliberalismo" como ideologia era menos que certo – Lebrun zomba da visão retrospectiva da história, triunfalista ou catastrofista (registros que, salvo engano, iriam se instaurar, a partir de 1989, como modos discursivos dominantes, à direita bem como à esquerda). Esse respeito profundo pela força das contingências o leva a encontrar em Paul Veyne um aliado natural e explica por que muitas de suas páginas, escritas há trinta, quarenta anos, permanecem atuais – e leem-se com mais gosto do que outras, de filósofos menos talentosos, rabiscadas nas redes sociais há duas ou três semanas, repletas de prognósticos que a experiência mais trivial não tarda a desmentir.

Este volume não é exaustivo. Começou fortuitamente, a partir de recortes de jornal que chegaram às nossas mãos oriundos de acervos pessoais, consolidou-se com uma pesquisa realizada em arquivos *on-line*, quando existentes (*Estado, Folha*) e, em caso contrário (*Jornal da Tarde*), no Arquivo Público do Estado de São Paulo, na Hemeroteca da Biblioteca Municipal Mário de Andrade e na Biblioteca da OAB-SP. No processo de transcrição do material, foi ficando claro que nem tudo merecia ser resgatado: peças de ocasião, outras que se tornaram anacrônicas... Optou-se, assim, por uma seleção, um conjunto que desse uma ideia do que passava pela cabeça do articulista Lebrun entre 1983 e 1989 (os artigos anteriores, publicados entre 1977 e o início de 1983, foram parcialmente reunidos em *Passeios ao léu*, Brasiliense, 1983). Há exceções cronológicas: a peça de abertura, sobre o declínio do homem público, que ficou meio perdida nesse último volume e que serve como preâmbulo deste; um excurso sobre o Estado, datado de 1977; o breve, porém precioso artigo sobre o "Retorno do liberalismo", surgido em 1981. O resultado é um volume diferente de *Passeios ao léu* quanto à configuração, mas complementar a ele. Remete, ainda, ao pequeno ensaio *O que é poder?* (Brasiliense, 1981), bem como aos artigos acadêmicos reunidos em *A filosofia e sua história* (Cosac Naify, 2006). Mas a ideia é que este livro se sustente por si mesmo e seja estimulante para os leitores do século XXI, convidando-os a redescobrir Lebrun em toda a sua esplêndida *inatualidade* (já em sentido nietzschiano).

P. P. P.

A vingança do bom selvagem e outros ensaios

Agradecimentos

Alex Weiss, Arnaldo Ribeiro, Carlos Alberto Ribeiro de Moura, Ciro Lourenço, Fernanda Diamant, Francis Wolff, Leonice Alves (Hemeroteca da Biblioteca Mario de Andrade), Lígia Mércia Faitarone (Arquivo do Estado de São Paulo), Mariana A. Souza (Biblioteca da OAB-SP), Márcio Sattin, Paulo Eduardo Arantes, Pedro Fernandes Galé, Vitor Henrique Faria da Silva. O volume é dedicado a Leopoldo Waizbort, que, mais do que ninguém, tornou-o possível.

R. L. e P. P. P.

O homem público,
uma figura em extinção*

> *O problema pendente, que eu reformulo:*
> *o problema da civilização,*
> *o embate entre Voltaire e Rousseau nos anos 1760.*
>
> Nietzsche, *Vontade de potência*, n.123

"Pelo fim da época dita augusta, os romanos passaram a considerar a vida pública como uma pura obrigação formal. A vida pública tornou-se moribunda em Roma, e no domínio privado procurou-se um novo foco para as energias afetivas." Ocorre que, desde o século XIX, os ocidentais se assemelham a esses romanos do Império: *como eles, também perderam o seu espaço público*. Não possuem mais *ágora*, onde debater os negócios da cidade. Não possuem mais *coffee houses* ou *clubs*, onde comentar as últimas novas. As ruas e praças são meros lugares de passagem, trilhados pela "multidão solitária": passamos pelos desconhecidos, mas já não os encontramos. Como aconteceram,

---

* *Jornal da Tarde*, 11 jul. 1981. Publicado em *Passeios ao léu* com o título "O desmoronamento da Res Publica". São Paulo: Brasiliense, 1983.

no século XIX, essa privatização da existência e esse grande isolamento que nos levam a refugiarmo-nos em nossa "personalidade" e em nosso "ego"? Como compreender esta *fall of the public man*?[1] É o que pergunta o professor nova-iorquino Richard Sennett.

Foi no século XVIII que nasceu a noção de *espaço público* como domínio de sociabilidade oposto à família, *domínio privado* em que o homem realiza a sua natureza (biológica, afetiva). No espaço público, o burguês do século XVIII obedece às regras do código da *civilidade*: mantém com os outros relações que levam em conta, antes de mais nada, a distância que se deve guardar de *strangers*. E a cidade, lugar em que se podem encontrar esses *strangers*, é por excelência o *teatro* da civilidade – a tal ponto que a comparação entre o "mundo" e um palco se torna um *leitmotiv* literário: para Diderot (*O sobrinho de Rameau*) e Fielding (*Tom Jones*), mas também para Rousseau (*Devaneios do caminhante solitário*), que, como se sabe, vota igual ódio ao teatro e à cidade grande. Aqui e ali, cada um pratica um jogo e porta uma máscara: cada qual assume um papel, marcado pela sua posição, idade etc. Caretas abjetas, cidades de perdição que os tantos "sobrinhos de Rameau" percorrem. A essa socialidade alienada, o filósofo genebrino opõe a transparência das relações humanas nas comunidades agrestes e nas pequenas cidades, onde a contínua vigilância de todos por todos torna vão o porte da máscara. Desgraçado o homem das metrópoles: diz-me se queres viver em São Paulo, e direi quem és... A antítese é perfeita. Ali: Paris,

---

1 Richard Sennett, *The Fall of the Public Man*. Nova York: Alfred Knoll, 1976; trad. francesa *Les Tyrannies de l'intimité*. Paris: Seuil, 1979. [*O declínio do homem público. As tiranias da intimidade*. Trad. Lygia Watanabe. 3.ed. Rio de Janeiro: Record, 2018.]

A vingança do bom selvagem e outros ensaios

suas hipocrisias e torpezas, suas alcoviteiras e impostores. Aqui: o idílio ecológico, e noivos castos dançando ao som das flautas sob os olhos marejados de lágrimas de familiares enternecidos.

Richard Sennett não se deixa comover por esse tocante díptico. Que o porte de máscara constitua a "essência da civilidade", afinal de contas, nada tem de alarmante ou condenável. Se dissimulamos o que sentimos, não é forçosamente por hipocrisia: é, principalmente, por polidez. "A civilidade preserva o outro do peso do eu, e assim lhe permite gozar a companhia do outro." É o velho debate entre Filinto e Alceste em *O misantropo* de Molière ou entre Voltaire e Rousseau. Ora, acontece que, historicamente, Alceste e Rousseau venceram: nosso ideal intersubjetivo é uma comunidade afetiva, como a desejada por Jean-Jacques – uma sociedade na qual amigos e amantes nunca deixariam de *dizer uns aos outros tudo o que sentem*. Mas, e aqui está o paradoxo, não foi, em absoluto, o retorno à vida campestre ou o encerramento nas pequenas cidades que produziu tal resultado: foi, muito ao contrário, a monstruosa proliferação da cidade, suprimindo o espaço público e matando o sentimento da *mera urbanidade*. De modo que a vitória da "civilização intimista" constitui uma sequela da decomposição da sociabilidade, que se deu no decorrer do século XIX na Europa ocidental. É para esse processo que Sennett começa chamando a nossa atenção.

No teatro, o público transforma-se num conjunto de espectadores *isolados* e fascinados pela cena. A arquitetura teatral de fins do século XIX, a de Garnier na Ópera de Paris ou a de Wagner em Bayreuth, conspira para essa metamorfose do espetáculo em uma missa para almas solitárias. Torna-se preceito o silêncio durante a representação; será de mau gosto, agora, exprimir as emoções, aplaudir antes de correrem as cortinas etc. Assim, desaparece de Paris o público do *Boulevard do crime*

Gérard Lebrun

(que Pervet e Carné refizeram, admiravelmente, na tela); assim, a nova arte do espetáculo sepulta o teatro enquanto lugar de expressão de uma sociabilidade.

E essa sociabilidade também reflui em muitos domínios. Não dirigimos mais a palavra aos outros na rua: olhamo-nos (furtivamente, se bem-educados). Silêncio e discrição: será nas ruas das grandes cidades que, no futuro, passearão os novos "caminhantes solitários". "Em meados do século XIX, em Londres, os homens vão aos clubes para ficar sentados em silêncio sem que ninguém os perturbe." Novo personagem urbano, ora aparece o *flâneur* tão caro a Baudelaire. Nos grandes *boulevards* parisienses abertos pelo barão de Haussmann, os *flâneurs* observam solitários, da esplanada dos cafés, o movimento dos passantes – "grandes multidões silenciosas, que olham a vida da rua", como diz Zola. Isso pelo menos tranquiliza o *préfet* Haussmann: melhor ter esses cafés em que se flerta discretamente do que os abomináveis bistrôs de outrora, em pleno coração da cidade, em que os operários se reuniam para palavrear e, portanto, para conspirar. O café adequado é o lugar em que se consome – a sós ou a dois.

Pelo menos para um francês. Richard Sennett dá vontade de reler Zola – inesgotável, seja como artista ou como sociólogo. Em todo caso, o capítulo que Sennett dedica à abertura dos grandes magazines em 1852 (Boucicaut em Paris, Palmer em Chicago, Burt em Londres), permite-nos entender por que *Au Bonheur des dames*, de Zola, é um romance tão genial. A partir de Boucicaut, o sistema do preço fixo, utilizado pelos grandes magazines para vender barato mercadoria de qualidade mediana, revoluciona a relação do comprador com o vendedor. A era do regateio pertence ao passado. De um andar a outro, em *Au Bonheur des dames*, há apenas uma multidão *passiva*, de

A vingança do bom selvagem e outros ensaios

compradores-passeantes — olhos fascinados pelas prateleiras habilmente arranjadas. Assim como o teatro tornou-se *missa*, o *grand magasin* se tornou museu do consumo, templo em que brilha com todo o fausto o "fetichismo da mercadoria" a que se refere, nessa mesma época, um célebre emigrado alemão em Londres.

— Estamos vendo aonde você quer chegar: esse seu Sennett é marxista, e está claro que a "multidão solitária" é produto do capitalismo industrial. Não é preciso ser marxista para registrar o óbvio. Mas o que aprecio neste livro é que ele tira a maiúscula do "Capitalismo". Já não tem mais nada a ver com uma infraestrutura abstrata. Ele é o ar que as multidões de Zola respiram, de *Au Bonheur des dames* ao café-concerto de *Nana*. É a integral de modificações ínfimas no comportamento ou no olhar do senhor que passeia ou da senhora que faz compras. Richard Sennett, sociólogo, preocupa-se menos em verificar Marx do que em nos explicar, por exemplo, por que, desde 1850, o Outro já não tinha mais exatamente o mesmo sentido numa feira popular e num grande magazine. Ou, ainda, por que o citadino do século XIX deixou de perceber o Outro da mesma maneira desde que se impuseram as roupas fabricadas em série. Nem Hegel, nem Sartre pensaram nisso. Mas Sennett não é fenomenólogo: é um arqueólogo.

Os filósofos nos falam do Outro, mas erram, e muito, por serem tão avarentos de detalhes da sua saia ou do seu terno. O Outro já não é mais o mesmo outro quando a roupa produzida em série torna um pouco mais anônimos os *strangers* que cruzamos na rua. Sem dúvida, ainda podemos distinguir os pobres e as "pessoas de bem". Mas esta última categoria, do ponto de vista do traje, torna-se perigosamente imprecisa — mais do que nunca, "o hábito *não faz* o monge". No mundo do século XVIII, as coisas eram mais fáceis: grandes senhores, burgueses, lacaios, *soubrettes* vestiam-se conforme as suas respectivas posições. É claro que não se podia descartar a possibilidade de uma impostura, sempre à espreita (cf. Marivaux, *Fausses confidences*), mas pelo menos sabíamos, ao primeiro olhar, o que o outro pretendia ser: o seu traje codificava-o *socialmente* com suficiente precisão. No século seguinte, teremos de aprender forçosamente a ler os detalhes, se quisermos saber com quem lidamos: "As pessoas do século XIX vivem num mundo em que as leis que governam as vestimentas são acessíveis apenas aos iniciados". Pode-se reconhecer um senhor ou uma dama pela qualidade do tecido, pelo corte da veste ou do vestido, pelo couro da botina, pela caixa do relógio. O mesmo vale para a fisionomia. Um toque a mais de maquiagem (não falemos do batom, reservado às atrizes e às moças com as quais se sonha acordado), um olhar minimamente insistente — e pronto: a dama está decifrada como mulher leviana. Mundo fantástico, no qual a menor aparência fala. Mundo que já é o de Balzac ("gastrônomo do olho", como ele define a si mesmo), que não se cansa de inventariar trajes e mobília. Se o Outro é uma aparência a ser interpretada, não existe detalhe insignificante. Do ponto de vista arqueológico, Balzac e Thackeray nos encaminham para Conan Doyle e anunciam o divã do clínico que tudo estuda: conhecer o outro é transformar-se em detetive.

Mas qual será, exatamente, a tarefa desse detetive? Será descobrir a verdade do Outro tirando-lhe a máscara? Não. É mais sutil. Pois a máscara, doravante, não dissimula: *revela*. Diz Carlyle: "Todas as coisas visíveis são emblemas. Daí vem que os trajes, por mais insignificantes que nos pareçam, sejam tão indizivelmente significativos". Debaixo do olho do bom

A vingança do bom selvagem e outros ensaios

detetive, o Outro deve tornar-se legível *pela sua mera aparência* (Sherlock Holmes nada mais é que o limite caricatural dessa *episteme*) — e essa aparência *não se distingue mais do "eu"*. "Não existe mais barreira alguma entre o externo e o interno", comenta Sennett a propósito de Balzac, "não existem disfarces, *cada máscara é um rosto"*.

Decifrar tudo o que se exprime na aparência externa do Outro: tal é a primeira regra do jogo da intersubjetividade. E, como é natural, essa regra suscita o seu inverso: resistir ao deciframento, nada trair de si. "A crença segundo a qual a aparência é uma espécie de índice de caráter leva as pessoas a tornarem-se indecifráveis, a permanecer misteriosas." Isso até no seio das famílias. Na família vitoriana, os pais "vigiam-se" quando estão diante dos filhos, os filhos fazem o mesmo diante dos pais, os meninos diante das meninas, e assim por diante. O código da suspeita, que lá fora substituiu o da civilidade, acaba também invadindo o domínio privado. A histeria, conclui Sennett, constituiu talvez a única resposta possível a esse cerimonial permanente de autocensura: a cena estava pronta para a entrada de Charcot e Breuer. Tudo era signo, no mundo da aparência legível. Tudo irá se tornar sintoma, no mundo da aparência que se furta à leitura e, por aí mesmo, surge uma nova camada de sentido a decifrar. A busca da "personalidade" transforma-se em psicologia das profundezas.

Mas, afinal, o que é a *personalidade*? O que é esse jardim secreto que nunca estará suficientemente protegido da curiosidade alheia? Numa transcrição sociológica, responde Sennett, a personalidade é o simples resultado da desintegração da sociabilidade clássica — a determinação irrisória que resta ao homem moderno, uma vez incapacitado de situar-se num espaço

19

público. Mas, se assim for, como poderá tal produto da decomposição servir de remédio ou paliativo a esta mesma decomposição? Como poderia a famosa *libertação da personalidade* recriar uma sociedade consistente? Contudo, é nisto que nós, adultos cultivados do século XX, acreditamos espontaneamente — numa ilusão endossada pela psicologia moderna nascente e em particular pela psicanálise. "Nunca tantas pessoas se apaixonaram por sua história pessoal e por suas emoções particulares; mas esse gênero de paixão é uma armadilha, e não uma libertação." Nunca, tampouco, houve tanta gente confundindo existência em comum com *simpatia*. Como se o único recurso contra o isolamento fosse aquilo que, para Rousseau, serve de contrapeso ao amor de si, a saber, a "piedade", a identificação afetiva com o outro. Ora, esta é, precisamente, a negação mais extrema da *civilidade*. Passando de um extremo ao outro, do egotismo à fusão afetiva, não deixamos de ser rousseauístas, isto é, *animais apolíticos*. Ora, esse rousseauísmo de nosso século acarretará consequência incalculáveis.

Herdeiros ingênuos de um século que fez desmoronar a *res publica*, atiramo-nos de cabeça na cilada que ele nos armou: a psicologia. Por inverossímil que isto possa parecer a "espíritos livres" em sentido nietzschiano, ou que seja a honestos materialistas, acreditamos que a *psyché* é algo *profundo*, que o nosso ego é uma coisa *interessante*, e que "toda expressão deve manifestar sentimentos verdadeiros". "Acreditamos", prossegue Sennett, "que a intimidade é uma coisa boa. Cultivamos o mito segundo o qual os males da sociedade reduzem-se à impessoalidade, à frieza e à alienação". Acreditamos que entre os humanos pode haver outras relações além daquelas de poder, sexo e interesse. Aliás, no que não acreditamos, graças à sacrossanta psicologia?

A vingança do bom selvagem e outros ensaios

Daí nascem todas as revoltas aberrantes que consolidam a ordem que pretendem subverter. Quanto mais eu me confesso, mais penso estar me liberando; quanto mais proclamo *quem* sou eu, mais acredito estar desafiando a "Repressão" – como se este *quem sou eu* já não fosse precisamente o que a Repressão fez de mim. Daí também, prossegue Sennett impiedosamente, nascem todas as falsas comunidades de nossos dias, pretensamente criadoras de "calor humano". Quer sejam fundadas na etnia, na religião, na diferença sexual ou etológica – "Povo de Deus" ou comuna *hippie* –, pouco importa: têm todas em comum o fato de serem pátrias rousseauístas, compartimentos nos quais a fraternidade, em última análise, só tem sentido pela exclusão do Estrangeiro (como expressamente pretendia Rousseau, fervoroso admirador da xenofobia espartana). "A procura pelos interesses comuns é substituída pela busca de uma identidade comum, a fraternidade se reduz à união de um grupo seleto que rejeita todos os que, por definição, não podem ser parte dele." Seria isso espantoso, diante da confusão entre vínculo político e abertura afetiva, entre trocas sociais e revelações pessoais? Uma vez proscrita do espaço público a *mera civilidade*, isto é, a normalização do Outro em sua distância e indiferença, o modelo da comunidade não pode mais ser *político*: está subordinado a uma *personalidade coletiva*, da qual o racismo constitui, de resto, o melhor paradigma.

Última etapa desse declínio: o *culto da personalidade*, que seria um grande erro considerar apenas como o apanágio dos stalinistas denunciados nos anos 1950. O que queremos ver na tela são o *astro* e sua *autoridade pessoal* (por medíocres que sejam o texto ou o filme). O que nos seduz no homem político é a sua *sinceridade* – e que ele nos diga o *que sente*, que se digne a mostrar-se a nós

Gérard Lebrun

tal como ele é (o exemplar a esse respeito é o *Checker's Speech* de Nixon em 1952).[2] Talvez por ter percebido essa confusão entre o psicológico e o político é que Weber deu tamanha importância ao problema do *carisma*: "O que explica que um indivíduo obtenha poder meramente pela força de sua personalidade?"

É esse o espírito – tão salutar, a meu ver – que inspira a arqueologia crítica de Richard Sennett. O que ele nos propõe em troca? Pode-se objetar, sem dúvida. Como reformar esse espaço público, cuja destruição causou tantos males? A isto, penso eu, Sennett responderia que esse problema é político, e que já é muito perceber que a sua solução *não pode deixar de ser política*. Sim, já é muito nos afastarmos dessa via sem saída que se chama *psicologização*. Já é muito compreender que a psicologia, quando não se limita à análise quantitativa dos comportamentos, é uma ciência *sem objeto*.

Richard Sennett admite de bom grado que a "civilização intimista" só pôde aparecer graças ao avanço do capitalismo e à atomização social por ele produzida. Contudo, a reação "psicologista" a esse golpe na socialidade merece ser analisada *em si mesma*, e combatida *enquanto tal*. Um exemplo concreto: não é inevitável que a impessoalidade das relações urbanas seja sentida de maneira traumática. A grande cidade é, por excelência, "o cadinho no qual a diversidade dos interesses, dos gostos, dos desejos humanos se converte em experiência social". Ora, quando evocamos as taras, tão visíveis, da metrópole moderna

---

2 Discurso pronunciado em rede de televisão nacional em que Richard Nixon, candidato à eleição presidencial, defendeu-se de acusações de improbidade e rogou aos eleitores que comunicassem ao Partido Republicano se deveria ou não disputar a eleição. O resultado foi afirmativo – sem dúvida, também pelo fato de o pleiteante ter jurado, na ocasião, fidelidade a Checker, seu *cocker spaniel*.

A vingança do bom selvagem e outros ensaios

(poluição, criminalidade etc.), tendemos a encará-las não como problemas sociais a serem enfrentados, mas como pretextos para reiterar contra "a Cidade" a maldição rousseauísta e condenar a "vida impessoal" em geral, como se o que caracteriza um cidadão não fosse *viver impessoalmente.*

Ouçamos Rousseau. Quando à Cidade ele opõe, neuroticamente, a sociedade fechada – "Ah! Voltemos à nossa choupana!" –, quando lança o anátema sobre a *impessoalidade* da vida urbana, o que ele está condenando é a experiência do universal. "Não existe mais educação privada nas grandes cidades. Nelas, a sociedade é tão geral e tão mesclada, que não há asilo aonde retirar-se, e até mesmo em casa estamos em público. De tanto vivermos com todo mundo, não temos mais família, mal conhecemos os nossos pais, vêmo-los como estranhos, e a simplicidade dos costumes domésticos extingue-se com a doce familiaridade que constituía o seu encanto."[3]

O teste decisivo para a grade arqueológica proposta por Richard Sennett parece-me ser Rousseau. Quem fez mais do que ele para nos convencer de que a efusão sentimental é a nossa única relação normal com o outro, de que a subjetividade é o nosso único bem, e de que somente somos "nós mesmos" quando "retirados" – longe do público? Afinal, o que vocês preferem, as ardilosas *Confissões* de Jean-Jacques ou a *Correspondência* de Voltaire? A *autenticidade* ou a *civilidade*? Quer apreciem ou repudiem *O declínio do homem público*, esse grande livro certamente lhes permitirá compreender que a resposta a essa questão está longe de ser anódina.

---

3 Rousseau, *Émile, ou de l'éducation*, livro 5. Paris: Garnier, 1962, p.491-2. [*Emílio, ou da educação*. Trad. Thomaz Kawauche. São Paulo: Editora Unesp, 2022.]

O retorno do liberalismo*

"Proteger os cidadãos contra o governo": essa fórmula de Benjamin Constant exprime muito bem a inspiração do liberalismo do século XIX, e explica também por que o combate liberal pôde figurar como combate de esquerda na Europa da Restauração. Todavia, como diz Bertrand de Jouvenel, o liberalismo já era uma filosofia dilacerada "entre uma aliança de princípio com os democratas e uma aliança de prudência com os interesses conservadores ligados à propriedade". Dilacerada? Isso seria mesmo exato? Pois, assim que os liberais se encontraram na encruzilhada dos caminhos, eles não parecem ter hesitado muito: em 1848, foi a defesa da propriedade e da ordem que predominou para todos. É o ano em que Stuart Mill, com seus *Princípios de economia política*, vilipendia a ideia de salário-mínimo, assim como toda forma de assistência social, e sugere que "se apliquem penas contra aqueles que tiverem filhos quando não estão em condição de alimentá-los" (livro 2, cap.13). E é em 1849 que Guizot, traumatizado pelo ano terrível, decreta o divórcio solene entre a democracia e o libera-

---

* *Folha de S.Paulo*, 23 ago. 1981.

lismo: "democracia: tal é a ideia que é preciso extirpar; a paz social tem esse preço". Eis Locke deliberando à direita.

Desde então, o liberalismo será a filosofia dos abastados, indiferente, por princípio, aos problemas sociais. Ele será um pensamento egoísta, mas será, sobretudo, um pensamento em desuso, pois vai remar na contracorrente do século XX, de seu Estado social e do crescente intervencionismo econômico. Além disso, na medida em que a autoridade da vulgata marxista se impôs à *intelligentsia*, o liberalismo foi considerado em bloco como uma ideologia puramente reacionária. Que "uma parte da existência humana deva permanecer independente e fora de toda competência social": essa profissão de fé de Constant só poderia atrair o sarcasmo de um Engels e a indignação de um Pio IX. Inabilidade do liberalismo: desde o início viram-lhe as costas as células e as comunidades de base.

Entretanto, eis que, com a grande vaga libertária dos anos 1960, essa ideologia, reputada arcaica de forma excessivamente rápida, parece adquirir uma nova pele. Vejam, por exemplo, os economistas "anarcocapitalistas" (parasitas *gauchistes* da Escola de Chicago): para eles, é a estatização que deve ser o alvo da esquerda, não a economia de mercado. O que trava o funcionamento harmonioso desta não é o excesso de *laissez-faire*, mas a onipresença do Estado. "O que nós defendemos", escreve o professor Rothbard, "é o direito inalienável e fundamental de cada um à proteção contra toda forma de agressão exterior, quer ela provenha de indivíduos privados, quer disto que se chama Estado". Rothbard e David Friedman, em obras apaixonantes,[1]

---

1 Rothbard, *For a New Liberty: The Libertarian Manifesto*, São Francisco: Fox and Wilkes, 1973; Friedman, *The Machinery of Freedom. Guide to a Radical Capitalism*, Nova York: Arlington House, 1978.

A vingança do bom selvagem e outros ensaios

deduzem desse credo liberal consequências que teriam espantado Constant (e confirmado para Pio IX a sua opinião): privatização da justiça, da polícia e da defesa, permissividade maximizante em relação "à droga, ao jogo, à pornografia, à prostituição, aos desvios sexuais". O importante é que essas posições radicais indicam um retorno a valores que, sob a influência do socialismo, a esquerda rejeitara com desdém. Mas, talvez, um pouco prematuramente.

Na França, houve algo comovente (e às vezes um pouco irritante) na maneira turbulenta pela qual as palavras de ordem do velho liberalismo foram repostas em moda por maoístas sem paramentos. Mais do que criadores de uma moda intelectual, esses autodenominados "novos filósofos" foram, além do mais, caixas de ressonância: denúncia do Poder (tanto mais veemente quanto mais abstrata), reabilitação dos utopistas e libertários do século XIX, apologia da descentralização e das autonomias regionais. Desde 1968, essas ideias estão no ar. É verdade que os regimes autoritários de direita tendem a retardar seu advento, porque seus oponentes continuam a identificar autoritarismo e regime burguês, e, desde então, recusam-se, às vezes selvagemente, a recolocar o marxismo em questão, um mínimo que seja. Mas resta que, aquém do discurso ideológico, o próprio estilo de protesto suscitado pelo autoritarismo é muito apropriado para desenvolver uma sensibilidade neoliberal. Basta que a morsa se abra um pouco e que, consequentemente, o maniqueísmo dos intelectuais perca sua força, para que muitos consintam, enfim, em reconhecer algumas evidências: que o *habeas corpus* seria uma instituição sadia tanto no Oeste quanto no Leste, que a liberdade de locomoção e o direito de greve devem ser exigidos em todos os meridianos, que a liberdade de imprensa não é sinônimo da intoxicação da opinião pelos poderes do dinheiro, e assim por diante.

Que pensar desse *retorno do recalcado liberal*? Esse fenômeno teve pelo menos uma consequência benigna: o pensamento de esquerda pôde enfim tomar suas distâncias diante do discurso bolchevique que, pelos anos 1950, o havia aterrorizado e monopolizado. Tornou-se possível condenar os processos de Moscou e de Praga sem se passar por agente da CIA. Repugnados com o espetáculo grotesco da Revolução Cultural, Claudie e Jacques Broyelle puderam, quando voltaram da China, abjurar o maoísmo sem ser tratados como agentes infiltrados, como teria acontecido dez anos antes. Assim, o neoliberalismo pós-68 interrompeu a litania neurótica que, graças à Guerra Fria, tinha servido, em tantos países, de pensamento a uma boa parte da esquerda. Eticamente e retoricamente o ganho é, portanto, incontestável. Mas e politicamente? Trata-se de uma outra questão.

De minha parte, lamento que muitos de nossos neoliberais ou libertários tenham se restringido a trocar a casaca de militantes pela toga da "bela alma". Que seja não apenas estimável, mas, com frequência, também útil, denunciar em voz alta os excessos do poder (de todos os poderes), quem poderia negá-lo? Mas é duvidoso que, limitando-se a esse papel, se faça avançar um só passo – para citar um único exemplo – a solução dos problemas econômicos e sociais do Terceiro Mundo. Eu sei que esse discurso desagrada. Assim como quem defende as liberdades formais é tratado por certos marxistas como reacionário, a mesma pecha vem dos libertários: o masoquista ganha com todos os golpes. Mas é o que com frequência acontece quando se criticam exageros simétricos.

A vingança do bom selvagem e outros ensaios

É bom assinalar os anacronismos que pululam no marxismo, mas é mais contestável refugiar-se neste outro esquema abstrato, saído igualmente do século XIX: o Indivíduo *contra* o Poder, o Singular *contra* o Universal. Vale lembrar a importância dessas liberdades que inconsideradamente foram chamadas de "burguesas" — mas eu não vejo bem como uma ação política que se reduzisse a um combate pelas liberdades poderia contribuir para uma integração efetiva das massas na vida pública. Em resumo, se é estúpido considerar o *habeas corpus* uma astúcia da burguesia, não é sério, em compensação, acreditar que o perfeito funcionamento das "liberdades" seja suficiente para abrir o melhor dos mundos à humanidade. Nada tão louvável quanto o regime inglês das liberdades — mas, ao que tudo indica, a sra. Thatcher não possui as chaves do paraíso.

É preciso ser *apparatchik* ou aiatolá para negar que a liberdade individual é uma conquista preciosa da civilização. É preciso ser europeu ocidental para esquecer que é preciso exigir com intransigência o respeito às regras que a garantem. Mas não se segue daí que o nosso conceito de liberdade, tal como inventado pelos estoicos, possa, por si só, fundar uma cidade. Se é verdade que o desprezo pelas liberdades formais é inseparável do fanatismo, é verdade, igualmente, que a exaltação da liberdade como um absoluto não é prova de responsabilidade política.

O autoritário Estado moderno
e seu destino*

Estamos habituados a ver na Revolução Francesa o registro de nascimento da sociedade política liberal. E o marxismo, que interpretou a "Revolução burguesa" como momento da "emancipação política abstrata" só veio acrescentar um juízo de valor a essa imagem que, sem ser falsa, nos leva a ignorar, entretanto, outros aspectos da Revolução: a centralização administrativa sem precedentes por ela forjada, o Estado fortemente autoritário que inaugurou – Estado que Hegel, na *Filosofia do direito*, iria celebrar sob o nome de "Estado moderno". E basta comparar os princípios que nortearam os criadores do Estado moderno com os dos "pais fundadores" norte-americanos para se dar conta de quanto é no mínimo ambíguo o liberalismo político dos franceses.

Onde está a diferença? No fato de terem se inspirado os "pais fundadores" na doutrina do direito natural de Locke: para eles, já que todo indivíduo tem direito *natural* à propriedade, à segurança e à liberdade, o *único* papel do governo é garantir

---

* *O Estado de S.Paulo*, 22 maio 1977.

aos homens o *pleno exercício* de tais direitos, deixando assim que a sociedade civil se desenvolva no âmbito de leis específicas. O problema político está então claramente definido: limitar ao máximo a intervenção do Estado na sociedade civil e agir de tal maneira que o poder se limite a assegurar a "propriedade, a civilização e o comércio".

É evidente que essa concepção hiperliberal do poder traduz admiravelmente os postulados de uma sociedade mercantil (pelo menos a da época). Mas ela se funda também sobre a convicção da prioridade da sociedade sobre a ordem política e da permanência da primeira em sua condição *natural*, mesmo depois de organizada no âmbito da segunda. Daí ser absurda a pretensão de recriar politicamente os direitos naturais, ou seja, de outorgar as liberdades (de consciência, de propriedade, de opinião etc.) aos indivíduos, *porque estes se tornaram cidadãos*. Os homens têm tais direitos antes de serem animais políticos, a saber, na medida em que são simplesmente *the people*, a massa dos indivíduos.

É bem diferente a ontologia política dos revolucionários franceses. Sem dúvida, também eles não deixaram de proclamar que "todas as instituições só deviam aspirar à garantia da propriedade". Mas tal direito de propriedade, por mais inviolável e sagrado que fosse, não era mais um direito *natural*. "Posta a autoridade pública, a ninguém será lícito ocupar coisa alguma senão em virtude da lei; daí a necessária conclusão de que a propriedade é uma verdadeira criação social, já que, de maneira geral, *todo direito deve emanar da autoridade pública*."[1] Quanto

---

1 Cambacérès, *Discours sur la science sociale*, citado na notável obra de Bertrand de Jouvenel, *Les Origines de l'État moderne*, Paris: Fayard, 1976, p.125.

aos Direitos do Homem, embora anteriores à Vontade Geral, deverão ser fundados, ou recriados por ela. Eis aí a diferença nítida da ideologia norte-americana. Jefferson, que achava "inteiramente desprovida de fundamento a ideia de renúncia, quando se ingressa numa sociedade, a qualquer direito natural que seja", jamais poderia concordar com estas palavras de Rousseau: "Todo indivíduo deposita a sua personalidade e a sua capacidade sob a direção suprema e comum da Vontade Geral, no que a sociedade o toma, simultaneamente, como parte de si".[2] Com efeito, observa Habermas, para Rousseau, a sociedade era um todo que englobava Estado e sociedade civil. Do outro lado do Atlântico, essa ideia de identificar os contornos do Estado e os da sociedade civil seria vista como simplesmente absurda.

No ideal que inspirou os constituintes franceses de 1790, pode-se por conseguinte ver esboçado algo que Hegel se encarregaria de codificar filosoficamente: a assunção integral ou a fundação da sociedade civil pelo Estado. Os marxistas jamais deixarão de repetir — e com razão — que essa tensão era absolutamente mistificante, de vez que oriunda de uma classe dominante exploradora. Dá o que pensar, entretanto, o simples fato de essa pretensão integradora ter servido de *ideal* para o Estado nascido em 1790. Isso mostra que esse Estado não foi apenas um instrumento da sociedade mercantil, um biombo do capitalismo competitivo: era uma elaboração mais complexa e mais ambiciosa. Não foram os bancos que levaram o Estado moderno a meter a sociedade civil no corpete das "disciplinas"

---

2 Rousseau, *Contrato social*, livro I, cap.6, citado por Habermas, *Théorie et pratique*, v.I, Paris: Payot, 1976, p.126. [*Teoria e práxis: Estudos de filosofia social*. Trad. Rúrion Melo. São Paulo: Editora Unesp, 2011.]

de Foucault (convocação para o serviço militar, universidades napoleônicas, administração centralizada). E Napoleão, ao resumir sua obra, falando de "meus prefeitos, minha polícia, meus bispos", explicitava uma vontade inaudita de poder político, incapaz, porém, de ser confundida com os interesses políticos da burguesia, embora soubesse pôr-se em concerto com estes. Onde quer que apareça, mesmo a serviço da burguesia, o Estado moderno é, antes de mais nada, filho do *militarismo*. Compreende-se, então, o quão necessário é separar cuidadosamente os dois troncos de regimes "burgueses": o liberal (de tradição anglo-saxã) e o outro, jacobino e centralizador, de que as democracias ocidentais (a França, principalmente) herdaram traços profundos, e que se manifesta em muitos regimes no Ocidente qualificados de "fortes".

Será tal Estado autoritário incompatível com a *liberdade*? A questão é mais complexa. Observemos que essa tradição autoritária pôde contar, graças a Rousseau e a Kant, com um conceito de liberdade tão cômodo que se diria feito sob medida: a *liberdade* entendida como aceitação da Vontade Geral. Uma passada de olhos pela filosofia jurídica de Kant é suficiente para convencer-nos da plasticidade dessa *liberdade racional*. Foi com Kant, com efeito, que o direito natural deixou de dizer respeito a uma natureza social e de designar qualquer coisa que não estivesse no domínio do Estado, qualquer *recta ratio* extrínseca à *ratio* do próprio Estado, tudo o que Antígona pudesse invocar diante de Creonte. E, entre os filósofos alemães, Kant, o "filósofo da liberdade", é quem vai mais longe, talvez, no rumo "estatizante". Reconhece, é claro, que liberdade e igualdade são "direitos naturais e inatos", porém sem conteúdo, até que "a existência real do Estado civil" venha a propiciá-lo. Fala, por certo, de um direito "inato" à liberdade, preferindo, porém, deixá-lo no abstrato, para não ter que admitir a existência de um direito do indivíduo anterior ao Estado e que este tivesse o dever de resguardar. O funcionamento do Estado em benefício dos indivíduos naturais é ideia que causa horror a Kant. Só ao Estado cabe exprimir, por aproximação, a Vontade Geral, não havendo, portanto, nenhuma obrigação natural que possa prevalecer ante ele, nenhuma desobediência justificável às leis positivas, nenhuma rebelião contra qualquer Estado. O que vem a dar, afinal, numa paráfrase rígida, mas coerente, da famosa frase de Rousseau (à qual estamos tão acostumados que ela não nos estarrece): *"Só a força do Estado é capaz de dar liberdade a seus membros"*.

Essa liberdade racional, essa liberdade "nos limites da simples razão", nada tem a ver, no entanto, com aquela reivindicada pelos colonos da América do Norte – que consistiu, antes de tudo, na reivindicação de só pagar ao governo impostos aceitos, isto é, no controle concreto e permanente dos atos do Executivo. Quanto a isso, Rousseau foi menos moderado que os "pais fundadores". Admite, por certo, a possibilidade de um governo ser deposto pelo povo soberano, pois não tem o "domínio da lei". Mas ao governo incumbe interpretar e aplicar a lei. Porém, e se não houver dispositivos escritos que prevejam tal ou qual ponto de "política ou economia", teriam os governantes o dever de consultar a *Vox Populi*?

Será necessário convocar a nação como um todo a cada fato imprevisto? Não. E é preciso evitar a convocação especialmente quando não houver a certeza de que a sua decisão será uma expressão da Vontade Geral. O recurso a esse meio se torna tão menos necessário quanto melhores forem as intenções do governo. Para adquirir a consciência de que se age de acordo com a Vontade Geral, basta ser justo.[3]

Citação perturbadora, é claro, pois a frase autoriza qualquer autoritarismo, desde que "bem-intencionado". Mas nem Rousseau nem seus epígonos revolucionários franceses poderiam imaginar algo assim. O que significa, para eles, a liberdade do cidadão? Consiste em ser detentor da soberania pública, em voltar a ser, de alguma maneira, cidadão da *pólis* antiga. Assim, supondo-se que a instituição se encontra em princípio sob o controle de todos os cidadãos, por que se preocupar com instrumentos de controle do Executivo? A defesa dos indivíduos contra abusos de poder passa a ser, doravante, uma questão secundária.

O pensamento liberal não foi o único a antever esse risco da concepção rousseauniana (como Benjamin Constant em *Différence entre la liberté des anciens et la liberté des modernes*, 1819). O próprio Hegel, na *Filosofia do direito*, critica o ideal de uma fusão entre o Estado e a sociedade, de uma imitação involuntária da cidade antiga. E acrescenta que, embora não haja, na verdade, liberdade *fora do Estado*, as constituições modernas deveriam, contudo, deixar aos homens certa liberdade *diante do Estado*. Querer transplantar, sem mais, a *liberdade política* dos gregos para o mundo moderno equivaleria a subjugar a sociedade civil ao despotismo. O que implica reconhecer – o que é extraordinário, em um pensador tão radicalmente "estatista" –

---

3 Rousseau, *Discours sur l'économie politique*, in: *Oeuvres complètes*, t.3. Paris: Gallimard/Pléiade, p.250-1. ["Economia política", trad. Maria das Graças de Souza. *Enciclopédia*, t.4. São Paulo: Editora Unesp, 2015.]

A vingança do bom selvagem e outros ensaios

que a filosofia política liberal tem uma *verdade* quando define a liberdade como *limitação dc poder do Estado* e arrola como loucura a pretensão de *politizar integralmente* o homem.

Embora o liberalismo tenha sido e continue *também* a ser a ideologia egoísta dos bem aquinhoados (os que entram em delírio ao ver o mais tímido projeto de reforma agrária ou de previdência social), ele tem pelo menos dois méritos: 1) mostrar-nos o Estado, qualquer que seja, como como *força inevitavelmente extrínseca a nós* cuja nocividade é preciso coibir; 2) tornar-nos céticos a ponto de desconfiarmos que toda transformação política empreendida em nome de uma cidade perfeitamente integradora só possa vir a dar em incentivo ao fortalecimento do Estado. Como se vê, foi essa sorte, afinal, de todas as revoluções desde 1789, sem que se tenha pensado o suficiente sobre o assunto. Infortúnio e nada mais? Ou, antes, a realização desta admirável profecia, feita por Schelling em 1810?

> Sabe-se dos esforços que foram feitos, sobretudo depois da Revolução Francesa e da conceituação kantiana, para demonstrar a viabilidade de um Estado que seja apenas condição de maior liberdade para todos. Ora, tal Estado é impossível, já que de duas, uma: ou se priva do poder do Estado a força de que ele necessita, ou não, o que pode levar ao despotismo. [...] Assim, é natural que, ao cabo de um período em que tudo foi liberdade, as cabeças mais lógicas, ao buscar a noção de um Estado perfeito, não encontrem nada melhor que a formulação técnica do pior despotismo.[4]

---

4 Schelling, "Conférences de Stuttgart", in: *Essais*. Paris: Aubier, 1968, p.343-4 [*Preleções privadas de Stuttgart*. Trad. Luis Felipe Garcia. São Paulo: Editora Clandestina, 2020.].

Veja-se, por exemplo, o Marx dos primeiros escritos. Abolida a sociedade de classes, garante-nos ele, aparecerá um sistema institucional inédito a que não caberá mais o nome de "Estado", já que suprimirá até a distinção entre governantes e governados, sendo assim a organização política não mais que "a autodeterminação do povo". Muito bem, mas é de se indagar, com Habermas, se vai nisso algo mais que um simples retoque do projeto rousseauniano, e se Marx, afinal, não estava encarregando o proletariado da tarefa que os burgueses (rousseaunianos) de 1789 não souberam levar a cabo, isto é (de novo), a criação de uma organização "englobando simultaneamente Estado e sociedade", de uma comunidade em que a *societas* e o *dominium* fossem, por um passe de mágica, consubstanciais.[5] O que equivale, em termos de século XX, a um sistema em que a oposição logo seria sinônimo de traição, a greve, de sabotagem etc. O interesse, porém, é que esse pesadelo seja o simples cumprimento literal do belo sonho inicial. Assim é. O Gulag é filho legítimo da límpida "Cidade ética", exatamente como o autoritarismo hodierno é filho legítimo do mito da "nação soberana" de 1789 – e assim como, de maneira geral, pode-se tomar como axioma ser tão mais policialesco um regime quanto mais queira *exprimir* a nação ou o povo como um todo.

Eis aí uma das piores ilusões políticas da modernidade (pela qual Hegel, justiça seja feita, não se deixou levar): achar que, para acabar com o *poder*, ou ao menos para tornar humanamente suportável essa coisa maléfica que os romanos inventaram com o nome de *dominium*, bastaria a interpenetração deste com a *societas*, "fazer com que o homem, indivíduo real, seja capaz de assumir em si o cidadão abstrato", como dizia Marx. Por que

---

5 Habermas, *Théorie et praxis*, op. cit., p.134.

A vingança do bom selvagem e outros ensaios

não deixar o cidadão com sua abstração? Por que não deixar o indivíduo defrontar-se com o Estado? No fundo, todas as tiranias deste século se reduzem a corolários dessa mesma quimera. E, na origem desta, situa-se principalmente um diagnóstico histórico equivocado: os críticos da Revolução Francesa, de direita como de esquerda, quiseram atribuir a índole abstrata da instância de dominação forjada em 1789 à realidade de um Estado burguês impotente para unificar a sociedade civil – a não ser *verbalmente*. A verdade está do outro lado: o autoritarismo do Estado moderno então em trabalho de parto nascia da pretensão de assumir em si ao máximo a sociedade civil, ou seja, a controlá-la de fato e a discipliná-la rigorosamente – pretensão diametralmente oposta à ideologia norte-americana. E se tratava, na época, de pretensão bastante vã. Concedamos aos marxistas, que aprenderam a fazer igual, porém mais bem-feito. Acaso não é essa mesma pretensão integradora que continua presente nos pronunciamentos tripudiadores feitos pelo Estado autoritário, ao gabar-se de porta-voz da "nação real" ou da "maioria silenciosa"? E não é ela que sustenta o cinismo do Estado totalitário, que ousa asseverar a súditos atônitos: "Chegou a hora de *vocês* serem o Estado"?

Contudo, sabemos que a realidade atual do Estado moderno é inteiramente diversa. Olhemo-lo pelo ângulo de suas formas extremadas: o Estado autoritário, satisfeito por neutralizar ao máximo a turbulência do indivíduo, e o totalitário, que visa transformar o indivíduo num eterno cidadão. A despeito das diferenças, as duas formas têm pelo menos um ponto em comum: gerar a cada dia – ironia suprema! – *apenas indivíduos*. Nada além de não cidadãos: letárgicos, apáticos, ligeiramente contestadores, mas despolitizados. É justamente por aí que o Estado moderno precipita-se para a ruína.

No limiar deste último quarto de século, os "monstros frios" parecem dormir tranquilos. O que têm a temer, além de contestações primárias, espasmódicas, desesperadas? A tecnocracia cortou-as a tal ponto da "base natural", suprimiu tão bem a comunicação entre o Castelo de Kafka e a Aldeia, que presenciamos um fenômeno cujo alcance ainda não foi devidamente avaliado: os próprios rebeldes deixaram de falar, como outrora, em tomar o aparelho do Estado. Querem "mudar a vida", não tomar o poder. Os insurrectos franceses de maio de 68 pretendiam dissolver o poder, sem jamais terem pensado a sério em exercê-lo. O mesmo ocorreu com os rebeldes dos *campi* nos Estados Unidos; assim como ocorre com os dissidentes soviéticos ou tchecos ou com os neoutopistas da autogestão. Se, no Ocidente, o Estado moderno desperta a cobiça dos partidos "eurocomunistas", que querem administrá-lo a todo custo, às gerações novas que ele *irrita* isso não parece ter nenhum interesse especial. Já vai longe no passado o sonho da velha e boa revolução que "uma noite" viria destruir o Estado para se impor em seu lugar. Hoje tudo se passa como se os homens, ao protestarem contra os desmandos do Estado, sentissem cada vez menos necessidade de inventar uma estrutura política destinada a substituí-lo. Tudo se passa como se ganhasse corpo uma ideia que para nós é louca — já que é antiaristotélica — de uma comunidade futura sem mais nenhuma aparência de Cidade. Quanto à violência em ascensão nas sociedades, que tem suscitado tantas jeremiadas piedosas, é preciso tomá-la em primeiro lugar como o reverso dessa *deterioração de todo ideal político*.

Voga do utopismo, se se quer assim. Mas de um utopismo que não é de bom augúrio para os Estados, pois exprime uma

A vingança do bom selvagem e outros ensaios

tamanha indiferença dos dominados pela ideia de dominação, que esta poderá vir, em algum momento, a perder todo o seu conteúdo. O Estado continuará existindo, certamente, mais forte e mais pesado do que nunca; cada vez mais, porém, restrito à força física, cada vez mais distante de realizar a integração ética a que oficialmente aspira.[6] Se cogitassem de ler ou reler Hegel, o melhor conselheiro dos príncipes, nossos autoritários entenderiam o quanto a situação é virtualmente danosa. Aprenderiam com ele, pelo menos, que um "Estado" digno desse nome deve ser um *artifício*, destituído de poder real quando não se ajusta à sociedade civil, quando não penetra sorrateiramente os seus desvãos, dando aparência de estar a seu serviço, a fim de melhor teleguiá-la — jamais dominando-a ostensivamente. Nesta última hipótese, o Estado moderno não ficaria além da carcaça do sólido organismo vivo cujo funcionamento Hegel descreveu. Não passará de navio sem radar, à mercê da primeira tempestade. Paradoxalmente, ironicamente, é dessa bulimia universalista do Estado moderno que surge também o mais eficaz dos conhecidos trabalhos de sapa, o mais fascinante dos mecanismos de autossubversão: quanto mais comandar, maior será a desintegração. Quanto mais se impuser, mais se isolará. Até quando se terá medo de um rei solitário?

---

6 Sobre a fragilidade do Estado totalitário, ver o trabalho controverso, porém sugestivo, do sovietólogo francês Emmanuel Todd, *La Chute finale: essai sur la décomposition de la sphère soviétique*, Paris: Robert Laffont, 1976.

Quem é o senhor, Mr. Hobbes?*

"Who are you, Mr. Hobbes?" Assim poderia chamar-se o livro de Renato Janine Ribeiro, que é muito mais do que um novo estudo acadêmico sobre Hobbes.[1] Lembra uma entrevista com o filósofo. Quem é o senhor, Mr. Hobbes, uma vez despojado de sua legenda sulfurosa? É *ateu*, como tantos pretendem? E ele ergue os ombros. "É claro que não! Sou um latitudinário, ou, se preferirem, um deísta tolerante. Só me parecem intoleráveis as crenças que subvertam a paz pública. E é por isso que me chamam de *ateu* aqueles a quem incomoda a ideia de uma Igreja submetida ao Estado, como é (ou deveria ser) a nossa Igreja Anglicana".

À medida que avança a entrevista, o leitor compreende melhor as intenções de Thomas Hobbes, pois vai conhecendo melhor *quem* ele desprezava, *contra quem* lutava, *quais* eram seus alvos. Seus alvos? São legião. Sir Edward Cooke e os juristas da *Common Law*, incansáveis guerrilheiros que pretendem reduzir

---

* *Jornal da Tarde*, 29 set. 1984.

1 Ribeiro, *Ao leitor sem medo: Hobbes escrevendo contra o seu tempo*. São Paulo: Brasiliense, 1984. Todas as citações remetem a essa obra.

ao mínimo a prerrogativa régia em nome do direito ancestral; os pregadores puritanos que amotinam as multidões nas encruzilhadas, convictos que estão de serem mensageiros do Céu; os eruditos que exaltam o "tiranicídio" e a "liberdade dos Antigos", porque nada entenderam da civilização greco-romana e nunca leram Tucídides; os homens de Igreja, sempre dispostos a fazer prevalecer a obediência aos mandamentos de Deus (da maneira como eles o interpretam) sobre a obediência civil etc. Tantos ideólogos, tantos agitadores, que, extraindo sua força da ignorância do povo e da inexistência de uma ciência política, conseguiram desmantelar o legado elisabetano. Era um belo reino, um dos mais belos da Europa. Vejam o que fizeram dele: o teatro de guerras civis, de querelas religiosas e de extravagantes pregações libertárias... O hobbesianismo é, antes de mais nada, essa tristeza do olhar: ser hobbesiano ao tempo de Hobbes é mais ou menos como ser um aroniano nos tempos da Guerra Fria.

A essa justa regulagem histórica o autor nos obriga desde as primeiras páginas. Com muita elegância – e com muita discrição. No entanto, não era fácil a sua tarefa. Pois requeria, ao mesmo tempo, muita erudição, para repor em contexto teses famosas, mas tantas vezes falseadas ao serem separadas da história das ideias inglesas, e muito talento, para que o leitor conseguisse nunca perder de vista Mr. Hobbes, metido nesse labirinto. Duas condições e dois obstáculos, obstáculos que são superados com brilho. E, ao termo, o Hobbes que nos é restituído está limpo, livre de toda poeira. É um Hobbes mais descontraído, mais *cool*, eu me atreveria a dizer, porque liberto – finalmente – de sua aura mística. Esse "apologeta do despotismo" foi, em vida, um homem prudente, intelectual de convívio agradável, *bon vivant* nas horas vagas. E o seu Leviatã nada tem

A vingança do bom selvagem e outros ensaios

do dinossauro cuja imagem, reproduzida nos manuais, ainda faz tremer os estudantes. Sem dúvida, foi o *temor* que levou os homens a criá-lo e a submeter-se a ele. Mas, no limiar de nossa modernidade política, esse grande sáurio artificial é, feitas as contas, um animal bonachão. "O medo, para ler Hobbes, é mau conselheiro: se nos obcecar, prenderemos o filósofo ao despotismo" (p.42). O que explica a submissão *cotidiana* dos súditos ao Leviatã é a *esperança* de viverem melhor, ou, no pior dos casos, de que a inflação não ultrapasse os 200% — e não o medo da campainha soando à uma da manhã. Viver à sombra do Leviatã não é, certamente, viver no bairro *gay* de Frisco, mas não é — menos ainda! — viver sob os grandes expurgos de Stálin. Assim, vemos Hobbes reposto na idade clássica, devolvido ao seu tempo.

Aqui, talvez, haja reações de espanto. Como? Poderá o nome de Hobbes ser separado de um poder despótico? — Resposta: *deve* sê-lo. Se o súdito da *Commonwealth* fosse um escravo, teria direito, segundo Hobbes, a romper seus grilhões tão logo pudesse fazê-lo: ter o direito de ser Espártaco. Pois o escravo não está preso por nenhum *contrato* ao senhor que o detém em seu poder, contrariamente ao *servant* (o *Knecht* hegeliano, que se costuma traduzir, tão desastrosamente, por *escravo*), e também, *a fortiori*, contrariamente ao *cidadão*. Porque os cidadãos *contrataram*: prometeram uns aos outros não usar o seu poder para resistir à força superior, denominada Leviatã, que, assim, garantirá o direito deles à vida com muito mais eficácia do que cada um poderia fazer nessa selva que é o "estado de natureza". Mas, que cesse tal garantia, e o contrato estará invalidado. Os cidadãos sempre conservam o direito a preservar sua própria vida e integridade física, mesmo contra o Príncipe; um soldado, se não for mercenário, tem o direito de fugir ao combate... "O individualismo hobbesiano exige que o poder provenha da vontade de cada um, e que este só obedeça o quanto e enquanto for racionalmente necessário para a sua vida. A obrigação perdura apenas enquanto o soberano protege a minha vida; cessa, não somente se ele a ameaça, mas também quando deixa, embora mau grado seu, de garanti-la" (p.163-4). Ser membro da *Commonwealth* não é, portanto, o mesmo que ser súdito do grão-turco. É da proteção *efetiva* que lhe outorga o Leviatã que decorre a obediência do cidadão.

Já posso ouvir o leitor do professor Macpherson:[2] "Resta que o Leviatã é o primeiro modelo de poder forte destinado a proteger os interesses da burguesia – e isto vale mesmo se Hobbes, pensador burguês algo pesadão, ofereceu a essa burguesia uma fórmula de Estado um pouco... musculosa demais para o seu gosto". Renato Janine Ribeiro refuta essa tese. E a sua refutação me parece qualificada para convencer todo leitor escrupuloso de Hobbes. "Hobbes falharia como pensador burguês. Mas pode alguém falhar num papel que jamais desejou?" (p.213). "Partindo do direito à vida, e não à propriedade, Hobbes já define o indivíduo segundo potencialidades que *não são as do homem burguês*" (p.214). Ora, a crermos em Macpherson, o homem do estado de natureza seria simplesmente o *homo economicus* da economia de mercado, a quem suportaríamos mesmo desembaraçado de toda coerção política e de todo pudor. Mas o burguês autêntico há necessariamente de indig-

---

2 Macpherson, *The Political Theory of Possessive Individualism*. Oxford: Oxford University Press, 1964. [*A teoria política do individualismo possessivo, de Hobbes a Locke*. Trad. Nelson Dantas. Rio de Janeiro: Editora Paz e Terra, 1979.]

nar-se perante um espelho que o deforma tanto. O homem do estado natural pouco se importa em tornar-se, algum dia, um acumulador ou um empreendedor schumpeteriano. Ele é um predador, um oportunista vivendo o dia a dia... Como a ideia de *propriedade* poderia sequer lhe vir à mente? Nesse mundo fantástico, em que ninguém *reconhece* o outro, a ideia de propriedade ainda não tomou forma. "Só ocorre propriedade com o reconhecimento da apropriação; quando existem *meum*, *tuum* e certamente *suum*" (p.79). Onde encontrar aqui, mesmo com uma lupa na mão, algum vestígio de "individualismo possessivo"? O individualismo de um proprietário só tem sentido no interior de um sistema jurídico, mesmo que elementar, aceito por todos (como as pequenas sociedades sem governo de que fala Hume). E o princípio do liberalismo não será, nunca, o desencadeamento dos apetites (nem sequer meio camuflado), mas a regulação jurídica das relações sociais mediante uma ordem *em última instância natural* (fundada teologicamente por Locke, biologicamente por Hume, a partir da hipótese da evolução, por Hayek). Em suma, o homem do estado de natureza não é a soma projetada do burguês.

Essa demonstração tem suas consequências. Se Renato Janine Ribeiro tem razão — como creio —, não podemos mais conceder a Leo Strauss que Hobbes tenha sido o "fundador do liberalismo".[3] Ou, para sermos mais precisos, devemos corrigir a definição de "liberalismo" que Leo Strauss propõe para escorar essa sua tese. O liberalismo não se caracteriza apenas,

---

3 Strauss, *The Political Philosophy of Thomas Hobbes: Its Basis and its Genesis*. Chicago: Chicago University Press, 1964. [*A filosofia política de Thomas Hobbes. Suas bases e sua gênese*. Trad. Élcio Verçosa Filho. São Paulo: É realizações, 2016.]

como ele pretende, pela precedência dos direitos naturais em relação aos deveres do homem. Implica, igualmente, a crença na existência de uma ordem espontânea, graças à qual se harmonizariam, *grosso modo*, os direitos naturais de todos os indivíduos. Ora, justamente essa harmonização é impensável no universo mecanicista de Hobbes. Contrariamente a Locke, a Hume, a Smith, Hobbes ridiculariza toda e qualquer ideia de sociabilidade natural, quer dizer, toda possibilidade de uma sociedade viável sem Estado soberano. Nesse sentido, está claro que não é Hobbes quem abre caminho ao liberalismo, mas, melhor que ele, o teólogo Hooker (admirado por Locke). É Hooker quem afirma a existência de um pendor à sociabilidade (p.199) – essa *fellowship* que será, com os devidos ajustes, um dos conceitos fundamentais da *Teoria dos sentimentos morais*, de Adam Smith. É também Hooker que, opondo-se à concepção occamiana de lei, sustenta que "a lei não se esgota no *mandamento*", que "a lei é *ordem*".

Doutrina obscurantista, para Hobbes. Só há sociabilidade natural em algumas espécies, mas não entre os homens. Os homens, pode-se ler no *Leviatã*, "não têm prazer (ao contrário, sentem um enorme desprazer) na companhia dos outros, quando não existe um poder capaz de atemorizar a todos" (p.200). A sensação de uma igualdade natural, em vez de levar os homens à *humanity*, induz cada um a pensar que é capaz de vencer a luta pela posse do mesmo objeto: é geradora de guerra, não de sociedade. É preciso, portanto, esconjurar toda ideia de *ordem natural*: no estado de natureza, os próprios sábios que se sentissem tentados a obedecer às "leis naturais" prescritas por Deus se veriam bloqueados de fazê-lo, por temerem a malignidade de seus vizinhos. Ordem, só existe *artificial*. Uma *lei* digna desse nome só pode ser um *mandamento* pronunciado por uma instância humana, que não precisa justificar as suas razões (pois, do contrário, estas seriam interminavelmente contestadas por sacerdotes e por intelectuais). A ordem só reinará graças à lei do soberano. "Então quem é o senhor, Mr. Hobbes?" Um "companheiro de viagem" do liberalismo, podemos reconhecer; mas, bem diferente, é dizer que ele é o seu fundador. Seria difícil alguém fundar o liberalismo ao mesmo tempo que anuncia o positivismo jurídico.

Pensador da burguesia? A esse respeito, Renato Janine Ribeiro, sem sequer mencioná-la, desmente categoricamente Hannah Arendt, que um dia escreveu que "Hobbes foi o único grande filósofo que a burguesia jamais teve".[4] Pensador da burguesia, logo ele, para quem a propriedade é apenas uma "dádiva" (*gift*) do Príncipe, que a qualquer momento, em nome da razão de Estado, pode taxá-la a seu talante, ou até confiscá-la, ou melhor dizendo, retomá-la? (p.84-5). Pensador da burguesia, quem se recusa a considerar criminoso o roubo cometido por um faminto? "Nem o proprietário pode acionar por danos o esfomeado, nem o Estado puni-lo por infração às leis" (p.93). Razão bastante para escandalizar Locke e seu amigo, o reverendo Baxter, "que considera melhor um pobre morrer à míngua do que furtar uma côdea de pão". Razão para deixar até mesmo Hume reticente, a nos fiarmos pelas páginas que ele dedica à utilidade *global* da justiça (tantas vezes cruel nos casos particulares). Resumindo, a propriedade é menos que o poder estatal; ela é menos que a vida. Assim, "o soberano pode

---

4 Arendt, "Imperialism, Road to Suicide". *Commentary*, Nova York, v.I, p.27-35, fev. 1946.

confiscar os bens, o esfomeado roubá-los, sem cometerem um crime: são eles as duas *bêtes noires* de Locke, contra as quais ele funda o direito absoluto do proprietário, criminalizando qualquer ato que o ameace" (p.83). Quem é o senhor, Mr. Hobbes? Certamente, não é um pensador da burguesia. Quando muito, um franco-atirador, que a burguesia teve a enorme cautela de não acolher em seu panteão.

Eu já disse que é um Hobbes mais ameno, e tão pouco totalitário quanto possível, este que aparece na entrevista conduzida por Renato Janine Ribeiro. Mas é também – começamos a percebê-lo – um Hobbes ainda mais inclassificável, ainda mais enigmático; um Hobbes polêmico, percebido de viés, sempre de perfil, em *flashes*, enquanto se bate com seu adversário. Um Hobbes que nunca para de excitar a nossa curiosidade. "Afinal, quem é o senhor, Mr. Hobbes, reacionário ou progressista? Um iluminista ou o sorrateiro avalizador de todas as *linhas duras* do futuro?" Se todo Iluminismo é, antes de mais nada, uma ruptura com "preconceitos" que vêm do fundo dos tempos, então a resposta não admite dúvida. Hobbes despedaça todas as representações medievais que faziam do Rei a *cabeça* do corpo político, o duplo de Deus neste mundo, ou, mais que tudo, o *pai* a um tempo severo e atento, sempre *tutelar*, desses moleques seus súditos (e esse único feito de Hobbes já bastaria para justificar a desconfiança que tiveram por ele os realistas da gema). É que nenhuma "metáfora familial" conseguiria dar conta de uma organização *política* como a *Commonwealth*. Muito pelo contrário: é o modelo político que deve fazer-nos compreender a natureza das relações familiares. A família "é um *caso* da política, não o seu princípio. O soberano já não deriva do pai, mas o inverso" (p.36-7). Para a tradição medieval e para os reis Stuart, a criança era o paradigma do súdito político. Hobbes muda tudo: "com Hobbes, é a criança que se molda no súdito" (p.155).

Um exemplo, ainda, de subversão das significações tradicionais. Enquanto na tradição jurídica a *representação* é a ficção que autoriza o herdeiro a substituir o defunto, a "ocupar o mesmo lugar que seria deste, caso vivesse" (p.147), Hobbes, sem a menor hesitação, inverte esse esquema. O Príncipe já não *representa* o seu pai nem a linhagem de seus avós, pois quem é *representado* não são mais os mortos, porém os vivos: os súditos da *Commonwealth* (e como estes são ávidos por viver!). É a mim que o Príncipe *representa*, a mim, sujeito vivo, adulto, que em conhecimento de causa voluntariamente lhe concedeu delegação quando, no contrato de todos com todos, contribuí para criar o "homem artificial". Em troca de sua soberania absoluta, deve o Príncipe renunciar, portanto, à sua preeminência genética: ele não passa, agora, da *alma* desse autômato que é o Leviatã. Em termos de poder, ele ganha; mas, afetivamente, sua nova condição é menos gratificante. Paradoxalmente, é sob os golpes de um partidário do absolutismo que esboroa a mitologia monárquica. "O soberano não será pai que tutela os filhos carentes, nem filho que sucede ao morto, representando-o: os dois modelos da vicariedade familial, ascendente ou descendente, Hobbes recusa-os. Ao invés, engata a representação na criação: o representado é o autor do Estado, mas sem direito a tutelá-lo; o súdito é representado no Estado, mas sem com isso desaparecer" (p.149). Estranho tipo de poder, aos olhos dos campeões da tradição: poder criado somente por *vontades* humanas, poder que não deve mais nada a Deus, nem ao sangue, nem aos mitos de fundação. O político vê-se liberto das alegorias teológicas e fisiológicas bem como das justificações antediluvianas: Hobbes é mesmo, decididamente, o pioneiro do *Estado moderno*.

A confirmação disso? Nada mais significativo do que a posição que ele toma na complicada questão jurídica do *direito de nascença, birthright*. Esse direito fora, durante muito tempo, uma arma de defesa dos herdeiros contra as doações feitas "livremente" aos padres pelos agonizantes (muito felizes de poder trocar a sua salvação eterna por bens que, de outra maneira, seriam desfrutados apenas pela sua progenitura). Concebe-se facilmente que as famílias não concordaram com essas pias extorsões e se precaveram contra elas. Daí o *birthright*, que é a afirmação de que "uma criança adquire direitos à propriedade ancestral, já ao nascer" (p.98). Mais tarde, após o rompimento com Roma e a instauração do anglicanismo, mudará o sentido estratégico do *birthright*. A partir desse momento, é acima de tudo contra os apetites da Coroa que os proprietários devem defender os seus direitos; convém que recordem ao Rei que ele não pode privar de herança nenhum de seus súditos (p.103). Ora, já se adivinha que essa ideia de "herança privada e direito de nascença" não é do gosto de Hobbes. Quer seja invocada contra a Igreja, quer contra o poder régio, Hobbes vê nela apenas mais um modelo fisiológico, falsificador, portanto, do político. Como a nascença poderia sozinha conceder um direito? "O *birthright*, marcando o indivíduo por seu sangue, dava-lhe poderes, mas submetia-o à família naturalizada: reduzia-o a filho, depois a pai" (p.105). Hobbes não chega a dizer: "famílias, como vos odeio!", mas nem por isso deixa de ter em mira libertar, de toda servidão ou privilégio irracionais, a única realidade que para ele conta: a do *indivíduo*. A minha propriedade hei

A vingança do bom selvagem e outros ensaios

de tê-la não do sangue, mas de uma *will*, livre e claramente expressa em testamento. Rasguemos alfarrábios e pergaminhos: somente contam os atos cartoriais. Uma sociedade moderna só funciona através do jogo de decisões racionais publicamente expressas. Nesse ponto, ao menos Hegel — outro inimigo inveterado da *Common Law* e do direito costumeiro — será o epígono de Hobbes: "Enquanto a minha vontade se encontra em uma coisa, apenas eu posso retirá-la desta, *que só pode passar a outro com a minha vontade* e somente se torna sua propriedade por sua vontade: é isto o *contrato*".[5] Se Hobbes, antes de Kelsen, pretende pôr fim às vãs demandas por um direito *justo* (justo *em si*), é para implantar uma administração do direito que, finalmente, seja racional.

Contudo, olhemos com mais cuidado. O *birthright* não foi apenas um instrumento de defesa dos proprietários agrários. "De privilégio à herança fundiária, o *birthright* e a herança se expandem para um direito mais universal, à cidadania política; e, de arma contra o clero, se convertem em defesa contra o rei. Garantem o cidadão contra o governo despótico e protegem o contribuinte dos impostos arbitrários" (p.104). Entre as mãos dos *common lawyers*, o *birthright* vai tornar-se o direito de *"todo homem inglês que nasceu livre"* a gozar de seus bens e a exercer a atividade de seu agrado *com toda a segurança*. Podemos, é certo, zombar de Sir Edward Cooke, recuando até os tempos idílicos anteriores à conquista normanda para dar ao *birthright* um cunho quase racial. Mas permanece o fato de que é ele quem prefigura o libe-

---

5 Hegel, *Enzyklopädie*, cap. 492, in: *Werke in zwanzig Bänden*, v.10. Frankfurt am Main, 1970. [*Enciclopédia das ciências filosóficas*, v.3: A filosofia do espírito. Trad. Paulo Meneses. São Paulo: Loyola, 1995.]

ralismo intransigente dos grandes *whigs* do século XVIII. É a Sir Edward que Burke se refere em 1790, quando, escandalizado com as "loucuras racionalistas parisienses", ele realça a conexão, tão inglesa, da liberdade com o enraizamento da tradição:

> O povo inglês sabe muito bem que a ideia de *herança* fornece um princípio seguro de transmissão, sem excluir, porém, o princípio de melhoramento. Graças a esta política constitucional que age segundo o modelo da natureza, nós recebemos, possuímos, transmitimos nosso governo e nossos privilégios da mesma maneira que recebemos, possuímos e transmitiremos as nossas propriedades e a nossa vida.[6]

Discípulo de Bacon, contemporâneo de Descartes, depreciador da tradição, Hobbes, sem a menor dúvida, nos transporta de jato para a modernidade. Mas em que região dela? Graças a Renato Janine Ribeiro, podemos responder: na vertente *antiwhig*, isto é, antiliberal, no sentido corrente da palavra. "A política *whig* triunfou dos sonhos de Hobbes" (p.43). É verdade. E os *whigs* foram implacáveis com o seu vencido: criaram para ele a legenda do "despotismo". Temos de reconhecer que Hobbes foi, para eles, o inimigo favorito. Basta lermos novamente Burke, dessa vez num texto generoso, em que ele protesta contra a política inglesa na Irlanda:

> Não há erro que mais subverta toda ordem, paz e felicidade da sociedade humana do que a asserção segundo a qual as leis podem dever a sua autoridade apenas à sua própria instituição,

---

6 Burke, *Reflexões sobre a Revolução em França*. Trad. Renato Assumpção Faria et al. Brasília: Editora UnB, 1982.

A vingança do bom selvagem e outros ensaios

independentemente da qualidade de seu conteúdo. Se assim for, é *justo* o que proclama o Soberano ou a maioria de uma assembleia.[7]

Duvido que Renato Janine Ribeiro tenha profundos vínculos *whig*, mas o certo é que ele não diz coisa diferente do que Burke está dizendo quando resume, de maneira excelente, a inovação introduzida pela ideia hobbesiana de soberania:

> A força, a modernidade dessa ideia nova que é a soberania, está justamente em estear-se na representação. Por isso pode romper com o pensamento do Antigo Regime, de sociedades divididas em ordens, delimitadas cada uma delas por privilégios próprios, superando até o poder absoluto de um Luís XIV, pois limitava o Rei-Sol a uma constituição não escrita do reino, que o impedia de eliminar o patrimônio régio ou alterar a sucessão. (p.43)

É isso mesmo: superar o poder absoluto, ser ainda mais realista do que esse rei. Eis uns dos aspectos do desígnio hobbesiano que os jacobinos, como mostrou Tocqueville, se encarregarão de executar. Depois de 1789, afinal, Hobbes ganhou a parada.

A "apologia do despotismo" não passou, então, de uma calúnia? Começamos a ter algumas dúvidas. E nossa questão se torna mais premente: "Afinal, quem é o senhor, Mr. Hobbes?". A sua serenidade de *gentleman* ocultaria um projeto inquietante?

Não. Assim nos extraviaríamos. Ao termo do caminho, vemos que é simplesmente com um douto da era clássica que estivemos lidando, com um homem fascinado por Galileu, apaixonado pela mecânica. Quem sabe de quanto é capaz o homem mecânico e calculador? Por que os homens não construiriam esse aparelho de manutenção da paz na *pólis*? Essa máquina,

---

7 *Letter on the Catholics of Ireland*. Londres, 1792.

aliás, *já* está construída: o problema é que esses insensatos não sabem o que fizeram, não leram o manual de instruções. Está ao seu alcance, entretanto, esse admirável automatismo que sistematicamente impedirá os choques e atritos entre esses indivíduos turbulentos que os homens sempre serão. *Indivíduos*: é esta a palavra-chave. No universo ontológico de Hobbes, nada existe além de *indivíduos* que, acontece, somam-se uns aos outros, e que nenhum elo de nenhuma espécie é capaz de religar — pequenas máquinas, infinitamente desejantes, incapazes de conceber a ideia de um "bem comum" (p.205). Será preciso nada menos que o Leviatã para coordená-las e tornar viável a sua organização. Compreende-se agora o que separa Hobbes dessa "burguesia" que mostrou tanta má vontade para reconhecê-lo como o *seu* pensador: por mais paradoxal que pareça, é o seu individualismo extremo, é o fato de ele ter liberado "um individualismo ainda mais forte, irrestrito, do que o individualismo dito burguês" (p.216). É também o fato de Hobbes ter se impregnado pelo ensinamento de Occam em Oxford. Mas isto já seria outra história, e tema de outro livro, que consistiria mais num comentário do *De Corpore* do que da obra política.

Perdoe-me o autor que eu tenha deixado à sombra tantas de suas análises e sugestões. Esta apresentação cursiva bastará pelo menos para convencer os seus futuros leitores — que eu espero numerosos — de que a minha admiração é isenta de qualquer complacência. Estou longe de dominar a literatura hobbesiana. Mas, se me perguntassem quais são os três livros que mais me abriram pistas na obra de Hobbes, eu responderia: *The Political Philosophy of Hobbes*, de Warrender (1957), *Hobbes on Civil Association*, de Oakeshott (1975), e *Ao leitor sem medo*, de Renato Janine Ribeiro. Embora, diante desse Leviatã cativado com tanta arte por um jovem domador, eu continue sendo... um leitor com medo.

A loteria de Friedrich Hayek*

Num tempo em que socialistas e liberais usualmente se contentam em trocar argumentos demagógicos, reconforta ler o livro de Hayek, *Law, Legislation and Liberty*,[1] publicado em 1973. Não que o autor se afaste do debate político, isso é evidente: mais do que nunca, mostra-se um apóstolo do mais ortodoxo e mais intransigente liberalismo. Mas o seu discurso está marcado por uma tal serenidade, que consegue abolir do debate o elemento passional e revela com isso, sobretudo, a sua dimensão filosófica. Se vocês condenam o liberalismo por ser "capitalista", ele diz em suma, vejam que opções necessariamente adotarão (muitas vezes sem ter a consciência delas). Assim aclarada a situação, continuarão igualmente decididos a lutar por sua causa? Estarão dispostos a extrair as consequências filosóficas da sua profissão de fé ideológica?

---

* *Jornal da Tarde*, 7 maio 1984.

1 Hayek, *Law, Legislation and Liberty*. 3 v. Chicago: The University Press, 1978., trad. francesa: *Droit, legislation et liberté*, por Raoul Audoin, 3 v. Paris: PUF, 1984. [*Direito, legislação e liberdade*, 3 v. Trad. Carlos Szlak. São Paulo: Editora Avis Rara, 2023.]

Pois a recusa do liberalismo enraíza-se numa filosofia – e numa filosofia que não nasceu ontem, como comprova o crescimento, aparentemente irresistível, do socialismo e do poder de Estado neste fim de século XX. Se chamarmos de socialistas todos os que acreditam na realização da "justiça social" por meio do poder de Estado, "deveremos admitir que cerca de 90% da população das democracias ocidentais é hoje socialista". E essa quase unanimidade nos faz pensar. Pois, afinal, não foi lendo Marx nem as obras completas de Mitterrand que tanta gente encontrou o seu caminho de Damasco. Como todas as mudanças de mentalidade, esta vem de longe. O próprio Marx e os socialistas do século XIX apenas prolongavam uma tradição de pensamento cuja origem é preciso buscar na aurora de nossa modernidade. O que Hayek nos propõe é, portanto, uma investigação genealógica: após a genealogia da moral e a do humanismo ocidental, eis um esboço de genealogia do socialismo.

Sim: é preciso remontar para além de Babeuf e de Saint-Simon para identificar um erro de avaliação que foi consagrado pelos socialistas do século XIX. Pois estes acreditavam sinceramente que poderiam substituir o governo dos homens pela administração das coisas. Não tinham a menor suspeita de que o seu empreendimento fosse desembocar numa tirania. O mesmo acontece com os intelectuais do século XX: poucos imaginam que as exigências morais que os inspiram na verdade os fazem trabalhar pelo advento do totalitarismo. Se é assim, como explicar um engano de tal envergadura? Que venenos puderam segregar a Razão clássica e a *Aufklärung* para que a sua

A vingança do bom selvagem e outros ensaios

contemporânea, a *Big Society* — à qual se referia Adam Smith[2] —, fundada no mercado, seja hoje tão execrada?

— Mas que pergunta!, me dirão vocês. Não basta percorrer a história de nosso século e de suas crises econômicas e sociais para termos mais do que o direito de relegar a "grande sociedade" ao museu das antiguidades do otimismo burguês?

Ao que eu responderia (fazendo-me ainda de advogado do diabo) que tal objeção vale muito pouco aos olhos de Hayek. — Sejam quais forem os tornados que abalaram e ainda abalam a economia de mercado, sejam quais forem as injustiças que ela gerou, e malgrado as tensões entre "centro" e "periferia", vocês têm mesmo a certeza de que tais fatos não os deixam excessivamente indulgentes perante os fracassos econômicos do socialismo real e a sua história sangrenta? Em suma, têm mesmo a certeza de que as "razões" da sua escolha não se embasam num *parti pris* inicial — e inconfesso? Admitamos, em todo caso, que assim seja, provisoriamente; e recoloquemos a questão que vocês recusavam.

A "grande sociedade", como nasceu na Inglaterra no século XVIII, espedaçou as compartimentações arcaicas e as hierarquias de castas; consagrou a liberdade de empreender e de negociar; abriu as nações umas às outras etc. etc. Será preciso copiar o elogio que lhe dedicou — no *Manifesto Comunista* — o seu detrator mais ilustre? E, no entanto, dois séculos mais tarde, o princípio mesmo dessa "grande sociedade" tornou-se causa de

---

2 Smith, *The Theory of Moral Sentiments*, VI.ii.2.4; idem, 2.17; idem, 3.3. [Ed. bras.: *Teoria dos sentimentos morais*. Trad. Lya Luft. São Paulo: Editora WMF, 2015] A expressão utilizada por Smith é "Great Society", com uma variação, "Wider Society", em VI.ii.3.1. TMS, Indianapolis: Liberty Fund., 1983.

horror para a *intelligentsia* e até boa parte do *establishment* (nada mais instrutivo, a esse respeito, do que a leitura de *A era da incerteza*, de Galbraith), embora a ordem social que pretende rivalizar com ela apresente um balanço notoriamente desastroso, e embora a sua supressão (até agora) sempre se tenha acompanhado da supressão das liberdades elementares. E, no entanto, é à "grande sociedade" que se reserva o anátema. Ódio assim tenaz não proviria de uma desconfiança *de princípio contra ela*?

E de uma desconfiança, antes de mais nada, moral. A "grande sociedade" não resulta do livre jogo dos "egoísmos"? Não é o "estado de natureza" da economia? E o socialismo, em contrapartida, não marca o advento da razão social, o fim do estado de guerra generalizado entre os produtores? Somente com ele se porá termo à anarquia do mercado, à "sociedade espontânea" — à pré-história, em suma.

Escreveu Marx em *A ideologia alemã*:

> Enquanto os homens se encontram na sociedade espontânea (*naturwüchsigen*), enquanto a atividade não é dividida voluntária (*freiwillig*), mas espontaneamente, o agir próprio do homem torna-se para ele um poder estranho que se erige à sua frente, que o subjuga em vez de ser governado por ele. Tal solidificação da nossa própria conduta, como um poder material sobre nós, que escapa a nosso controle, que elide nossas expectativas, que anula nossos cálculos, constitui um dos aspectos fundamentais do desenvolvimento histórico até o dia de hoje.[3]

---

3 Marx; Engels, *Die deutsche Ideologie*, in: MEGA, I, 1, Berlin: 1981, p.32-3. [*A ideologia alemã*. Trad. Rubens Enderle. São Paulo: Boitempo, 2007.]

A vingança do bom selvagem e outros ensaios

Do exame desse texto (e de tantos outros) facilmente se depreende quem considera inaceitável a "grande sociedade". Não a "bela alma" como se poderia esperar, mas o racionalista integral — aquele que não suporta a decepção em suas expectativas, a frustração num cálculo que seja. Para esse tipo de espíritos, diz Hayek, é intolerável que "intervenham transformações sociais em que ninguém lhes conheça a razão, pois registram fatos cujo conjunto ninguém conhece" — é intolerável que os homens confiem sua sorte a forças que não podem controlar. E tal convicção está longe de constituir monopólio dos socialistas. Que uma instituição funcionará com maior perfeição na medida em que for governada pela razão humana — e, se possível, por uma razão única — é o que já afirmava o *Discurso do método*, assegurando que "a grandeza de Esparta não se devia à excelência de qualquer de suas leis em particular..., mas ao fato de que, emanando de um único indivíduo, tendiam a um fim único".[4] Que a ordem deliberada e fabricada valha sempre mais do que a ordem espontânea, eis uma ideia que se impõe à época de Bacon e Descartes. A primeira definição do Leviatã não é a de uma obra de arte, testemunho da criatividade da razão humana? E a Revolução Francesa, reconstrução que "um grande povo" empreende "de um grande Estado", aparece a Kant como fascinante tarefa de *organização*.

Organização: a palavra, por sinal, conhece fortuna, desde a época napoleônica. *L'Organisateur*, é este o título do jornal de Saint-Simon, cujo sonho é "imprimir a seu século o caráter... organizador"! E Renan, bom representante do cientificismo *fin-de-siècle*, considera que "a organização científica da huma-

---

4 Descartes, *Discurso do método*. in: *Obras escolhidas*. Trad. Jacó Guinsburg e Bento Prado Jr.; prefácio e notas de Gérard Lebrun. São Paulo: Abril Cultural, 1973, p.42.

nidade" é "a audaciosa, porém legítima, pretensão da ciência moderna". Profeta da organização da produção social, Marx nunca passou de mais uma voz no numeroso coro que, reiterando Descartes, clama pela era em que o homem se terá tornado o "senhor e possuidor" da natureza social. Dominação que não é um sonho vão, se é verdade que essa "natureza" poderá ser integralmente reproduzida sob a forma de artifício... Só dominamos o que compreendemos, e só compreendemos perfeitamente o que fabricamos: era esta a certeza que a Razão emancipada por Bacon e Descartes legava aos reformadores sociais do futuro. "Se ainda há reformadores indignados", escreve Hayek, deplorando o caos das atividades econômicas, "é em parte por serem incapazes de conceber uma ordem que não seja fabricada deliberadamente, e em parte porque a seus olhos uma ordem quer dizer algo que visa a objetivos concretos... algo que, precisamente, uma ordem espontânea é incapaz de fazer".[5]

É, portanto, a Razão clássica, e apenas ela, que deve ser incriminada: muito mais que um estoque de inocentes recordações escolares, ela é a mais ativa das nossas fornecedoras de preconceitos. Daí, diga-se de passagem, a leviandade de certos afrescos de história das ideias que apresentam a Razão do século XVII como porta-voz da burguesia ascendente, como se a *mathesis* de Descartes e Leibniz tivesse algum dia constituído o instrumento de previsão e de *Zweckrationalität* de que empresários e negociantes precisavam. Foi em outra linha que se desenvolveu a *episteme* requerida pela "grande sociedade" (Pascal, os Bernouilli, Hume, Laplace). Pode até ser que a Razão clássica

---

5 Hayek, op. cit., v.I, p.44.

A vingança do bom selvagem e outros ensaios

tenha sido, mais do que tudo, o substituto de uma mentalidade arcaica e pré-mercantil, à qual ainda aderem – como veremos – nossas atuais superstições ideológicas.

Esse questionamento da Razão não deixa de despertar ecos – e às vezes somos tentados a perguntar se Hayek, sem o perceber, não estaria trilhando parte de seu caminho junto com a Escola de Frankfurt. Não condena, ele também, a vontade de potência e o tecnocratismo inerentes ao Espírito das Luzes?... Contudo, essa seria uma "boa pista" errada, que não nos levaria muito longe, pois os termos da condenação são totalmente diferentes. De Horkheimer a Habermas, ela é feita em nome da Razão Prática kantiana: os frankfurtianos combatem o pragmatismo e o utilitarismo das Luzes. Ora, Hayek não tem o que fazer com esse referencial: a aberração característica da modernidade, a seu ver, não é de forma alguma o desconhecimento dos direitos da Razão Prática em proveito de uma Razão Teórica que teria ultrapassado os seus limites. Antes, consiste na ideia errada que desta última (e de seu poder) fizeram os grandes pensadores do racionalismo, aqueles que ele chama de construtivistas (Bacon, Descartes, Hobbes). Se concedermos a esses grandes homens o *copyright* da palavra "racionalismo", então "o termo significa que a razão consciente deveria determinar cada ação particular" – e, nesse caso, "não sou racionalista e um tal racionalismo me parece muito pouco racional".

Em síntese, o que pretendem, com efeito, os construtivistas? Que a ação racional é "uma ação inteiramente determinada por uma verdade conhecida e demonstrável" e que essa verdade é a única garantia do êxito de tal ação. O sábio seria então o espírito onisciente. Já não é tempo de acabar com essa fábula platônica? Tarefa urgente, porém difícil, diz-nos Hayek, pois Bergson tinha razão, mil vezes: "Nascemos todos platônicos". Acreditamos firmemente – confiando em nossas babás e em nossos professores – que, se os homens aprenderam a "responder ao meio com um esquema de ação que os ajuda a subsistir", é porque se deixaram guiar pela razão, como os reis magos pela estrela. Não será mais verossímil supor que os grupos humanos conseguiram sobreviver seguindo regras práticas que, por muito tempo, foram incapazes de formular, mas que percebiam bem-sucedidas? Nos tempos adâmicos, não tinham os homens o que fazer da causalidade nem da segunda Analogia da Experiência da *Crítica da razão pura*. "O problema de como se conduzir com sucesso num mundo do qual inicialmente só se conhecia uma parte foi resolvido pelo homem aderindo a regras que ele vira terem êxito, mas que não conhecia nem podia conhecer no sentido cartesiano da palavra."[6] O racionalismo deu assim um verdadeiro golpe para reinterpretar a ação humana, sujeitando-a, por princípio, ao conhecimento claro e distinto ou ao conhecimento exato. Fantástica superestimação da inteligência do bípede racional. Pois foi muito tardiamente, na verdade, e após muitas sequências de ensaios e erros, que o homem se tornou um animal preocupado em conhecer. E em que consiste, realmente, esse "conhecimento"? Não é, de forma alguma, em percorrer cadeias de evidências. Ainda menos seria na leitura de verdades eternas; tal conhecimento é, mais modestamente, o efetuar uma triagem, sempre incerta, entre o provável e o improvável, uma acomodação de cada instante ao incognoscível considerando "que é impossível para quem quer que seja levar conscientemente em conta todos os fatos distintos que compõem a ordem da sociedade".[7]

---

6 Hayek, ibid., p.21.

7 Ibid., p.15.

A vingança do bom selvagem e outros ensaios

E a ignorância que é de direito. Mas os construtivistas se empenharam em camuflar essa ignorância congênita.

Descartes, é certo, não reluta em admitir que o campo das verdades acessíveis a nossa razão é limitado. Mas fica entendido que, no interior desse domínio, o bom uso do método infalivelmente conduz à verdade e permite decidir com certeza qualquer questão. Ora, "a limitação dos conhecimentos", replica Hayek, "não é algo que a ciência possa superar". É uma limitação a que os homens devem resignar-se a cada instante, em cada caso. Uma limitação que receita alguma me permitirá contornar de uma vez por todas. Em suma, é uma limitação a que me devo conformar, enquanto animal cognoscente. "Toda a nossa civilização repousa – e não pode deixar de repousar – sobre o fato de que presumimos muito mais coisas do que podemos conhecer, na acepção cartesiana da palavra." Ninguém jamais terá o conhecimento "cartesiano" de todos os fatores que determinam uma ação e, portanto, jamais terá condições para prognosticar os seus efeitos todos. Portanto, toda teoria que "postula o conhecimento dos efeitos reais de uma ação individual" é mistificadora. Como tantos bons espíritos puderam negligenciar um dado tão evidente?

A resposta é simples: porque permaneceram imbuídos desta convicção arcaica: de que só há ordem onde há desígnio – e de que, na falta de um projeto deliberado, divino ou humano, só pode haver o caos. Ora, como todos sabemos, Deus está morto – e só os engenheiros humanos continuam disponíveis. Paradoxalmente, tudo se passa como se o evolucionismo em biologia de nada tivesse servido à compreensão da cultura e da sociedade, pois há uma forte recusa a pensar que uma ordem cultural ou social se possa instaurar espontaneamente, após ensaios e erros. Tal ideia choca demais a nossa convicção de que uma ordem social só merecerá esse nome desde que ordenada (ou teleguiada, se formos hegelianos) pela sacrossanta Razão. Nada altera essa convicção, nem os equívocos do intervencionismo estatal, nem os resultados ubuescos do planejamento socialista, nem a ineficácia do *Welfare State*: os grandes racionalistas continuam sendo nossos fornecedores de utopias. Hume decididamente pregava no deserto quando escrevia que a razão não é "nada mais que um maravilhoso e ininteligível instinto em nossas almas"[8] – de forma alguma um princípio capaz de criar ordem, mas, quando muito, uma das formas, e das mais precárias dessa mutação cultural "que talvez, há uns dois milhões de anos, sucedeu às mutações genéticas". Onde já se viu funcionar, exceto nos tratados de teologia, uma Razão criadora e inventiva? Onde já se viu, fora de Hegel, uma Razão que fosse o fio de Ariadne da História? "Devemos mais uma vez salientar, contra tantos racionalistas que resistem a essa ideia... que o homem nunca inventou as suas mais fecundas instituições, da linguagem até o direito, passando pela moral... As ferramentas fundamentais da civilização – a linguagem, a moral, o direito e a moeda – são frutos de um crescimento espontâneo, não de um desígnio".[9] De que serve – já perguntava Hume ao deísta – procurar a todo custo um desígnio, onde nós imaginamos que haja uma ordem? "Uma árvore confere ordem e organização à árvore que dela nasce, sem conhecer tal ordem... Dizer que essa

---

8 Hume, "Of the reason of animals", in: *A Treatise of Human Nature*, I.3.16. [*Tratado da natureza humana*. Trad. Deborah Danowski. 2.ed. São Paulo: Editora Unesp, 2009.]

9 Hayek, op. cit., v.4, p.26.

ordem, nos animais e nos vegetais, procede em última instância de um desígnio, é converter a pergunta em pressuposto".[10] Não vale o mesmo para todas as ordens humanas, por mais consistentes que sejam, a começar pela ordem do mercado?

Essa ordem espontânea que resulta da interação dos homens, mas cujos resultados ninguém previra ou projetara, "não a inventamos nunca; não éramos tão inteligentes assim; caímos nela por acaso". Feliz acaso, pois planejamento algum conseguiria produzir uma ordem tão complexa, assim como planejamento algum poderia remediar os seus defeitos:

> Afirmar que, porque a sociedade moderna se tornou tão complicada, devemos estabelecer um plano deliberado para ela, é defender um paradoxo que se deve a uma incompreensão total da situação. Na verdade, só podemos preservar uma ordem de tal complexidade... na medida em que fizermos respeitar e melhorar as regras que conduzem à formação de uma ordem espontânea.[11]

Uma sociedade não se organiza como uma expedição militar ou uma administração, e é contrário à natureza querer atribuir a cada um de seus membros o seu lugar e função. Na sociedade espontânea, tal como ela lentamente se constituiu, cada participante se satisfaz com a sua ignorância acerca do resultado de suas ações, e considera inevitável que o acaso decida em grande parte o sucesso de seu empreendimento. Aqui, cada jogador aprende, graças ao ganho que obtém (e apenas por esse meio),

---

10 Hume, *Dialogues Concerning Natural Religion*, parte 3. [*Diálogos sobre a religião natural*. Trad. Álvaro Nunes. Lisboa: Edições 70, 2019.]

11 Hayek, op. cit., v.I, p.59.

que "acaba de contribuir para a satisfação de necessidades que ele desconhece, valendo-se de situações que também só conhece indiretamente"; aqui, "todos são induzidos a contribuir aos projetos dos outros, sem o querer e mesmo sem os conhecer"; todos "são úteis uns aos outros, sem entrar em acordo quanto aos objetivos finais".[12]

Triste humanidade essa, de mosquitos cegos, sarabanda de átomos. Como quiserem. Contudo, pensando bem, dever-se-á condenar a "grande sociedade" por deixar cada um de seus membros desinteressado das metas que os demais perseguem? Os atores não perseguem objetivo comum: este é um fato. Portanto, não constituem uma cidade, se é certo, como dizia Aristóteles, que não há cidade erigida apenas sobre a troca e o comércio. Por isso, a "grande sociedade" não é uma cidade, e é mais que esta: uma associação que nasce de cada um perseguir o seu próprio interesse e que, por isso mesmo, extirpa grande parte dos conflitos políticos clássicos.

> Enquanto a colaboração não pode nascer sem a comunidade de metas, as pessoas que visam a objetivos diferentes são, necessariamente, adversários que lutam pelo monopólio dos mesmos meios; só a introdução da troca permitiu, a diversos indivíduos, serem úteis uns aos outros sem se colocarem de acordo quanto aos objetivos finais.[13]

---

12 Ibid., v.2, p.139.
13 Hayek, op. cit., v.2, p.132.

A vingança do bom selvagem e outros ensaios

Daí surgiu a primeira ordem social que se diga civilizada: quando os homens, fartos das paixões tribais e tornando-se na maior parte indiferentes uns aos outros, deixaram funcionar as três regras mínimas do *fair play*, que David Hume indica (estabilidade de posse, transferência de propriedades, execução de promessas) e assim ingressaram numa sociedade de novo estilo, que nenhum deles premeditara — e que era guiada apenas pela "mão invisível" de Adam Smith. Foi um erro zombar desta — pois Adam Smith acertara: dada a ignorância quase total dos atores e a divergência de seus interesses, o único fator para equilibrar automaticamente o conjunto só podia consistir nas indicações do mercado.

Por que, então, desconfiar por princípio dessa ordem homeostática? E por que, desde Platão, o pensamento organizacional continua sendo, junto com a suspeição lançada sobre o comércio e a troca, o "defeito obsessivo dos filósofos sociais"? A razão nós já conhecemos: por não poderem pensar uma ordem sem desígnio, não puderam impedir-se de sonhar com um desígnio social que finalmente fosse racional. E é essa pesada herança que nós carregamos. Incapazes de pensar a ordem do mercado como um jogo (a isso nos convidava Adam Smith), estamos persuadidos de que alguém (deve) ter sido encarregado da responsabilidade de proceder aos ajustes necessários. Esse maestro clandestino logo funciona, é evidente, como bode expiatório: desde que a remuneração das participações não obedeça a um princípio de justiça (o que seguramente acontece), terão "a responsabilidade e a condenação que recair sobre alguém"; as desigualdades resultantes terão de ser "efeito da decisão de alguma pessoa". Nem sequer imaginamos que o balanço de uma ordem espontânea se deva precisamente ao fato de que a sua configuração particular depende de circunstâncias muito mais numerosas do que podemos conhecer... Forjando demônios e deuses, a exemplo dos nossos mais remotos ancestrais, buscamos que potências maléficas poderiam ser responsáveis por esse jogo – e não nos é difícil designá-las. É um sinal da imaturidade de nosso espírito que ainda não tenhamos largado esses conceitos primitivos, e que ainda exijamos, de um processo impessoal que permite satisfazer os desejos humanos com maior abundância do que qualquer organização deliberada, que ele se conforme a preceitos morais elaborados pelos homens para guiar as suas ações individuais.[14]

É assim que se toma o Pireu por um homem e o mercado por um monstro. Talvez fosse melhor formular uma questão prévia: se é verdade que a ordem social espontânea é um jogo, em que sentido um *jogo* poderia ser dito *justo* ou *injusto*, desde que não seja fraudado e que os concorrentes respeitem as regras da competição? Pode-se dizer que tal jogo é justo ou injusto? Como exigir de um jogo que o seu resultado seja determinado de antemão? Diríamos que ele é justo só porque não há perdedores? Na verdade, é a noção mesma de jogo que nos deixa reticentes e até escandaliza. E por isso exigimos que os homens sejam remunerados em função de seus esforços, talento ou mesmo de suas necessidades – em nome de uma "Justiça" levianamente invocada. Pois a palavra *justiça* só tem algum sentido, aplicada à alocação de bens, quando esta não é efetuada por uma vontade humana. Uma vez mais, portanto, raciocina-

---

14 Hayek, op. cit., v.2, p.42.

A vingança do bom selvagem e outros ensaios

-se sobre a sociedade como se se tratasse de um ser animado, consciente e responsável.

Seria porque os homens de hoje estão mais habituados a trabalhar em organizações (desenvolvendo assim a mentalidade de funcionários)? O fato é que eles preferem, à sociedade livre, esta outra sem surpresas, em que cada autor econômico receberia uma parcela merecida pelo valor do serviço prestado, em que ninguém jamais seria informado por seu fracasso de que orientara mal os seus esforços e de que deveria, portanto, tentar novamente, por uma nova remuneração. Eles não somente recusam tal sociedade – e têm o direito de fazê-lo – como ainda a julgam como se fosse uma *sociedade organizada*, portanto, mal organizada. Por isso, nunca os epítetos de justo e injusto foram atribuídos tão levianamente. É "injusto" que uma indústria deixe de ser competitiva; é "injusto" que um engenheiro seja mais bem remunerado que um professor; é "injusto" que um empresário, graças à sua audácia prospectiva, supere concorrentes mais tímidos, é "injusto" que a Standard Oil tenha conseguido, no início deste século, esmagar seus concorrentes em razão de uma gestão superior, é "injusto" que Dassault, inventor brilhante, tenha fundado um império aeronáutico (hoje nacionalizado: está salva a moral...). "Injustas" também são – por que não? – as secas e as inundações; é "justo", pois, que se recorra aos contribuintes para indenizar as estações de esportes de inverno nos anos em que caiu pouca neve...

Mas os adversários de Hayek apreciarão bem pouco essa ironia, e se obstinarão. "O seu jogo está fraudado de início, dir-lhe-ão eles, porque as peças não são iguais." – Admitamos, responde ele, que valha a pena remediar a desigualdade escolar das chances. Contudo, "isto ainda estaria muito longe de criar

Gérard Lebrun

uma Igualdade real das oportunidades, mesmo entre pessoas de igual capacidade". – Seja assim. Mas pelo menos se corrigiria um pouco a loteria iníqua na qual repousa, de fato, a "ordem espontânea" do senhor. – Certo. Mas concordem, também vocês, que não poderíamos deter-nos aí se fôssemos estabelecer condições de verdadeira igualdade. A pouco e pouco, "o governo deveria assumir o controle de tudo o que constitui o meio material e humano de todos, e empenhar-se em fornecer pelo menos possibilidades equivalentes a cada qual".[15] A pouco e pouco, acabar-se-ia por suprimir ao máximo o acaso, quer dizer, por abolir a "grande sociedade", pois o que é próprio desta é não *garantir* a ninguém a posição ou a remuneração que lhe *compete* (justiça distributiva), mas permitir que cada um tente livremente a sua sorte, quer dizer, que empregue toda a sua *habilidade* com vistas a pôr em xeque o acaso. Quer vocês o queiram ou não, a busca da igualdade forçosamente conduziria a mudar o tipo de governo, pois há uma diferença *toto genere* entre "um poder que trata todos os cidadãos segundo as mesmas regras" e um poder "a quem se pede que coloque os cidadãos em situações materialmente iguais ou menos desiguais".

O dia em que surgir tal poder, a Cidade se tornará (talvez) moral, mas a "grande sociedade" finará – pois moralidade e "grande sociedade" são incompatíveis. Tudo o que se pode esperar da "grande sociedade", do ponto de vista da "moralidade" (se assim se pode dizer), é que ela se articule segundo regras de conduta – essencialmente jurídicas – que reduzam a incerteza e permitam um mínimo de previsão nas trocas e transações. Ora, tais *regras* não podem *avantajar a priori* nenhum indivíduo

---

15 Hayek, ibid., p.102.

e nenhum grupo. Só podem ser *abstratas* – e isso em triplo sentido: a) referem-se a condutas em geral, sem alusão a qualquer classe de indivíduos ou a qualquer fim que seja; b) puramente negativas, não prescrevem dever algum (nem sequer em face do próximo), mas simplesmente proíbem certos atos; c) dada a nossa ignorância, valem para situações indeterminadas. De tal forma que, da sua observância, pode resultar algum efeito local que será tido por iminentemente "injusto".

O que fazer? Enquanto a nossa racionalidade somente consistir em "regras gerais", nunca desembocará na justiça distributiva. Hume já o notara: a obediência às regras de justiça pode produzir, em algum caso especial, consequências chocantes (despojar um homem digno de todos os seus bens e dá-los a um avarento egoísta). Mas, e então? "A utilidade pública reclama que a propriedade seja regida segundo regras gerais inflexíveis", ainda que estas "não possam suscitar em todos os casos individuais consequências benfazejas". E, se algum resultado pontual pode ser nocivo, não basta que "o conjunto do plano e do projeto seja necessário à manutenção da sociedade civil?". E Hume acrescenta: "Mesmo as leis gerais do universo, embora combinadas por uma sabedoria infinita, não podem excluir todo mal ou todo inconveniente de cada operação particular".[16] Do que se queixar então? Uma das lições epistemológicas menos lembradas de David Hume é que não há diferença entre o funcionamento da natureza e o da sociedade.

Mais vale uma discordância franca que um mal-entendido. Graças a Hayek, pelo menos se dissipa toda incompreensão.

---

16 Hume, *Dialogues*, op. cit., parte 2.

A palavra *sociedade* não significa a mesma coisa para ele e para seus adversários. Hayek nos fala de uma ordem natural global, na qual cada elemento (de direito) é capaz de retificar a sua estratégia segundo as informações que lhe chegam. Nada a ver com um maquinário montado por um engenheiro todo-poderoso. Ele analisa as flutuações de um conjunto estocástico – e nós, incuráveis racionalistas, deixamo-nos conduzir pelas imagens escolares da *República* de Platão, da *pólis* antiga, do contrato rousseauísta. Segundo esses roteiros, não temos dificuldade em relegar prontamente à "pré-história" – e até (por que não?) à barbárie – a "grande sociedade" de Adam Smith e Mandeville. Como não sentir repulsa por essa sociedade natural, que nunca foi nem jamais poderá ser uma *obra humana*? Como não amaldiçoar o amável discípulo de David Hume que, na verdade – não temos a menor dúvida – se faz de advogado dessa violência institucionalizada? A desgraça é que ele tem o direito de nos retrucar: "e vocês, bons apóstolos da justiça distributiva, não trabalham para realizar as predições de Orwell?".

Cortemos de vez esta cansativa querela; como toda querela ideológica, ela nunca será resolvida pela argumentação. O mérito de Hayek, repitamos, está em transferir o debate para o plano da ontologia, pois são duas ontologias sociais que se enfrentam (sob a capa de duas sensibilidades). É, portanto, nesse nível que devemos tentar pôr a questão: das duas teses em confronto, qual nos remete com certeza à barbárie e à pré-história? À primeira vista, poderíamos pensar que Hayek já começa perdendo. Mas veremos que o homem conserva trunfos suficientes para que a partida permaneça indecidida até o último minuto. E se, finalmente, tivermos de tomar partido contra ele, o faremos sem prazer – até com certa amargura.

A vingança do bom selvagem*

Para compreendermos o que foi o curso da história ocidental, segundo Hayek, devemos começar pondo de lado o esquema de Hobbes. Não foi a criação de uma *Commonwealth* soberana que, de um golpe, encerrou a guerra (mítica) "de todos contra todos", nenhum contrato fundador foi firmado, em nenhuma clareira, nem sequer metaforicamente. Houve — isto sim — uma lentíssima evolução, ao fim da qual os homens terminaram por instaurar as regras jurídicas elementares, isto é, por respeitar de algum modo as posses uns dos outros, e por se convencerem da utilidade que havia em cumprir suas promessas. Foi apenas a partir de certo limiar de expansão da sociedade que se tornou necessário um governo — à medida que se ampliava a rede das relações sociais e aumentava o número dos parceiros afastados e desconhecidos. Foi então, e somente então, que se impôs como necessária uma força coercitiva, a única que pudesse conferir aos pactos um mínimo de credibilidade. Mas isto não passou de um artifício suplementar —

---

* *Jornal da Tarde*, 14 maio 1984.

pois os homens não haviam esperado que surgisse o poder para aprenderem a obedecer às regras gerais, que permitiam que cada um visasse por conta própria a seus objetivos pessoais, exceto os casos imprevistos, é claro (perfídia do parceiro, morte do devedor etc.). E foi somente para restringir ao mínimo a existência do imprevisto que se estabeleceu essa instância superior de segurança que é o Estado. Isto é tudo.

É, portanto, mais que certo que não foi o governo que deu aos cidadãos a noção das regras de comportamento, por meio das quais cada um teria a liberdade de cuidar da melhor forma possível de seus próprios negócios e de fazer prosperar o seu comércio. Os homens sabiam, havia muito tempo, o que era exigido por uma ordem social; sabiam que os membros de tal ordem deviam, por princípio, submeter-se "a regras aprendidas, muitas vezes em contradição com seus instintos hereditários" (agressividade, predação etc.). E o Estado não teve nenhum papel nessa descoberta.

Como poderia ter sido de outro modo? Um governo jamais pensaria, ele sozinho, em estabelecer relações de justiça entre pessoas privadas. As suas preocupações são outras: administrar, recrutar tropas, arrecadar impostos, zelar pela ordem pública. Toda a sua atividade está ordenada com vistas a um único objetivo: organizar e controlar uma comunidade. Por que razão viria um governo a favorecer a formação de um mercado? Quando, no século XVI, uma parcela dos camponeses ingleses começa a cercar os terrenos de criação e a romper a organização comunal dos pastos (em detrimento dos camponeses mais pobres), fazem-no – por muito tempo – contra a vontade do poder régio. Se a indústria têxtil se desenvolve pela mesma época, é a despeito das ordenações da rainha Isabel, cujas disposições mais

A vingança do bom selvagem e outros ensaios

intervencionistas (regulamentação dos salários e do aprendizado) já não eram mais aplicadas pelos juízes de paz. E é significativo que tenha sido Sir Edward Coke – a "ovelha negra" de Hobbes – quem, convencendo o Parlamento a submeter o direito comercial ao direito consuetudinário e a vedar à Coroa a concessão de monopólios comerciais, deteve de uma vez por todas as tendências organizacionais do Estado inglês. Em toda parte, ao nascerem os Tempos Modernos, o deslanche do mercado e a maximização da rentabilidade da atividade do empresário estão em proporção inversa à interferência do Estado sobre a sociedade – como foi amplamente provado, num livro já clássico, por Douglass North e Robert Thomas.[1] "A chave da história política inglesa, que contrasta nitidamente com a da França, está em que a Coroa não teve condições de aumentar as suas rendas fiscais através de um controle efetivo da economia." O que, diga-se de passagem, deveria levar-nos a matizar um pouco a tese que faz de Hobbes "o pai do liberalismo".

A nos fiarmos na bipartição que Hayek propõe, Hobbes tomou partido pela *organização* contra a *ordem espontânea*; de certa forma, como todos os racionalistas, foi também um apóstolo do controle social, e, portanto, contribuiu para retardar a "civilização", se é certo que "o homem deve parte de seus maiores sucessos ao fato de não ter sido capaz de controlar a vida social".

Mas o que é, mais exatamente, essa "ordem espontânea", no interior da qual cada empresário terá a *liberdade* de tentar a sorte, por sua conta e risco? Será preciso ver, nessa nova ordem

---

1 North, *The Rise of the Western World: A New Economic History*. Cambridge: Cambridge University Press, 1976.

social, a condição última para o florescimento da "natureza humana"? A resposta que Hayek propõe a essa questão não é simples. Por um lado, os homens, acostumando-se a regras de comportamento que abstraem a posição social e a personalidade do indivíduo, foram conduzidos a um tipo de sociedade cujos membros eram considerados, sem mais, como detentores dos mesmos direitos, e capazes, todos eles (ao menos em princípio), de participar do mesmo jogo. Desse ponto de vista, a "ordem espontânea" é, efetivamente, o coroamento de uma evolução, pela qual o homem moderno tem todo o direito de se felicitar. Mas essa medalha tem o seu reverso. Não esqueçamos que a sociedade de mercado, uma vez generalizada, deixa os seus membros entregues a uma ordem social "cada vez mais incompreensível para eles" (e que nenhum Deus combinador teria condições de dominar). Sem dúvida, o homem da "sociedade aberta" de que fala Popper é livre por excelência: não como detentor de um poder (este nada tem a ver com a liberdade, para Hayek), mas porque dispõe de uma margem razoável de escolhas práticas. Em compensação, está engrenado num processo sobre o qual não exerce nenhum controle, e tem consciência (se for lúcido) de que o seu mérito e esforços não garantem, de forma alguma, o seu êxito.

Seria tão invejável a sua sorte? É verdade que, de Santo Agostinho até Sartre, o *encontro com a liberdade* nunca foi apresentado pelos filósofos como coisa das mais atraentes. Mas o advento da liberdade, segundo o liberalismo, é particularmente desconcertante para o indivíduo. É certo que este, pelo menos, é um pouco mais afortunado que o pio indivíduo hegeliano, instrumento completamente cego da totalidade racional. Mas resta que esse ator míope conspira, sem saber, pelo bem pú-

A vingança do bom selvagem e outros ensaios

blico, enquanto visa apenas ao seu próprio interesse. Como poderia saber para onde o conduz um barco que ele pilota sem instrumentos, a olho nu? Assim, é possível duvidar-se que o indivíduo tenha ganhado com a troca de Hobbes por Hume: para aquele, cedente de seu direito, para este, mero elemento de um automatismo natural... Portanto, esse novo agente histórico tem alguma desculpa para sentir-se deslocado nesta "grande sociedade" na qual ele deu os seus primeiros passos. O indivíduo do Leviatã pelo menos sabia que edifício ele ajudava a construir; mas o indivíduo do liberalismo já perdeu, definitivamente, todo *telos*, como Hayek não se furta de reconhecer.

> O que o homem teve maiores dificuldades em compreender foi, provavelmente, que os únicos valores comuns numa sociedade aberta e livre não eram objetivos concretos a atingir, mas apenas regras abstratas de conduta, por todos admitidas, que asseguravam a manutenção de uma ordem igualmente abstrata, a qual simplesmente fornecia melhores perspectivas à iniciativa do indivíduo, mas sem conferir a este nenhum título sobre bens particulares.[2]

Entregando-se sistematicamente aos mecanismos da troca, comerciantes e citadinos se perderam no uso daquelas regras que, em outros tempos, foram "necessárias para a sobrevivência de um pequeno bando na caça ou na coleta". A "civilização" espalhava-se como uma mancha de óleo. Mas as regras arcaicas que ela assim recalcava teriam mesmo caído em desuso, na mentalidade dos homens? É claro que não. Hayek é o primeiro a chamar-nos a atenção para a persistência delas. Como, por

---

2 Hayek, *Law, Legislation and Liberty*. Op. cit., v.3, p.196.

exemplo, poderiam os homens renunciar, subitamente, à velha crença de que uma remuneração deva ser proporcional ao mérito? Mais importante ainda: como poderiam resignar-se ao fato de que a palavra "mérito" já não tem curso algum, numa ordem social na qual, "como ninguém tem conhecimento suficiente para orientar todas as ações humanas, não há ser humano competente para recompensar todos os esforços segundo o mérito"?[3] Mesmo em nossos dias, ainda temos dificuldades para assimilar essa verdade – e, assim, produzir o acordo entre nossa prática e nossa teoria. Com efeito, o que é agir com justiça, segundo os critérios da "sociedade aberta" em que vivemos? É retribuir o valor do que eu recebo mediante um valor igual – sem me perguntar quanto pode custar ao outro, em pena e sacrifício, o serviço que ele me presta. "Não são nem as boas intenções nem as necessidades do interessado que lhe garantirão a melhor retribuição, mas a execução do que é mais vantajoso para ele, seja qual for o seu móvel. Dentre os homens que tentam escalar o monte Everest ou chegar à Lua, não saudamos os que despenderam maiores esforços – mas os que chegaram em primeiro lugar".[4] E ainda: "se uma invenção acidental se torna extremamente útil para os demais, o fato de que tenha pouco mérito não a torna menos valiosa do que se tivesse resultado de grande sacrifício pessoal".[5]

Afirmações cínicas? Certamente; mas pertinentes, havemos de convir, considerando-se apenas o ponto de vista da utilidade social. Quanto a mim, não consigo processar a "justiça distri-

---

3 Hayek, op. cit., v.1, p.105.
4 Hayek, op. cit., v.3, p.87.
5 Hayek, op. cit., v.1, p.106.

A vingança do bom selvagem e outros ensaios

butiva" com o mesmo espírito vingativo de Hayek. Mas, ainda assim, confesso que já me senti desconcertado pela facilidade com que, nos sindicatos de funcionários públicos, se tende a colocar — com toda a naturalidade — o critério do mérito à frente do critério da competência (isto é, da rentabilidade). Por que, para igual competência (isto no melhor dos casos), deveria Pedro, somente porque tem vários filhos, ser promovido mais depressa do que Paulo, seu colega solteiro? Dá na mesma preferir Antônio, porque é branco, a Cláudio, por ser negro. (De resto, não vejo diferença de natureza entre essas duas espécies de iniquidade.)

Muitas vezes chamamos de "moral" a indiferença à rentabilidade. Por que o economista Alfred Sauvy[6] (por sinal, simpatizante socialista) causou tão grande celeuma quando propôs dar aos professores de ciências uma remuneração mais elevada, para dissuadi-los de abandonar a universidade pela indústria? Os sindicatos indignaram-se. Um professor de ciências e um professor de letras — retrucaram a Sauvy — não têm o mesmo mérito? É verdade; mas era essa a questão?

A verdade de tudo isso é que o valor — obscura, inconscientemente — aparece à maior parte de nós (e a mim mais que a todos: tranquilizem-se) como inseparável do mérito: todo valor digno de seu nome parece-nos inseparável de uma apreciação moral (como se tal conceito não tivesse nascido nos campos da medicina e da economia). Qualquer professor de filosofia poderá testar, facilmente, esse preconceito: basta que proponha a seus alunos uma disser-

---

6 Sauvy, *La Machine et le chômage: les progrès techniques et l'emploi*. Paris: Dunod/Bordas, 1980.

tação sobre "a ideia de valor". Todos — até os jovens marxistas mais convictos — professarão espontaneamente o mesmo discurso que um espiritualista do começo do século XX. Ora, é essa associação arbitrária entre *valor* e *moral* que, em grande medida, contribui para que lancemos um anátema *a priori* sobre uma sociedade fundada nas leis da troca. Alguma coisa dentro de nós recusa-se obstinadamente a reconhecer que o valor não apenas é inseparável da troca, como ainda só é indexado por esta. O nosso *moralismo* atávico, afinal de contas, não passa de um dos índices dessa *resistência*.

Daí, é forçoso concluir que, se a ideia de *justiça distributiva* conservou tamanha força entre os "socialistas moderados" (ou entre os "reformistas"), foi a preço de uma inconsequência. Pois, afinal, é tudo ou nada — e, a esse respeito, os marxistas ortodoxos são coerentes. Se aceitarmos o princípio do mercado, que validade poderiam ter regras estipulando quais bens *devam* ser alocados a tal pessoa ou a tal categoria (especialmente em função de seu mérito)? Se nos ativermos à ordem do mercado, o que pode significar este verbo *dever*? O que poderão significar os "novos direitos do homem", que as declarações modernas se empenham em enumerar (desde o *Welfare State*): direito ao emprego, direito à cultura, direito a justas condições de trabalho etc.? Pode-se bradar que essa pergunta é odiosa em si mesma — mas é preciso convir que um homem nunca tem *direitos*, a não ser em relação a um devedor. E quem será, nesse caso, tal devedor? Um Deus benfazejo, um demiurgo sagaz, um Estado-Providência? Vocês só têm de escolher — mas, em todo caso, terão de reconhecer que a sua preocupação com a justiça distributiva só é inteligível relativamente a uma sociedade organizada por uma instância *soberana*, que, assim, seria moralmente

A vingança do bom selvagem e outros ensaios

responsável pela distribuição. Em contrapartida, se vocês recuarem diante desse ideal e preferirem representar a sociedade como um conjunto de interações individuais, que escapam por princípio a toda direção, como uma ordem natural, à qual seria absurdo dirigir recriminações morais, então não terão nada a opor a estas conclusões de Collingwood: "A ideia de que uma pessoa *deve* receber determinada quantia em troca de seus bens e trabalhos é uma questão desprovida de significado. As únicas questões realmente válidas são o que ela *pode* obter em troca de seu bem ou trabalho, e se ela deveria realmente vendê-lo".[7] Sim: é tudo ou nada. Pois, entre a imagem naturalista e a imagem construtivista da sociedade, *é preciso escolher*.

Sim, é preciso escolher. Mas o homem da "grande sociedade", em qualquer época que seja, praticamente não sentiu a necessidade dessa escolha filosófica: para dizer a verdade, nem sequer lhe ocorreu tal ideia. Também nesse ponto, Hayek não deixa de fornecer escusas a seu favor: como o homem ocidental teria tido tempo, no curto espaço de dois séculos, para adquirir o equipamento mental que o capacitasse a acomodar-se à grande mutação? Quando Jean Baechler, no seu belo livro *Les Origines du capitalisme*,[8] analisa o efeito que o desenvolvimento da instrução (desde a Renascença) exerceu sobre o desenvolvimento da economia mercantil, ele escreve: "quanto mais o trabalhador se encontra intelectualmente desenvolvido, mais ele pode aprender a aprender, e com maior facilidade se adap-

---

7 Collingwood, *The New Leviathan, or Man, Society, Civilization and Barbarism*. Oxford: Clarendon Press, 1942.

8 Baechler, *Les Origines du capitalisme*. Paris: Gallimard, 1971.

tará às transformações do sistema econômico" (p.166). Essa frase – ao que me parece – requer um complemento. À medida que o trabalhador ingressa no campo da cultura (mas de uma cultura que, não podemos esquecer, estará mais e mais ordenada segundo os ideais da Razão) passa, sem a menor dúvida, a atender cada vez melhor aos requisitos da economia mercantil, mas nem por isso se torna mais permeável aos valores que seriam a única base a garantir a aceitação de tal economia. O que aconteceu, aliás, foi antes o contrário. Desde o século XIX, a educação racionalista, destilada da escola primária até o ensino superior, não preencheu, absolutamente, a função de cão de guarda da economia de mercado: melhor pensando, ela foi o seu cavalo de Troia. A análise dessa discordância entre o cultural e o econômico seria apaixonante. Hayek limita-se a esboçá-la (sumariamente demais, a meu ver). Resumamos, então, a sua tese.

Há milhares de gerações, diz ele, que os homens se encontram mais que habituados "a se deixar guiar, segundo instintos inatos, pela busca em comum de resultados tangíveis". Assim, só podiam sentir saudades dos tempos das tribos ou dos clãs. Perdidos no anonimato da "grande sociedade", continuaram fascinados pela "recordação" de uma época em que os produtos e serviços de cada um aproveitavam pessoas *que eles conheciam*, em que aparecia como um dever natural a determinação de ajudar o próximo "e de se conduzir em função de suas necessidades". Em suma, o mercado podia generalizar-se e a sua eficiência econômica manifestar-se cada mais... não adiantava nada: no fundo do coração, os indígenas da "grande sociedade" continuavam obstinados a ser, apenas, "bons selvagens". Os letrados eram

A vingança do bom selvagem e outros ensaios

sensíveis aos argumentos de Smith, Hume e Ferguson – mas Jean-Jacques os levava às lágrimas.

– Veja então (dirão vocês) que isto apenas honra a espécie humana; isto prova que o capitalismo a corrompia apenas na superfície.

– O "capitalismo"... O que vocês entendem por este termo? Esse monstro frio que brinca de dissolver as relações humanas naturais, esse maquinário que permite a alguns a compra a preço vil da força de trabalho de outros homens, esse Moloch a quem se fazia o sacrifício ritual das crianças de Manchester? Seria a economia mercantil *apenas* isso? O próprio Marx se recusava a formular uma ideia tão sumária (releiam, por exemplo, as páginas que dedica à colonização inglesa das Índias). Deve--se levar em consideração, pelo menos, outro fator. Já que a "grande sociedade", por definição, engloba um grande número de pessoas que não se conhecem umas às outras, segue-se que estas se consideram e haverão de se considerar, cada vez mais, como seres humanos submetidos às mesmas *regras formais* (abstraindo-se a nacionalidade, o sexo e a raça). Esse tipo de sociedade foi então, até o presente momento, o único fenômeno histórico a ter como seu sentido (o que eu digo é, apenas como seu sentido) fazer recuar, e até mesmo declinar, a "barbárie", tal como os antigos a concebiam. Ocorre que foi somente graças a esse percurso que os homens começaram a conceder "ao desconhecido e mesmo ao estrangeiro a produção das mesmas regras de justa conduta que se aplicam às relações com os membros conhecidos do pequeno grupo no qual cada pessoa vive".[9]

---

9 Hayek, op. cit., v.2, p.106.

Sem dúvida, como dizia Merleau-Ponty, refletindo sobre o colonialismo e suas sequelas, o encontro com o Outro se deu na desigualdade, na violência e no mais desenfreado racismo. Mas, afinal, o encontro deu-se; a era das sociedades fechadas desapareceu no passado; e os grupos humanos deixaram de existir uns apartados dos outros, como árvores.

Hayek, à sua maneira, está dizendo a mesma coisa, quando, para designar a economia de mercado, substitui a palavra "economia" por outro vocábulo. Pois, a palavra "economia" ainda se conserva ligada demais ao grego *oikos*; ainda evoca, em demasia, a imagem de um grupo trabalhando com vistas a obter bens determinados. Melhor seria, então, dar à ordem do mercado, como faz Hayek, o nome de *catalaxia*, entendendo por esse neologismo "a espécie particular de ordem espontânea produzida pelo mercado através dos atos de pessoas que se conformam às regras jurídicas relativas à propriedade, aos danos e aos contratos".[10] Por que *catalaxia*? A palavra é formada a partir do verbo *katallatein*, que em grego significa, ao mesmo tempo, trocar, admitir na comunidade e fazer de um inimigo um amigo. Ora, não será a *catalaxia* o melhor mediador – e talvez mesmo o único mediador possível da *humanitas*? É somente graças a ela que se difundirá "a obrigação de tratar as pessoas mais e mais remotas, e no limite todos os homens, da mesma forma que os membros de nossa tribo".[11] Será essa ideia tão delirante quanto parece à primeira vista? Embora a implantação dos trabalhadores imigrantes na Europa ocidental favoreça, muitíssimas vezes, irrupções de racismo, também torna pos-

---

10 Hayek, op. cit., v.2, p.131.
11 Hayek, op. cit., v.2, p.177.

A *vingança do bom selvagem e outros ensaios*

sível uma coexistência das raças que, timidamente, começa a dar seus primeiros frutos. A candidatura do reverendo Jackson às primárias americanas não será um efeito, modesto, porém significativo, da ascensão da *catalaxia*?

— Mas, se assim for, os homens serão idiotas que só aceitam desconfiados e a contragosto uma ordem social tão promissora?

— Vocês passam de um extremo a outro.

A *catalaxia* que se delineia tampouco é uma idade de ouro, e jamais o será. Todo progresso não tem a sua face obscura? "Este progresso" — acrescenta Hayek — "só pôde ser alcançado a preço de se atenuar a obrigação de atribuir uma contribuição deliberada para o bem-estar dos membros de nosso grupo". A irrupção da "grande sociedade" marca, também, a ruptura dos elos de obediência, de fraternidade local, e mesmo de fidelidade à família. "A espécie de ordem abstrata na qual o homem aprendeu a se apoiar, e que lhe permitiu que coordenasse pacificamente os esforços de milhões de seres, infelizmente não se pode fundar em sentimentos como o amor do próximo, que constituía a mais elevada das virtudes no grupo restrito."[12] Este é o preço — caríssimo — que se paga para entrar na *catalaxia*: "permitir que se atenuem, ou mesmo praticamente desapareçam, os deveres legalmente executáveis em relação ao vizinho e ao amigo" — aceitar a extinção de "todas as obrigações fundadas nas relações pessoais". Acabaram, para sempre, as pequenas comunidades tão caras a Rousseau: é chegado o tempo das megalópoles, de suas multidões anônimas, de seus *office-boys* apressados, de seus passantes indiferentes. Hayek — à primeira

---

12 Hayek, op. cit., v.2, p.182.

vista – parece tomar decididamente partido por esse declínio do altruísmo, preço irresgatável do universalismo gerado pela troca-soberana. Mas apenas à primeira vista. Pois, psicólogo sagaz, compreende que os homens se resignam muito menos que ele a verem afastar-se a sociedade do face a face, e a se tornarem esses mutantes, algo monstruosos; "animais políticos" exilados de toda comunidade.

É até mesmo provável que essa revolução sociocultural, embora tenha sido mais durável que a de Mao Tse-Tung, venha, porém, a conhecer igual sorte – e que essa primeira tentativa de "sociedade aberta" termine em *fracasso* (provisório, pelo menos). Basta abrir os olhos: o espírito do risco declina, os "burgueses conquistadores" perderam o seu *élan*, e até os próprios consumidores acabam por se perguntar se o consumo é mesmo um fim em si. Em suma: parece que os homens se tornam indiferentes "a essas regras de mercado que tornaram possível a "grande sociedade" e que o balanço desta parece "irracional e imoral" aos mais jovens. Assim, tudo o que resta a Hayek é juntar-se aos que folheiam – mas com que tristeza, e mesmo com que dor – o Evangelho segundo Marcuse. Ecologismo, neorrousseauísmo, utopias da autogestão, liberação dos instintos, promoção do Desejo à posição de conceito ontológico: em que Idade Média ingressamos! Nem sequer falta a "justiça distributiva", à nova moda. Em toda parte, retornam à superfície os instintos inatos que estiveram tanto tempo "submersos", e também de toda parte se elevam os clamores dos que reivindicam... aquilo a que têm *Direito*. Mas por que estranhar isso? Por que bastariam dois séculos para que os humanos ganhassem força suficiente para renunciar aos hábitos e comportamentos que adquiriram nas pequenas sociedades, ao

A vingança do bom selvagem e outros ensaios

longo de cinquenta mil gerações? "Por essas razões não deve surpreender que a primeira tentativa dos homens para emergir da sociedade tribal e ascenderem à sociedade aberta resulte em fracasso – porque o homem ainda não está pronto para desfazer-se da ótica moral adaptada à sociedade tribal."

Não é possível expressá-lo melhor. Não deve surpreender que em 1984, quando o desemprego converte os trabalhadores em mendigos, rompe as famílias e fabrica destroços humanos que têm por única escolha a sopa popular e o banditismo, boa parte da população paulista ainda não esteja "pronta para se desfazer da ótica moral adaptada à sociedade tribal". Não deve surpreender que, ignorando as regras do jogo da *Big Society*, boa parte da opinião continue acreditando que uma sociedade deva agir tendo em vista objetivos determinados (ingênuo antropomorfismo), e por isso teime em dirigir a essa sociedade exigências de "justiça social". Vá-se provar a esses aturdidos que a expressão mesma "justiça distributiva" já constitui um *nonsense* (lastimável erro de um macedônio inteligente, enganado pelos costumes da *pólis* grega). Vá-se demonstrar a eles que não há critérios que determinem o que é socialmente injusto, porque na ordem social espontânea não existe regra cuja observância garanta automaticamente, a Pedro ou a Paulo, a renda mínima que a opinião esclarecida (e moralizante) considera justa. Vá-se fazer tais comícios pela *Great Society Now!* – e depois venha alguém me dizer quantos adeptos conseguiu recrutar.

– Finalmente você recuperou o bom senso, mas depois de quantos desvios! Precisava gastar tanta tinta e papel para nos ensinar o que sabemos há tanto tempo: que o seu autor é um reacionário delirante e que sua obra, sob a capa da cientificidade, pertence à teratologia política? Você vale-se dessa perversa estratégia: flertar com o liberalismo o maior tempo possível para furtar-se à sua companhia no último minuto (isso por razões evidentes, de mera prudência). Por favor, tenha a coragem de nos dizer, de uma vez por todas, de que lado você está: no campo conservador ou no campo socialista?

— Em nenhum dos dois, se querem saber. Mas já falei de mim o bastante. Sabem o que é uma aporia, para Aristóteles? É uma dificuldade tal que, enquanto não se conseguiu resolvê-la, não se pode nem saber o que se tenta provar, nem que tese se pretende propor. Ora, não nos encontramos, agora, diante de uma aporia?

— Onde está, então, essa sua temível dificuldade?

— Ela poderia ser a seguinte. Por um lado, Hayek nos deixa estupefatos quando nega praticamente toda diferença de natureza entre *Sozialstaat* e Estado totalitário, e proclama que Roosevelt foi "o maior demagogo de nosso século": volta ao *laissez-faire* ou renúncia da sociedade civil, é diante dessa alternativa que ele então nos coloca. Posição tão extremista quanto irrealista. Mas, por outro lado, como refutá-lo quando ele demonstra que a ideia de liberdade, nascida no século XVIII inglês, necessariamente deve falir, à medida que os tecnocratas consolidam a sua supremacia? Isso posto, será lícito dar-lhe razão por um lado, e por outro mostrá-lo em erro? É o que tentei fazer, mas, com isto, não desatei a aporia.

Por um lado, Hayek não alcança a nossa adesão quando condena — no absoluto — tudo o que pode perturbar a ordem espontânea do mercado, voltando suas armas, por exemplo, contra a ascensão do poder sindical constatada de um século para cá. Ou, ainda, quando na menor intervenção do Estado enxerga um estrangulamento insuportável da livre empresa. Pois, para ele, repitamos, é tudo ou nada: não há planejamento, por limitado que seja, nem projeto mínimo de repartição da renda nacional que já não ameacem em seu âmago a sociedade aberta, isto é, que a prazo mais ou menos longo não impeçam "os indivíduos de agir com base em seus próprios conhecimentos e a serviço de seus próprios objetivos — o que constitui a essência da liberdade".

Se assim for, o Estado-Providência não poderá ser mais que o substituto insidioso do totalitarismo. Talvez se conceda que outra imagem do *Welfare State* é, porém, possível: a de um Estado atento, antes de mais nada, às reivindicações (contraditórias) da sociedade, navegante de cabotagem, dividido entre as exigências das associações profissionais. Hayek às vezes evoca essa imagem, mas sem se deter muito nela, prisioneiro que é de sua ontologia (mais ainda que de seus preconceitos "reacionários"). Pois não é, propriamente falando, a ideia de assistência social, de auxílio-desemprego etc. que o repugna.[13] É outra coisa, bem diferente, que faz dele um profeta de desgraças: a convicção de que toda prestação de serviço social efetuada por um governo necessariamente representará um aumento do poder organizador — uma ampliação abusiva, portanto perigosíssima, do poder coercitivo do Estado. Em suma, não é a palavra *Providência* que inquieta Hayek na expressão "Estado-Providência": é a palavra *Estado*. O Estado-Providência não passa, para ele, da última máscara do Leviatã, do último disfarce do Grande Lobo Mau.

---

13 Cf. o capítulo sobre a previdência social no livro *The Constitution of Liberty*. Chicago: Chicago University Press, 1960 [*A constituição da liberdade*. Trad. Pedro Elói Duarte. São Paulo: Avis Rara, 2022.].

Falta-lhe, quanto a isto não há dúvida, um estudo da mutação do poder moderno, ocorrida à medida que se acentua a sua osmose com o mercado.

Hayek, é verdade, mostra-se mais convincente quando demonstra que o Estado-Providência, ao alargar o seu domínio, impõe à sociedade encargos que se tornarão cada vez mais intoleráveis: que se pense no "abismo financeiro" (segundo a expressão consagrada) que a previdência social representa na Europa, e também nas metrópoles americanas, desabando — às vezes até falindo — sob o peso dos encargos sociais. Com base nisso, é fácil ao autor perguntar: o que ganharam então as democracias com as suas "políticas sociais"? "Já se disse com propriedade que, se antes sofríamos com os males sociais, agora sofremos com os remédios para eles criados. A diferença é que, enquanto anteriormente os males sociais estavam desaparecendo aos poucos com o crescimento da riqueza, os remédios que introduzimos nos últimos tempos começam a ameaçar a continuidade desse crescimento do qual depende todo progresso futuro." Contudo, nessa frase, merece ser ressaltado o advérbio anteriormente. Ainda será verdade, no século XX, que o "crescimento da riqueza" terminará por resolver o "problema social", e que, sem a ação política e sindical dos trabalhadores, o crescimento do famoso "bolo" fornecerá a todos os comensais um pouco mais do que migalhas?... A desgraça do liberalismo, decididamente, é que ele possui uma ontologia social, mas não uma política (com o marxismo é o contrário: tem uma política, mas, no lugar de uma ontologia, possui apenas uma demonologia social).

A causa foi então ouvida; Hayek é homem de outra época. O problema, porém, é que, em pelo menos dois pontos, a argumentação desse "inatual" não deixa de ferir o alvo.

1) Quando prova que a justiça distributiva só pode ganhar sentido no interior de uma sociedade na qual todas as atividades dos agentes econômicos encontram-se reguladas por uma instância coordenadora suprema. 2) Quando prova que a "justiça social" não é simplesmente um valor que se acrescenta a nossos outros valores morais, mas que a sua realização se revela quase de imediato incompatível com a manutenção da ordem jurídica que permite, a um só tempo, a expansão do mercado e a das liberdades elementares. Quando prova que uma sociedade pode dizer-se justa (sem abuso de linguagem) se — e somente se — "ela é administrada por uma autoridade que designa tarefas específicas aos indivíduos e recompensa cada um deles que executou as ordens hábil e fielmente". Então, "todos os cidadãos se transformam em empregados assalariados do Estado"; então, "todos os cidadãos são os empregados e operários de um único cartel do povo inteiro, do Estado...". Aqui não se trata mais de um devaneio moroso de Hayek, mas da descrição, feita por Lênin, da "primeira fase" do comunismo.

Milenarista a seu modo, Hayek espera que este seja apenas um momento duro a atravessar, e que nossos netos redescobrirão os méritos do mercado em estado puro. Tal futurologia pode deixar-nos céticos, assim como pode parecer-nos severa demais a sentença sem recurso pronunciada contra o *Sozialstaat*. Mas, isto posto, o que se pode objetar à análise de sentido aqui proposta, da expressão "justiça social"? Onde está o sofisma? Onde está "o lugar do paralogismo"?

E não pensemos nos safar desta pela mera invocação ritual de recordações escolares. Não vamos responder a Hayek que sempre os filósofos (é assim que começam as dissertações execráveis...) sustentaram que justiça e sociedade podiam e deviam conciliar-se. Sob o olhar dele, a República de Platão, o Leviatã de Hobbes, a Esparta de Rousseau, a Cidade ética pós-kantiana, o Estado orgânico hegeliano, jamais passarão de contos de ninar para os bebês racionalistas que somos nós.

O que é apaixonante em Hayek é, precisamente, que ele nos força a tomar uma distância da tradição que nos é familiar – que ele nos obriga a apreciar a espontaneidade, à custa do voluntarismo (com o qual identificamos definitivamente a "Liberdade") –, que ele desperta a nossa desconfiança pela Razão Metódica por ela mesma e não porque ela teria sido (desgraçadamente) desviada de sua rota por não sei que poder maléfico (capitalismo, tecnocracia etc.). Que ele nos sugere que a própria Razão, da qual Descartes e Kant se fizeram arautos, bem pode nunca ter sido mais do que uma ideologia de *sociedade fechada*. Reacionário é, nesse contexto, a menor injúria que se possa fazer a tal iconoclasta.

Isto posto, é incontestável que a Razão "construtivista" ganhou a partida – escolar, cultural, politicamente (se não epistemologicamente). E a Hayek, discípulo tardio de David Hume, só resta contar a história vista do lado dos vencidos. Outro dia, esperando a minha vez numa fila interminável diante do guichê de um banco, eu ouvi a conversa de dois *office-boys*. "O meu patrão", dizia o primeiro, "começou a carreira vendendo pipocas na rua". "Bons tempos aqueles", respondeu sensatamente o segundo; "hoje, ele continuaria vendendo pipocas a vida toda". Sóbrias e comoventes exéquias à *Big Society*.

O que podemos fazer, agora que a Razão "construtivista" venceu? O coração – tanto quanto o bom senso – em 1984, da mesma forma que em 1929 – nos inclina a tomar partido pela "justiça distributiva"; afinal, temos que desposar o nosso tempo. Mas, graças a Hayek, pelo menos não o fazemos cheios de ilusões; será um casamento apenas de razão. Para os mais lúcidos, casamento sem sexo... Graças a Hayek, digamos que o socialismo marque uma etapa no rumo da "civilização": é mais verossímil que ele nos faça regressar, *mutatis mutandis*, aos usos e costumes dos "bons selvagens", nossos ancestrais tão próximos.

— Mas, então, o que você faz do sentido da História?

— Fique tranquilo: a História caminha. Mas pode ser que caminhe para trás.

Hume e a deusa cega*

Como explicar a separação entre o "econômico" e o "político" no final da idade clássica? De onde veio a ideia de constituir uma disciplina autônoma dedicada ao estudo da atividade que os homens empregam em vista de sua subsistência? O livro de Louis Dumont, *Homos aequalis*, é dedicado a essas questões.[1] O autor identifica dois traços que lhe parecem característicos dessa emancipação do "econômico". Em primeiro lugar, a decisão de liberar o *indivíduo* (ou seja, o *homo economicus*) de toda hierarquia ideal, de toda subordinação a um princípio e até mesmo, com Mandeville, da submissão a normas morais. É assim que, a partir de Locke, a justiça passa a ser vista como a condição institucional da apropriação, isto é, de uma atividade *individual*. No campo delimitado pela economia, fica entendido que "cada sujeito define sua condição unicamente em re-

---

* *Jornal da Tarde*, 9 jun. 1984

1 Dumont, *Homo aequalis: Genèse et épanouissement de l'idéologie économique*. Paris: Gallimard, 1977. [*Homo aequalis: gênese e plenitude da ideologia econômica*. Trad. José Leonardo Nascimento. Florianópolis: Edusc, 2000.]

ferência a seu interesse próprio" — o bem comum é entregue à graça de Deus ou, antes, da "mão invisível". O segundo traço característico é, segundo Dumont, a primazia então atribuída à *relação entre o homem e seus bens*: a relação inter-humana passa a segundo plano (o único papel do outro é ser fonte de serviço ou de lucro). Essa tese fica clara na explicação utilitarista que Hume oferece da Justiça. Citemos Dumont: "Para Hume, a justiça deve a sua origem em parte ao egoísmo e à generosidade limitada dos homens, em parte ao fato de que a natureza provê suas necessidades de maneira apenas limitada. Haveria maneira mais brutal e mais franca de postular a prioridade das relações entre as coisas e os homens" (p.104).

Confirma-se assim a atual imagem que temos da antropologia subjacente à economia que nasce: redução do homem a um sujeito de desejos e necessidades (*besoins*), redução de sua atividade à apropriação e à troca, redução do cidadão a um ser egoísta e *à parte*. Tema que Marx contribuiu para popularizar: "o direito do homem à liberdade não repousa sobre o elo entre um homem e outro, mas, antes, na separação do homem em relação ao homem: é o direito a essa separação, o direito do indivíduo *limitado*, porém limitado a si mesmo".[2] A imagem é, sem dúvida, satisfatória para o espírito, mas a leitura dos textos nos obriga a nuançá-la. Como observa Hayek, é a Stuart Mill, não a Smith que se deve a noção de *homo economicus*. Hume e Smith nunca preconizaram um *laissez-faire* integral. Por fim, e principalmente, não haveria um abuso do termo *egoísmo*? Ser

---

2 Marx, *La Question juive*. Paris: Union Générale d'Éditions, 1968, p.21-2. [*Sobre a questão judaica*. Trad. Nélio Schneider e Wanda Caldeira Brant. São Paulo: Boitempo, 2010.]

A vingança do bom selvagem e outros ensaios

livre para perseguir seus próprios fins (respeitando-se as regras existentes) seria necessariamente o mesmo que perseguir fins *egoístas*?

Pode ser interessante ir mais longe, colocando em causa a própria noção de "individualismo", a respeito da qual concordam tanto os admiradores quanto os detratores do liberalismo. É mesmo verdade que o liberalismo econômico se acomoda tão bem quanto se alega ao deslocamento do social, o que nos daria o direito de chamar de "metassocial" o "sujeito" que aí tem lugar? Ou que o liberalismo pensa a instituição como uma simples superestrutura (um "mal necessário") e que as relações jurídicas deveriam ser estritamente deduzidas ou "derivadas", como prefere Dumont, da propriedade? Em suma, é mesmo verdade que a consideração privilegiada do "econômico", no século XVIII, é indissociável de uma valorização do Indivíduo que conduz à aceitação de uma sociedade "atomizada"? Pensando bem, a noção de *indivíduo* é uma das menos bem determinadas que existem (lembremos aqui a insolente interpelação de Nietzsche: "alguma vez existiram indivíduos?"). Razão a mais para termos precaução, ao lidar com esse conceito, principalmente quando o tratamos como próprio de uma filosofia. Razão a mais para examinarmos mais de perto se o desdém pelo elo social e a desconfiança em relação às instituições seriam traços suficientes para caracterizar o liberalismo. Não poderíamos, ao contrário, descobrir nele *uma outra ontologia do social*? São questões bastante amplas. Contento-me aqui com uma primeira sondagem. Pergunto-me, simplesmente, se a análise da justiça por Hume, citada no livro de Louis Dumont, corresponde de fato à representação (tradicional) do liberalismo que é retomada, em linhas gerais, nesse mesmo livro.

Gérard Lebrun

Primeira observação. No texto do *Tratado da natureza humana* dedicado à justiça, Hume não diz que os homens inventaram a justiça *para* consolidar a propriedade. Ele chega a dizer o contrário: que a existência da propriedade *pressupõe* a da justiça, e que a famosa definição desta por Ulpiano – *justitia est constans et perpetua voluntas suum quique tribuendi* [a justiça é a virtude ou a vontade firme de dar a cada um o que é seu]– tem o defeito de levar a crer que a palavra "propriedade" (*suum*) teria um sentido antes mesmo de termos a ideia de justiça. Com efeito, o que é a propriedade para ele? Uma relação que provém da *ocupação* ou *posse inicial*. E essa relação "tem influência apenas no espírito, na medida em que nos dá um sentimento do dever de nos abstermos de um objeto". Ora, a justiça consiste, precisamente, nessa obrigação: "dessa virtude depende, portanto, a natureza da propriedade; não é a virtude que depende da propriedade".[3] Em outras palavras, a relação moral a que se dá o nome de "propriedade" não poderia entrar em vigor antes que os homens tenham decidido se abster do bem alheio, e quando fosse o caso restituí-lo àquele que o possui etc. Sem essa *convenção* inicial, a palavra "propriedade" não teria nenhum sentido – assim como ela não tem sentido no estado de natureza de Hobbes, onde cada um pode dizer "isto é meu", mas nunca "isto é teu" ou "seu".[4] Onde estaria, assim, a primazia da relação com a coisa

---

3 Hume, *A Treatise of Human Nature*, 2.ed. Selby-Bigge, III.2.6, p.527. [*Tratado da natureza humana*. Trad. Deborah Danowski, 2.ed. São Paulo: Editora Unesp, 2009.]

4 Esse ponto é analisado com propriedade por Renato Janine Ribeiro, em um livro que está para ser publicado. [Ver, neste volume, "Quem é o senhor, Mr. Hobbes?]

sobre a relação com a pessoa? A propriedade é uma relação com uma coisa que só pode existir sob a hipótese de uma *concordância* entre os membros do grupo. Mas que *concordância* é esta?

A justiça não foi estabelecida de um só golpe, à maneira da descoberta da verdade de uma evidência. Suas regras se impuseram lenta e gradualmente, pela experiência, em vista dos inconvenientes que resultam da sua transgressão. Portanto, não existiu nem cerimônia solene nem contrato nem troca de promessas, e por uma boa razão: os homens dessa idade pré--jurídica eram incapazes de utilizar as fórmulas a que chamamos de "promessa", pois é a justiça, e unicamente ela, que torna corrente o conceito de promessa. Tudo o que existiu foi uma *convention or agreement*, vale dizer, um "sentimento do interesse, supostamente comum a todos, e no qual todo ato isolado é realizado com a expectativa de que os outros realizem um ato semelhante".[5] Portanto, não se deve entender por "convenção" um pacto claro e formal, mas uma aliança, que se torna de tal modo costumeira que não é preciso formulá-la verbalmente: um ajuste tal entre as condutas, que cada um doravante pode esperar do outro uma conduta que esteja em concordância com a sua. "Dois homens que manejam os remos de uma canoa na mesma direção o fazem por *convenção ou concordância*, embora não haja troca de promessas".

Ora, em todo grupo primitivo haveria sempre um momento em que nossos ancestrais seriam constrangidos, como esses canoeiros, a entrar em acordo sobre os seus gestos. Por que seriam *constrangidos* a isso? Ou ainda, por que concordariam que a justiça seria *útil*? Questão difícil, pois a palavra *útil* é ambígua.

---

5 Hume, *A Treatise of Human Nature*, op. cit., III.2.2, p.498.

Gérard Lebrun

Desde o utilitarismo, ela designa o ganho que extraio de uma conduta, a satisfação garantida que obterei com a realização de um objetivo. Certamente não é desse ponto de vista, imediatamente egoísta, que as regras de justiça são úteis para cada um. Vejam por exemplo, diz Hume, as regras sobre a estabilidade da posse: elas "não são extraídas de alguma utilidade ou vantagem que uma pessoa em *particular* ou que o poder público poderia encontrar no desfrute de tal ou tal bem em *particular*".[6] Essas regras não estão destinadas a dar a uma pessoa em particular "*what is most suitable to him and proper for his use* (o que lhe é mais adequado e conveniente ao seu uso)". E, se nos perguntarem, "mas para *quem* então essas regras são úteis?", teríamos de responder, "*para ninguém em particular*". Imaginemos, com efeito, que a justiça esteja incumbida de estabelecer os critérios de uma repartição satisfatória dos bens e das honras: ela não serviria para nada. Cada um poderia provar, sem dificuldade, que este terreno lhe é mais útil do que a qualquer outro ou demonstrar que merece um determinado bem em razão de seu mérito superior ao de outros aspirantes a ele. A controvérsia seria infinita. Ora, uma das formas da utilidade da justiça consiste, precisamente, em *resolver* por todos os lados as controvérsias suscitadas pelo amor de si e pela avidez sem referência ao caráter, à personalidade ou à condição social das partes em litígio. A "deusa cega" só mostra a sua utilidade quando aqueles que falam em seu nome não se deixam guiar por nenhuma consideração particular, de tal sorte que podem, na devida oportunidade, dar razão ao pobre contra o rico, ao generoso contra o avaro etc. Por isso, tantas decisões da justiça ferem os nossos sentimentos. "Os juízes

---

6 Hume, op. cit., III.2.3, p.502.

A vingança do bom selvagem e outros ensaios

tiram do pobre para dar ao rico; destinam ao preguiçoso o fruto do trabalho do laborioso; põem nas mãos do vicioso os meios de alimentar-se a si mesmos e a outros como eles".[7] É algo que Hume repete o tempo inteiro — a tal ponto que às vezes somos tentados a crer que ele sente um prazer em sublinhar os efeitos perniciosos da ordem jurídica.

O que ele tem em mente, no entanto, é outra coisa. Hume quer nos mostrar o quão paradoxal é, à primeira vista, a utilidade da justiça. Certo, acontece de os juízes tirarem do pobre para dar ao rico. *Contudo*, acrescenta ele, "o sistema das leis e da justiça é vantajoso para a sociedade como um todo. Seria equivocado, portanto, depreciar a justiça porque ela não promove nenhuma das tendências naturais, como a benevolência e a piedade, pois a justiça foi inventada precisamente para tornar o homem capaz de condutas as quais *sua natureza*, por si mesma, jamais poderia levá-lo. Para compreender que é assim, retornemos, ainda uma vez, à imaginação na idade pré-jurídica. Nesse estágio, a experiência da natureza humana não autoriza os homens a se fiarem pela palavra de outro. "Vosso trigo está maduro hoje; amanhã estará o meu". Mas acontece que não existe, entre meu vizinho e eu, benevolência alguma. Por que então eu haveria de auxiliá-lo com algo que, como eu sei bem, ele jamais iria retribuir?[8] Tal é o raciocínio *natural* dos homens antes da instauração da regra da realização das promessas (terceira regra de justiça, no esquema de Hume). Tudo muda, porém, quando essa regra passa a vigorar. Pois, agora, eu sei que meu vizinho, por indiferente que seja ao meu interesse, provavelmente cum-

---

7 Hume, op. cit., III.3.1, p.579.
8 Hume, op. cit., III.2.5, p.520.

prirá sua promessa, pois, do contrário, a má reputação que lhe custaria a sua injustiça traria mais desvantagens do que o lucro advindo de sua mesquinhez. Assim, a justiça, muito antes da invenção do Estado, arranca os indivíduos de um mundo em que os seus cálculos eram comandados exclusivamente por interesses imediatos.

Entende-se agora a extrema importância da diferença, estabelecida por Hume, entre as virtudes naturais e a justiça, essa virtude *artificial*. "A única diferença entre elas é que o bem que resulta das virtudes naturais nasce sempre de um ato isolado e é objeto de uma paixão natural, enquanto um ato de justiça, considerado em si mesmo, muitas vezes pode ser contrário ao bem público, e consiste unicamente na cooperação de todos os homens para um esquema ou sistema geral de ação vantajoso".[9] *A única diferença*: mas essa diferença é essencial, pois é suficiente para mostrar que as regras de justiça "são contrárias aos princípios mais triviais da natureza humana"; por essa razão, os benefícios que ela nos traz só aparecem quando consideramos "o sistema em conjunto ou senão a maior parte dele".[10] Aqui, o valor do resultado não depende mais da adição de uma ação humana a outras (como no caso da benevolência), mas do fato de que o conjunto dessas ações se torna *um sistema*, e o comportamento de cada um dos atores se torna, assim, em grande parte previsível pelos outros. Então, e somente então, "o pobre artesão pode esperar que, quando trouxer o seu produto ao mercado, oferecendo-o por um preço razoável, ele encontrará compradores, e terá o poder, com o dinheiro obtido,

---

9 Hume, op. cit., III.3.1, p.579.
10 Hume, op. cit., III.2.6, p.533.

de convencer outros homens a fornecer-lhe bens necessários à sua própria subsistência".[11] Então, e somente então, eu poderei prever a conduta do *cutro em geral*, e não apenas dos membros de minha família ou de minha tribo, e a economia poderá transgredir a sociedade fechada (*oikos*) a que deve o seu nome. Do que se segue que os interesses individuais só podem operar com eficácia no interior de um quadro institucional previamente estabelecido. A instituição vem primeiro. Hume prefigura alguns economistas neoliberais da atualidade: a origem do crescimento econômico a partir do século XVIII deve ser buscada nas instituições que favorecem o risco individual. Sem um arranjo social prévio, e em grande parte espontâneo, o *homo economicus* não viria à luz do dia.

Segunda observação. Mas resta algo a compreender. Por que essa sistematização mínima das ações é sentida como *útil*, e mesmo como "absolutamente necessária", pelos homens? E mais, por que homens totalmente incultos percebem rapidamente que é vantajoso se submeter a um sistema de regulação de condutas que prejudica fortemente o interesse imediato de cada um? A primeira resposta que ocorre é que sua astúcia eventualmente freará a sua sede de ganho. Isso supõe que o *homo economicus* já nasceu. Mas o homem, nesses tempos remotos, preocupa-se unicamente com a sua sobrevivência, não em minimizar seus custos de produção e de transação, e jamais lhe passaria pela cabeça chegar à sociedade de mercado generalizada pelo mais curto caminho possível. Em suma, não existia nesses

---

11 Buchanan, *The Limits of Liberty: Between Anarchy and Leviathan*. Chicago: Chicago University Press, 1975.

tempos uma "burguesia ascendente". O problema que se punha aos inventores da justiça era, repetimos, o de sua *observância*, não o da maximização do ganho.

Essa convicção de Hume pode desconcertar os que falam a torto e a direito em "otimismo liberal". Nesse ponto, melhor consultar os textos, e também Hayek, que opõe, de maneira convincente, ao mito do *homo economicus*, o verdadeiro espírito das Luzes escocesas: "Não seria tão exagerado afirmar que, segundo esses filósofos, o homem era, por natureza, preguiçoso e indolente, imprevidente e esbanjador, e que apenas por força das circunstâncias poderia ser obrigado a se comportar de forma econômica ou aprender a adaptar cuidadosamente os seus meios aos seus fins".[12] Para o liberalismo, o medo da falta é o que torna o homem ávido pelo ganho. Por essa razão, como explica Sheldon Wolin, o "otimismo liberal" não passa de uma lenda. O liberalismo foi, acima de tudo, uma "filosofia da sobriedade, nascida do medo, alimentada pelo desencanto, com uma tendência a crer que a condição humana é e permanecerá, ao que tudo indica, uma condição de angústia e dor".[13] Esse é o fundo ideológico sobre o qual Hume se situa. A melhor prova é o quadro lúgubre que os *Diálogos sobre religião natural* oferecem da criação. A natureza, longe de ser uma "mãe indulgente", foi a mais avara das madrastas. Não consentiu nem mesmo em ceder ao homem uma "inclinação à indústria e ao trabalho", preferiu "dispor a sua estrutura de tal modo que somente a mais violen-

---

12 Hayek, *Os fundamentos da liberdade*. Trad. Ana Maria Capovilla e José Ítalo Stelle. São Paulo: Editora Visão, 1983.

13 Wolin, *Politics and Vision*: Continuity and Innovation in Western Political Thought. Boston: MIT Press, 1960.

A vingança do bom selvagem e outros ensaios

ta necessidade poderia obrigá-lo a trabalhar".[14] Dessa maneira, privou os homens da única faculdade que poderia protegê-los contra os males e os perigos que eles têm a enfrentar; privou--os, notadamente, da faculdade de serem *animais sociais*.

Mas os homens logo se deram conta desse descuido da criação, e a mera experiência da vida em família lhes mostrou as vantagens da vida em sociedade, assim como a experiência da desconfiança sistemática em relação ao estrangeiro lhes mostrará o resultado desastroso da não cooperação. É suficiente retomar os exemplos de Hume. Se um dos remadores deixar de respeitar a "convenção", a canoa naufragará. Se os desconfiados criadores de trigo deixarem de se ajudar, ambos perderão sua colheita, "por falta de confiança e de garantia mútuas". O que prova por absurdo a *utilidade vital* a que a justiça responde. Sem ela, só haveria vida social no interior da família e de sociedades minúsculas e fechadas. E, no entanto...

Haveria algo mais frágil do que os paróis de uma sociedade fechada? Ocorreu a Cálias e a Caio (Hume está convencido disso) olhar para além das fronteiras, um de sua *fratria*, outro de sua *gens*, e colocar-se as seguintes questões: como contar com a segurança de bons ofícios de *estrangeiros*, pessoas com as quais não temos nenhum laço de sangue, pela qual não sentimos nada, nenhuma "ternura"? Como garantir que a comunicação com eles não seja constantemente parasitária e incerta? Cálias e Caio se encontram, então, em plena encruzilhada: *ou* a justiça *ou* a inexistência da sociedade. É a alternativa à qual Hume sempre nos reconduz, lembrando-nos com isso que a justiça não

---

14 Hume, *Dialogues Concerning Natural Religion*, Parte 11. [*Diálogos sobre a religião natural*. Trad. Álvaro Nunes. Lisboa: Edições 70, 2005.]

foi o feliz achado de bons selvagens desocupados, mas antes um estratagema ("artificial", sem dúvida, mas nem por isso "arbitrário") a que a espécie humana recorreu quando se viu ameaçada de extinção; e, também, para nos lembrar que a *ordem* não foi montada por um engenhoso arquiteto, mas *constatou-se que era* o único meio para tornar a estrutura viável. Onde é afirmada, em tudo isso, a supremacia ontológica do indivíduo? Se entendemos por *indivíduo* o ser humano, na medida em que sua atividade se autonomiza e deixa de ser programada pelo grupo (fenômeno que, segundo Hume, acontece rapidamente), não seria razoável imaginar esse ser vivo como um calculador obstinado. Por muito tempo, ele não foi mais que um pobre-diabo, que corria risco de vida e tinha que determinar com máxima urgência as condições em que uma sociedade mínima poderia funcionar. "O *homo economicus*", escreve Michel Foucault, "não é aquele que representa as suas próprias carências e os objetos que podem supri-las, é aquele que passa, utiliza e perde a sua vida escapando à iminência da morte".[15]

Retornemos aos bons selvagens de Hume. Encontramo-los às voltas com um problema deveras embaraçoso. Pois, se o seu bom senso os inclina a instituir um sistema universal de reciprocidade, suas paixões naturais, ao mesmo tempo, os desviam desse objetivo. Mais exatamente, três fatores se conjugam para tornar impossível a sociedade cuja utilidade eles pressentem. I) A *parcialidade* que leva os indivíduos a preferirem sempre a

---

15 Foucault, *Les Mots et les choses*. Paris: Gallimard, 1966, p.269. [*As palavras e as coisas*. Trad. Salma Tannus Muchail. São Paulo: Martins Fontes, 1989.]

A vingança do bom selvagem e outros ensaios

si mesmos em detrimento de seus próximos. 2) A *escassez* dos recursos disponíveis, o que desperta, segundo ele, o egoísmo humano. 3) A instabilidade dos bens que o homem pode adquirir. É verdade, minha vida e meu corpo estão igualmente expostos à violência alheia, mas os bens atraem mesmo assim a cupidez dos homens, pois "podem ser transferidos de uma parte a outra sem perda ou alteração", o que explica o despertar de uma tentação irrevogável. No estado de natureza de Hobbes, o homem era o lobo do homem. Aqui, o homem é simplesmente o *trombadinha* do homem.

O resultado dessas três forças é a *avidez*, principal agente da desordem, e sem dúvida a mais desastrosa e mais subversiva de todas as paixões. "A avidez pela aquisição de posses para nós mesmos e para nossos amigos e nossos íntimos é, de todas as paixões, a mais insaciável, perpétua, universal e diretamente nociva para a sociedade".[16] Qual seria o remédio para esse "frenesi"? – Uma outra paixão? Não. Estão todas a serviço da avidez e todas são irrefreáveis. – Uma educação que inculque nos homens o amor pelo bem comum? Para que essa predicação tivesse alguma chance de êxito, seria preciso muito mais que uma revolução cultural: uma mutação psíquico-biológica. E, caso ela se produzisse, não teríamos mais necessidade das mesquinhas regras de justiça para nos limitar e nos contermos uns aos outros: nasceríamos já "socialistas" (Engels tem razão ao excluir o direito da sociedade socialista que ele tem em mente). Permaneçamos com os pés no chão, diz Hume, sem sonhar com um mundo do qual o egoísmo e o amor de si tenham desaparecido. É verdade, essa crença anima, de tempos em tempos, "fanáti-

16 Hume, op. cit., III.2.2, p.487.

cos imprudentes" que tentam estabelecer uma comunidade de bens. Mas eles logo percebem o "retorno do egoísmo e de seus disfarces". Em termos contemporâneos, instaure o socialismo e obterá o mercado paralelo.

Os inventores da justiça tiveram a sabedoria de compreender que o egoísmo é *inextirpável*, mas não é *irrepreensível*, e é possível lhe dar "uma nova direção". Tal foi o problema que eles resolveram: como *socializar* o homem *investindo* em seu egoísmo? Problema que, note-se bem, não tem nada a ver com este outro: como construir uma sociedade cujos membros permaneceriam insociáveis? É verdade que muitos filósofos racionalistas interpretam o liberalismo como se ele tivesse levado a sério este último problema. Mas por que teríamos de nos fiar pelas palavras desses filósofos (Hegel, por exemplo) que partem de pressupostos exatamente opostos aos aqui identificados? Eles pensam que, *nas origens* (na Cidade ética), o altruísmo reinava de pleno direito e o egoísmo teria vindo depois, à medida que os homens adquiriram um gosto pela apropriação e pela troca.

Nada mais falso para Hume – que protestaria contra essa deformação. Pois, precisamente no seio das comunidades arcaicas, em que os bens ainda não eram compartilhados, é que o egoísmo exercia seus efeitos de dissolução, e por isso os homens se empenharam em combatê-lo a todo preço. A todo preço e com os meios que tinham à mão: pois se tratava, não custa repetir, de uma questão de vida ou morte. Por isso inventaram a estabilidade da posse e, depois, as regras do escambo e troca generalizada, para que a satisfação saudável de seus apetites impedisse a eclosão da sociedade. Portanto, é absurdo ver na instituição da propriedade a consagração do egoísmo; seria confundir, sem mais, o tratamento e a doença. Além do

A vingança do bom selvagem e outros ensaios

mais, isso nos impediria de compreender que o mercado (pois se trata aqui da sua constituição), longe de tornar os homens hostis uns aos outros, assinala a superação dessa sociabilidade originária. Certo, o mercado jamais poderia tornar os sujeitos transparentes uns aos outros, e jamais nos conduzirá às portas de um Reino dos Fins. Mas seria essa uma razão para sustentar, como fez Kant num dia moroso, que "os homens, quando compram e vendem, tornam-se inimigos"?[17]

Começamos a entrever, talvez, no que consiste a *utilidade* das regras de justiça. Os inventores da justiça não se propuseram, isto é certo, instituir uma ordem de coisas absolutamente justa, foram mais modestos e quiseram apenas deslocar a motivação da conduta aquisitiva para permitir que a sociedade funcionasse minimamente. E conseguiram. Pois as regras, dando ao indivíduo um mínimo de segurança, terminam por metamorfosear o seu comportamento. Doravante, o homem sabe *ao certo* de quais bens ele dispõe e quais préstimos e retribuições pode esperar: sabe que as condições de sua ação não são mais totalmente incertas. Essa utilidade é tão forte que o leva a renunciar, cada vez mais, à avidez e às condutas infantis que esta engendra. Ei-lo "alienado", se quisermos, ou seja, socializado. Ele toma as suas decisões em função das reações previsíveis dos outros, e, em função das indicações recebidas do mercado, busca incrementar os seus ganhos. A satisfação de suas necessidades passa, agora, pela utilização sistemática de mecanismos sociais. Em suma, esse animal *não social* descobre que é *sociável*.

---

17 Kant, "Reflexões sobre antropologia", n.104, in: *Werke*, v.15. Berlim: Walter de Gruyter, 1925.

De resto, as regras restringem de maneira suficiente o número de variáveis que intervêm no cálculo do indivíduo para que este possa contar com o tempo e cuidar da *eficácia contínua* de seu comportamento, em vez de visar ao ganho imediato.

Hume percebeu, antes de Weber, que a economia de mercado, longe de significar o desencadeamento do espírito do lucro, "identifica-se, principalmente, à dominação ou ao menos à moderação dessa impulsão irracional". Com as regras, a racionalização entra em cena, em detrimento da *hybris* individualista. Ele certamente ficaria surpreso se lhe disséssemos que ele fez a teoria da sociedade "atomizada". Mesmo assim, poderiam objetar, Hume propõe um mito de fundação grosseiramente truncado, com o qual pretenderia provar que a economia de mercado estaria inscrita nas condições, que poderíamos chamar de "transcendentais", da vida social. – Quanto a isso não há dúvida. Entretanto, essa dedução não é, de modo algum, solidária de uma antropologia "individualista", no sentido pejorativo que se costuma dar a essa palavra; ao contrário, o seu fundamento é a necessidade de ultrapassar e reinterpretar o individualismo selvagem. Ele não quer glorificar o indivíduo soberano, mas apenas mostrar como os homens foram *constrangidos* a se tornar "toleráveis", depois, "utilizáveis" e, por fim, "lucrativos" uns para os outros. Por que tomar de saída como superficial e mistificadora essa gênese do social?

O modelo de Hume se opõe, ponto a ponto, aos modelos racionalistas a que estamos acostumados. Para estes, só haverá sociedade sadia se as ações dos indivíduos forem ordenadas, explícita ou implicitamente, à obtenção de fins comuns, de tal sorte que um modo de cooperação que permita a cada um dos atores perseguir os seus próprios fins seria, necessariamente,

A vingança do bom selvagem e outros ensaios

patológico. Que se veja, por exemplo, a desconfiança de Comte em relação à divisão do trabalho: transposto um certo limite, ele diz, seus efeitos são dispersivos e desintegradores, ela fará que os indivíduos percam de vista "a relação entre o seu interesse e a utilidade pública", e, portanto, é uma tarefa do governo positivista (confiemos nele) lembrar incessantemente aos homens "o pensamento do conjunto e o sentimento de uma solidariedade comum".[18] Esse tema percorre o século XIX, e o idealismo alemão foi, sem dúvida, um dos difusores mais eficazes do positivismo. Lembremos aqui, por exemplo, as descrições que Hegel oferece da decadência do mundo antigo:

> A utensilidade era o principal fim que o Estado propunha a seus súditos, e o fim que estes se propunham a si mesmos eram a aquisição e subsistência, além de outras poucas futilidades. Toda atividade, todo fim se referiam agora ao individual. Não havia mais atividade por uma totalidade, por uma Ideia: cada um ou trabalhava para si mesmo ou então era constrangido a trabalhar para outro indivíduo. O direito do cidadão não lhe dava nada além do direito à propriedade.[19]

Que miserável essa "liberdade", aos olhos de Hegel: a triste verdade é que o homem moderno está excluído da totalidade social e perdeu até o desejo de se integrar ao Universal, ou ao menos não tem mais a consciência de trabalhar em prol do Universal (como diz o mesmo Hegel). Decididamente, era preciso

---

18 Comte, *Cours de philosophie positive*, livro 4. Paris: Bachelier, 1821, p.421.

19 *Hegels theologische Jugendschriften*, ed. Hermann Nohl. Tübingen: 1907, p.223.

ser escocês ou inglês para pensar que a liberdade de iniciativa, deixada ao indivíduo, longe de ser um signo de desintegração dos "costumes", pertenceria à *essência* do social.

Reconhecemos aí a filosofia *oficial*, ensinada de preferência a outras nas escolas e universidades: a que nos formou. Não admira que encontremos no texto de Hume *o que não está ali*: uma apologia do "individualismo possessivo". Mas o que ele quer dizer é outra coisa: que os homens, esses seres vivos desfavorecidos, só poderiam contornar a sua situação criando regras que permitissem o funcionamento do mercado, e que estas, contendo os egoísmos, seriam o único meio eficaz para domar o individualismo insociável. É verdade, essa tese, tão intensamente provocadora, só poderia mesmo ser fruto da cabeça de um... "burguês individualista".

Duas ideias de liberdade*

O atual debate em torno do projeto de lei de informática tem o valor de um teste. Vamos deixar de lado os argumentos dos que defendem um texto destinado a proteger a indústria nacional. Saudemos esse fim, eminentemente respeitável, e admitamos que os meios propostos lhe sejam apropriados. Resta — e é nesse ponto que o teste começa — que um poder de controle exorbitante estaria sendo concedido ao Estado, em um setor que se tornará cada vez mais essencial na vida de uma nação.

Diante desse dado, assistimos a duas reações, representativas de suas sensibilidades. De um lado, os que se insurgem contra esse novo avanço do poder estatal; de outro, os que nem sequer se manifestam, deixando assim supor que, para eles, uma sociedade moderna, à medida que se torna mais comple-

---

* *Jornal da Tarde*, 15 set. 1984. Título original: "De onde vem este *gosto latino* pelo estatismo?", preterido aqui por aquele da chamada do artigo na edição de quinta-feira do jornal *O Estado de S. Paulo* em 13 set. 1984 (na qual de hábito eram divulgados os ensaios publicados aos sábados no *JT*).

xa, pode cada vez menos viver sem a crescente intervenção do Estado. Aos que tomam esse partido concederemos, sem dificuldade, que parecem ter a seu favor o "sentido da História", tal como definido por alguns no início do século. "Fomos os primeiros a afirmar que, quanto mais as formas de civilização se complicam, tanto mais a liberdade deve ser restrita." A frase é de um socialista italiano arrependido: Benito Mussolini.

Mas Mussolini deveria, mesmo assim, reclamar seus direitos de autor. Pois há algum tempo os regimes socialistas já perderam o monopólio da prática estatizante. É impressionante verificar a que ponto o Estado interferiu na economia da França, sob a 5ª República (conservadora até 1981, porém desde sempre jacobina). Mais edificante ainda é a experiência brasileira, que nos mostra como um regime inicialmente destinado a salvar a livre empresa deixou-se rapidamente conquistar pela tentação do capitalismo de Estado.

O *Jornal da Tarde* publicou no ano passado uma série de reportagens que não deixam dúvida quanto ao gigantismo do *polvo* estatal brasileiro, e quanto aos riscos que isso implica. O título dado à série, contudo, me deixou perplexo: *A República socialista soviética do Brasil* (1º ago. 1983). Os artigos mostravam, principalmente, em minha opinião, que o capitalismo de Estado não tem absolutamente necessidade, para se implantar onde quer que seja, de recorrer ao discurso socialista. A tal ponto que nos permitimos perguntar se, afinal, esta não terá sido apenas a mais extensa e mais impressionante racionalização de um fenômeno político cuja amplitude ultrapassa a esfera ideológica.

Ora, é fato que muitos intelectuais preferem centrar seu fogo no capitalismo (clássico) e não no capitalismo de Estado. É fato, também, que muitos democratas sinceros não veem

A vingança do bom selvagem e outros ensaios

o menor perigo (e menos ainda desvantagens) na bulimia do poder de Estado – e isso, às vezes, mesmo quando a ideologia dos senhores atuais desse Estado é oposta à sua. Disso darei apenas um exemplo – o *francês*, para tornar o debate menos emocional.

No final dos anos 1960 na França, cheguei a escandalizar amigos socialistas ao sustentar que o monopólio do Estado sobre a televisão era intolerável e a privatização, a única solução razoável. Naquela época, de fato, o domínio político do poder sobre a televisão beirava as raias do escândalo (a oposição de esquerda estava praticamente banida do ar). Evidentemente, meus amigos se indignavam mais do que eu com esse ostracismo – mas a ideia de uma privatização os indignava ainda mais. A televisão, eles argumentavam, é um serviço público, do qual o Estado deve se encarregar, assim como se encarrega dos correios e estradas de ferro. Nesse ponto, eles concordavam com o presidente Pompidou, que, embora tivesse liberalizado sensivelmente a televisão, sustentava solenemente que "os jornalistas televisivos (*sic*) não são jornalistas como os outros". Entenda-se: estão, antes de mais nada, a serviço do Estado. Inútil dizer que os socialistas franceses, uma vez no poder, nada fizeram para derrubar esse dogma – e a televisão francesa permanece como a voz do poder, seja ele de direita ou de esquerda, com o consentimento tácito de boa parte da população.

Certamente as mesmas pessoas que aceitam tão bem o controle do Estado sobre a informação na televisão (ou uma lei socialista que hoje restringe a liberdade das empresas de informação em nome da "moralização da imprensa") são igualmente as primeiras a entrar em guerra contra o poder – esse King Kong cuja imagem (abstrata) assombra os intelectuais, alimenta seus anátemas, fascina o público e sustenta os editores. Mas terá alguém notado que essas filípicas contra o poder atingem principalmente os regimes autoritários e totalitários, mas pouco se preocupam com as pequenas e contínuas intromissões do Estado na vida cotidiana, em uma sociedade democrática?

Daremos um exemplo – que muitos julgarão fútil – de como isso acontece. Quem não acha salutar a obrigatoriedade do uso do cinto de segurança para motoristas e passageiros? É preciso ser americano para pensar em pôr em dúvida essa intromissão do poder em nossa vida particular. O microeconomista norte-americano Sam Peltzmann teve essa curiosidade e demonstrou que a obrigatoriedade teve como efeito diminuir o custo individual dos riscos de conduzir perigosamente, além de reduzir o número de acidentes para os passageiros. "Em compensação, o número de acidentes que afetam os não automobilistas aumentou em quantidade e em gravidade. O custo *global* dos acidentes não diminuiu, e, além disso, passou a pesar mais sobre uma categoria, os não automobilistas, a respeito da qual se pode pensar que é, em média, mais pobre que a dos motoristas".[1] Mais uma vez, a intervenção do Estado, embora bem-intencionada, conduz a um resultado absurdo. Mas, repito, é preciso ser um liberal anglo-saxão para se preocupar com isso, e não um libertário francês ou brasileiro. Uma coisa é vituperar o poder por razões éticas, outra é demonstrar, apelando para pontos precisos, os maus resultados quase indefectíveis das intervenções do Estado.

Além disso, ao condenar o poder em seus termos absolutos – desde os faraós até Margaret Thatcher –, alcançamos uma

---

1 O exemplo e a citação são extraídos do excelente livro de Henri Lepage, *Demain le libéralisme*. Paris: Le Livre de Poche, 1980.

A vingança do bom selvagem e outros ensaios

sensação de tranquilidade a custo ínfimo. Sim, a custo muito reduzido, pois de hábito nos é poupado o cuidado de nos dizer qual modelo político impediria, por princípio, os delitos ou pelo menos os abusos desse poder congenitamente monstruoso.

— Mas a democracia, é claro!

— Sei que essa palavra, nos nossos tempos, faz sucesso — mas ela é ainda mais imprecisa do que o termo "poder", e serve para conciliar apenas os espíritos generosos, nas assembleias e colóquios. Quem não desejaria, à primeira vista (ou à primeira leitura) viver numa cidade em que reinasse a Vontade Geral de Rousseau? O problema é que essa vontade seria *soberana* (eis a palavra final) e, apesar de Jean-Jacques, teria de ser encarnada em alguns representantes e num governo que não permaneceriam por muito tempo atentos à *Vox Populi*. Vamos além, a democracia, essa palavra mágica (da qual Rousseau aliás desconfiava), pode até oferecer a escapatória ideal para os que *não querem* discutir a questão do controle do Estado sobre a sociedade — pois talvez creiam, no fundo de si mesmos, sem sequer perceber que não existe hoje alternativa, num país totalitário, que não esteja entre um dirigismo esclarecido, ou democrático, e um dirigismo conservador.

É verdade que muitos não verão nisso mistério algum. Acaso a fama do marxismo não vem de ter tentado demonstrar os erros do mercado? — que seja. Admitamos que os "novos economistas" americanos que demonstram (eles também) que as desigualdades sociais são *agravadas* pelo mau funcionamento do mercado e não pelo seu simples funcionamento sejam apenas charlatães, meros "cães de guarda" da burguesia. Admitamos tudo isso. Acontece, simplesmente, que a ciência marxista — se é que ela existe — tinha público desde logo garantido. Um público preparado para acolhê-la como o Saber absoluto. Essa mensagem, algo *em nós* – principalmente em nós latinos – exigia que fosse verdade. Algo em nós, originário de longa e secreta história, já decidira que um sistema social que permite aos agentes escolher seus objetivos, contanto que sua atividade não seja coercitiva, só pode ser um sistema injusto e mau. Opção passional, à qual o discurso "científico" apenas emprestou dignidade.

E, de fato, se não houvesse outra saída, o dirigismo democrático seria preferível. O governo que o praticasse teria títulos de legitimidade mais sólidos; seu poder viria do sufrágio universal, e não de um "colégio eleitoral" qualquer; ele teria, sem dúvida, mais condições de enfrentar com maior eficácia os problemas vitais do país, o que uma casta, isolada em seu castelo kafkiano, não poderia fazer. Mas resta que essas prováveis vantagens em nada modificam o problema que coloca a opção espontaneamente estatizante, que é a de muitos da esquerda esclarecida.

De onde provém essa opção? Seria simplesmente resultante da marca deixada nos espíritos pelo marxismo? É a primeira ideia que nos ocorre. Mas, a meu ver, conferiria ao marxismo uma honra excessiva, e a influência que este exerceu sobre a *intelligentsia*, em tempos já quase inteiramente passados, jamais foi um elemento explicativo satisfatório. Seria necessário compreender por que os intelectuais se interessaram tão apaixonadamente por Marx. É preciso determinar qual a disposição de espírito de que o sucesso ideológico do marxismo foi o *sintoma*, em suma, qual a *necessidade* que o marxismo veio suprir.

Não seria o caso, nos limites deste artigo, de iniciar ou mesmo esboçar uma análise da *resistência* que nossa mentalidade

A vingança do bom selvagem e outros ensaios

latina instintivamente oferece à ideia da economia empresarial, e da preferência, não menos instintiva, que concedemos à ideia do controle estatal e do planejamento. Contentar-me-ei em formular uma hipótese, que é a seguinte. A divisão política mais profunda talvez não seja a que separa (e o faz efetivamente) os democratas dos partidários de regimes autoritários (não direi totalitários). A verdadeira linha de divisão, menos visível, porém mais decisiva, poderia passar entre duas escolas de interpretação da palavra *liberdade*: a escola anglo-saxônica e a escola francesa. Se desconhecemos o caráter fundamental dessa divisão, é em grande parte porque somos vítimas de uma mistificação histórica que teve como resultado ocultar a originalidade da liberdade política de estilo inglês. É ponto pacífico que para muitos essa liberdade, matriz das liberdades que desdenhosamente são ditas "formais", é inseparável, ou dificilmente separável do aparato institucional de classe do qual a economia de mercado *necessitava* para funcionar. Por que surpreender-se se uma filiação tão sórdida impede que tantos espíritos examinem imparcialmente a *liberdade inglesa* — se, em nossas escolas (na França como no Brasil), os estudantes ouvem tão frequentemente falar de Rousseau, mas nunca de Burke ou Ferguson?

Ocorre que a genealogia marxizante que acabo de evocar é pura fantasia. Pois não foi o capitalismo em busca de uma superestrutura que elaborou o *Star Chamber Act* de 1640, o *Habeas Corpus* de 1670 ou a *Bill of Rights* de 1689. Não foi o capitalismo que contratou Sir Edward Cooke para pôr em votação a lei de 1624 proibindo os monopólios reais e abrindo livre campo à concorrência — assim como não foi a desconfiança em relação ao capitalismo que levou Colbert, na França, a praticar uma política inversa. Originariamente, digo sim, *originariamente*, houve na Inglaterra uma ideia de liberdade entendida como *máxima ausência de coerção "for the people"*. Originariamente, houve a convicção de que a lei se destinaria a assegurar a cada um o gozo de um "domínio protegido" – convicção que não se vê proclamada nas assembleias revolucionárias francesas, mas é um *leitmotiv* da eloquência política inglesa. É em nome dessa ideia que Burke defende, em 1775, o direito dos colonos da América a resistir às contribuições que lhes são impostas arbitrariamente. É em seu nome que William Pitt, em 1763, ergue-se contra o projeto de lei que permitiria aos agentes fiscais penetrar nas casas dos pequenos produtores de cidra: "Numa choupana, o homem mais pobre pode desafiar todas as forças da Coroa. A tempestade, a chuva podem penetrar em sua casa, mas o rei da Inglaterra, não. Seu poder não ousaria transpor o limiar dessa choupana caindo aos pedaços".[2]

Essa ideia de liberdade é o que *tornou possível* o desenvolvimento de um tipo de economia na qual a alocação dos recursos resulta de *contratos* realizados entre indivíduos e não de *ordenações* vindas de uma instância articuladora. Na Inglaterra, a expansão da economia de mercado *resultou* do jogo das instituições. Seria inverter causa e efeito apresentar a liberdade inglesa como uma mísera sequela ideológica, um ardil para oprimir os explorados. Uma das consequências mais nefastas de certa repugnância de princípio mantida contra o capitalismo consiste em levar os espíritos a negligenciar o valor da ideia inglesa de liberdade e fazer com que prefiram, quase sempre inconscientemente, outro modelo de liberdade, acrescentemos, muito mais *ambíguo*.

---

2 Lemieux, *Du Libéralisme à l'anarche-capitalisme*. Paris: Presses Universitaires de France, 1983.

A vingança do bom selvagem e outros ensaios

Pois pode-se duvidar, com Tocqueville, que a liberdade, entendida como possibilidade de as pessoas usarem a bel-prazer o seu domínio protegido e orientarem como quiserem a sua atividade tenha alguma vez surgido em terra francesa. Por uma liberdade como essa reclamavam, entretanto, os *Cahiers de déléances* (livros de queixas) de 1789, às vésperas da abertura dos Estados Gerais. Mas os súditos da República e, depois, de Napoleão, nunca a tiveram. Em seu lugar, obtiveram, isto sim, a garantia de que a nação seria doravante *soberana*, e todos os seus filhos, igualmente, participariam dessa soberania (e, às vezes, também de seu anseio nacionalizador). O que obtiveram em seguida, após decênios de luta, foi um leve afrouxamento do controle administrativo herdado da monarquia absoluta e fortalecido pela Revolução e pelo Império.

No modelo francês, a liberdade não significa que a atividade não coercitiva dos indivíduos deva ser sistematicamente protegida pela lei contra toda coerção, mas na melhor das hipóteses significa que a soberania nacional pode *conceder* aos indivíduos uma esfera de iniciativa cuja amplitude se acha medida por uma *vontade geral* sempre mais ou menos eivada de jacobinismo. Foi o que levou Tocqueville a renegar a "ideologia francesa". Quando elogia as associações nos Estados Unidos, ele acrescenta: "Onde quer que à frente de uma nova empresa, se veja na França o governo, pode-se ver nos Estados Unidos uma associação".[3] Ele pensa notadamente na lei *Chapelier*, de 1791, que proibia de ma-

---

3 Ver Jouvenel, *Les Origines de l'État moderne*, cap.14. [A passagem de Tocqueville, citada parcialmente por Jouvenel, traz: "Onde quer que à frente de uma nova empresa se veja na França o governo, e na Inglaterra, um grão-senhor, pode-se ver nos Estados Unidos uma associação".]

neira expressa toda associação profissional e impedia os cidadãos de um mesmo ofício (em nome dos "princípios da liberdade e da Constituição") de "elaborar normas sobre seus supostos interesses comuns". Pois, desde 1789, quase sempre em nome da "liberdade", é que se afirma e se amplia na França o poder discricionário do Estado. Achado genial, devemos confessá-lo.

Para que multiplicar os exemplos? O leitor, se o desejar, poderá encontrá-los em abundância em obras de J. L. Talmon e de muitos outros autores.[4] Contentar-me-ei com uma citação. Que se compare o texto de W. Pitt ao qual já me referi com a seguinte declaração de Mirabeau na tribuna da Assembleia, em 1791: "O proprietário é apenas o primeiro dos assalariados. O que vulgarmente chamamos de *a sua propriedade* é apenas o preço que a sociedade lhe paga pelas distribuições que ele se encarrega de fazer para o uso e o consumo de outros indivíduos: os proprietários são os agentes, os administradores do corpo social".[5] Tudo foi dito nessa frase. Em que consiste o "agente de um corpo social"? É um funcionário público. E um funcionário é sempre passível de punição ou demissão quando infringe os regulamentos de sua administração. Mas, afinal, o que é a nação, senão uma vasta administração? Como diz limpidamente J. L. Talmon, "a concepção inglesa vê a essência da liberdade na espontaneidade e na ausência de coerção, a francesa acredita que a liberdade só se concretiza na busca e realização de um propósito coletivo e absoluto".[6] A verdade

---

4 Talmon, *The Origins of Totalitarian Democracy*. Londres: Secker & Warburg, 1952.

5 Moreau, *Les Racines du libéralisme*. Paris: Seuil, 1978.

6 Hayek, *Os fundamentos da liberdade*, trad. Ana Maria Capovilla e José Ítalo Stelle. São Paulo: Visão, 1983, p.57.

A vingança do bom selvagem e outros ensaios

é que os franceses batizaram como democracia a sua monarquia centralizadora: é o bicentenário dessa mudança lexical que, em cinco anos, será festejado, e – com toda a seriedade – no mundo inteiro (aposto que o aniversário da Revolução Gloriosa de 1688 será muito mais discreto). A verdade é que a ideologia francesa, mais insidiosamente do que qualquer outra, é que começou a lançar uma suspeita sobre a ideia de liberdade entendida simplesmente como *ausência de coerção*. A ideologia francesa só permitiu à liberdade se exercer "no silêncio das leis" – como diz Hobbes, esse inglês que se enganou de pátria; ela negligenciou a ideia de que a lei possa estar, acima de tudo, *a serviço* da liberdade de cada um.

O fenômeno totalitário nos fascinou de tal forma neste século XX, que somos tentados a ver na oposição democracia--totalitarismo a clivagem política fundamental. Eu me pergunto se a grande cesura não estaria alhures: entre a tradição anglo-saxônica e a tradição francesa – ainda que o nome *democracia*, empregado hábil e levianamente, consiga afinal camuflá-la. Mas isso até o momento em que se deva responder à pergunta: o que é um grupo social? Será um *sistema espontâneo*, cuja pilotagem consiste em preservar ao máximo essa espontaneidade, ou será uma *organização*, cujos objetivos só podem ser fixados pelo poder do Estado? A essa altura, é preciso escolher. E não se resolverá a questão contentando-se apenas em amaldiçoar ao mesmo tempo o capitalismo e o *gulag* – o que importa não é dizer-se democrata, mas definir o que se entende, precisamente, por *liberdade política*.

Pavana para uma doce vida defunta*

Quem poderia acreditar que Renato Janine Ribeiro sentisse ternura e até uma certa nostalgia pelo Antigo Regime? "Aqueles que não viveram antes da Revolução não sabem o que é a doce vida" – o livro é dedicado em grande parte a comentar essa frase de Tayllerand.[1] Stendhal sabia que essa "doce vida" pertencia ao passado. E o bicentenário dos funerais do Antigo Regime será celebrado daqui a seis anos com toda a pompa. Igualdade, fraternidade, a "Pátria em perigo", a Marselhesa, "às armas, cidadãos" etc. É desse fragor que Renato Janine nos afasta, o tempo que dura um passeio pela Idade Clássica. Tempo suficiente, pelo menos, para nos recordar que a história do mundo, afinal de contas, não começou no dia em que a população parisiense libertou três estelionatários, dois alienados e um gigolô de uma fortaleza chamada Bastilha.

---

* *Jornal da Tarde*, 4 jun. 1983.

1 Ribeiro, *A etiqueta no Antigo Regime: do sangue à doce vida*. São Paulo: Brasiliense, 1983. [Segunda edição: São Paulo: Editora Moderna Paradidáticos, 1988]. Todas as citações remetem a essa obra.

Nesses tempos tão antigos, um fidalgo duelava por um nada. Arriscava a vida no campo de duelo pela "glória", no sentido de Corneille. Era de bom tom, entre os grandes, dilapidar sua fortuna e zombar dos credores (o sr. Jourdain e o sr. Dimanche, de Molière). Um grão-senhor sentia não pouco orgulho em sentar-se num tamborete na frente do rei, ou em ser acompanhado por dois porteiros, em vez de um só. Naqueles tempos, os generais tinham a elegância de convidar o inimigo a ter a gentileza de abrir fogo antes: "Senhores ingleses, atirem primeiro!...". Era este o bailado das "boas maneiras", do qual Renato Janine descreve, pacientemente, tantas figuras. Não para enfatizar que caíram em desuso ou permitir-nos medir a sua futilidade – mas, antes, da mesma maneira que analisaria uma cerimônia dos tupinambás. A vida das "pessoas distintas" sob o Antigo Regime não merece ter os seus etnólogos? Já existem alguns – e o autor cita, escrupulosamente, as fontes a que recorreu. O que não faz com que suas páginas, sempre empolgadas e vivas, pareçam de segunda mão. É que o autor nunca se apaga, jamais desaparece por trás de sua documentação. Descrições, citações, anedotas, tudo está a serviço de uma demonstração que nunca perdemos de vista. Como resumi-la em poucas palavras? Por um conselho: evitemos considerar como apenas frívola essa civilização do aparecer em estado (quase) puro; recusemo-nos a achar ridícula essa vida escorada na hierarquia das condições; desconfiemos do olhar malevolente que os burgueses moralizadores e operosos do século XIX lançaram sobre o fausto de Versalhes, as *bergeries* do Trianon, e as ceias do Parc-aux-Cerfs. Essa civilização, simplesmente, tinha leis de equilíbrio diferentes da nossa. E são tais leis que

A vingança do bom selvagem e outros ensaios

se pretende trazer à tona – ocasião excelente para colocarmos em questão a validade das nossas.

As boas maneiras, diz Renato Janine em sua conclusão, não são mais, absolutamente, o que foram outrora. Em vez de exprimir diferenças de casta e posição, tornaram-se mero instrumento de ascensão social. Um filho do povo que venceu na vida aprende muito depressa que não deve tomar a iniciativa de estender a mão a uma senhora. A gente "de bem" é "bem-educada" (ou finge sê-lo). E isso é tudo. A antiga etiqueta, com seus infinitos matizes, bem poderia sobreviver no salão da princesa de Guermantes. Mas, tirando algumas ilhotas antiquadas, como poderia ainda a etiqueta destinar-se – numa "sociedade democrática" tocquevilliana – a mostrar que *eu mantenho a minha posição* e sei *reconhecer* a dos outros? A partir do século XIX, essa função vai perdendo cada vez mais o seu sentido, desde o tempo, por exemplo, em que a uniformização da vestimenta, na Europa, apaga a distância ostensiva entre as condições, e a vida urbana cria as "multidões solitárias". Como mostrou Richard Sennett, os membros de uma sociedade econômica não passam mais o tempo *reconhecendo e fazendo-se reconhecer*. Como a sua principal preocupação é, ao contrário, garantir e defender a sua "intimidade", ficam também muito satisfeitos com o anonimato do outro.

Isso nos permite medir melhor o caráter arcaico do mundo que Renato Janine nos faz recuperar: um mundo no qual a indiferença ao Outro ainda não era regra, socialmente. É esse país que o autor nos convida a visitar – um pouco como se visita uma cidadezinha do interior, na qual cada pessoa é conhecida de todas e mostra que conhece cada uma das outras. Para dizer a verdade, os valores que ali reinam parecerão menos estranhos aos "caipiras" e "coronéis" do que aos citadinos. Não se brinca com a honra — e uma simples suspeita autoriza um marido a lavar no sangue uma afronta imaginária. Uma "pessoa de qualidade" só tem desprezo pelo labrego que põe a conservação da própria vida à frente da preocupação com seu renome e com sua memória. "Parece que aumentamos o nosso ser, diz Montesquieu, quando podemos transportá-lo à memória dos outros: é uma nova vida que adquirimos, e que se torna tão preciosa para nós quanto a que recebemos do Céu" (p.47-8). Outro sinal de arcaísmo: o "sangue" e o "nascimento" não eram, de modo algum, considerados como simples dons do acaso biológico. "O nascimento exprime a escolha de Deus, manifesta a eleição divina" (p.60) — e é preciso ter a audácia de um Pascal para afirmar aos nobres que eles ganharam a sua superioridade... na loteria. Desses poucos exemplos se vê que o autor entende, antes de mais nada, inscrever as significações (honra, glória etc.) nos vividos em que elas se enraizavam.

Mas ele não se contenta com isso, e a investigação etnológica é conduzida sempre no *sulco de uma história*. E, em segundo plano, assistimos ainda à erosão tão precoce dessa civilização da honra e do sangue. Já no século XV começa a declinar a cavalaria (muito antes que Cervantes lhe desse o tiro de misericórdia), e os senhores vão consolar-se com as narrativas dos feitos de seus avós. É também nessa época que nasce *a corte do príncipe*, nos mil faustos que prodigam os poderosíssimos duques de Borgonha, senhores de Flandres e rivais do imperador e do rei da França. Desfiles, procissões, festas: aqui, na Corte de Borgonha, brota a "vida onírica" que dois séculos mais tarde culminará nas galerias de Versalhes, ao som da música de Lulli.

A vingança do bom selvagem e outros ensaios

O que é a *Corte*? Pelo menos a Corte do século XVII (porque houve também a corte elisabetana, francamente "barroca", e a corte do século XIII, à qual Duby dedicou aulas admiráveis). No século XVII, responde Renato Janine, a Corte é uma estratégia política a que se soma uma "administração das vaidades". Lugar máximo do culto real, a Corte atribui à nobreza domesticada "níveis de aspiração" mais austeros. Na Corte, a honra e a glória são investidas em novos objetos: serei admitido ao deitar-se do rei? Terei a honra de servi-lo à mesa? De um só golpe nos vemos, graças a Renato Janine, num mundo em que reina a precedência, um mundo imortalizado por Saint--Simon, essa comadre genial que foi para Versalhes o mesmo que Proust para o *boulevard* Saint-Germain. Nada é menos vazio, na Corte, do que o lugar do rei. "Estar longe de Vossa Majestade não é apenas ser infeliz, é ser ridículo", diz a Luís XIV um cortesão que estivera em desgraça.

Mas o que aconteceu com a nobreza? De onde vem que ela se arraste na adulação do príncipe? É que chegamos à segunda metade do século XVII. Já faz algum tempo que Richelieu proibiu os duelos e arrasou os castelos-fortes; a fronda, última revolta feudal, foi dominada; e o *big show* de Versalhes também se destina a fazer os grãos-senhores esquecerem que seus pais exerciam um poder político. O que o autor nos conta é a queda, *en beauté*, de uma casta que abdica em favor dos reis centralizadores, os quais por sua vez também cairão (pelo menos na França) por terem conservado ainda compromissos demais com essa casta.

Mas Renato Janine se guarda de ir assim tão depressa. Nessas poucas páginas, encontra meio para flanar: leva-nos ao café da manhã do rei, às suas recepções, ao seu jantar; esboça uma casuística da etiqueta (quem tem o direito de conservar-se de chapéu diante do rei? Quem tem direito a um tamborete? Quem prevalece sobre quem?). Contudo, por simbólica que seja, a festa de Versalhes terá durado bem pouco tempo. As luminárias logo se extinguem, e o fim do reinado de Luís XIV é moroso. A devota *Mme.* de Maintenon tem alguma parte nisso. Mas é também que os desastres vão se sucedendo — justa remuneração da política conduzida pelo mais nefasto dos reis da França. Renato Janine não diz tanto mal quanto eu gostaria desse Idi Amin Dada do século XVII (aliás, não diz mal algum dele). Terá sido forçado à concisão pelas dimensões do livro? Ou deixou-se ofuscar pelo Rei-Sol? De qualquer forma, a vida de Versalhes me parece algo idealizada nessas páginas. Versalhes seria mesmo este *nec plus ultra* do requinte? Não esqueçamos que o rei e sua corte desdenhavam a mais elementar higiene, e que a falta de latrinas se fazia sentir — literalmente — da maneira mais cruel, no augusto palácio. Releiamos especialmente as páginas de Taine que nos advertem contra a superestimação do século XVII "clássico": a prosa ainda era pesada, os senhores tinham conservado suas maneiras rústicas, e os belos espíritos desembocavam no pedantismo e no galimatias (vide Molière). O próprio autor nos diz: Versalhes ainda é um festival barroco. Port-Royal, e a burguesia, é que inventam o classicismo: Corneille, Pascal, Racine, Molière, La Bruyère.

No estilo escrito como na elegância das maneiras, o Grande Século é o XVIII. E um dos sinais do verdadeiro requinte não será justamente a distância — bem assinalada por Renato Janine — que o rei e os cortesãos começam a tomar em relação à etiqueta? Luís XV, Maria Antonieta, seguem os ritos da Corte, porém a contragosto: um prefere o apartamento da Madame

A vingança do bom selvagem e outros ensaios

de Pompadour ao pesado cerimonial, a outra as danças simples do pequeno Trianon. Aparecem então o gosto pela intimidade e a aversão aos "chatos", como diz a madame Verdurin. Nossa modernidade, cultural e sentimental, põe-se a tomar forma.

E por isso me pergunto se Renato Janine não escamoteou muito rapidamente a especificidade do século XVIII – se recordou suficientemente ao leitor que era da França de Luís XVI que Talleyrand tinha saudades. Não tenho certeza, consultando os depoimentos literários e as memórias, de que na sociedade da corte do século XVII "um grande respeito ao outro" já contrabalançasse "a afirmação de si, de sua posição, de sua superioridade" (p.96). Devemos dar ao século XVIII o que lhe cabe – e convenha comigo, Renato, que seria mais agradável para nós dois sermos convidados de *Mlle.* de Lespinasse em vez de irmos flertar com as preciosas do palacete de Rambouillet (onde devia reinar um tédio mortal). Em suma, o conceito de Antigo Regime é útil politicamente, mas, culturalmente, não leva a minimizar as *cortes*? E, nisso, não comportará um certo risco?

Eu tomarei cuidado, porém, para não submeter Renato Janine a um processo de intenções. O importante é que, nos limites desse livro, ele soube dar ao leitor (em especial ao leitor jovem, pouco familiarizado com a literatura europeia clássica), a vontade de viajar pelos séculos e a sensação de que etnologia e sociologia não dizem respeito apenas ao presente. Alguns talvez pensem, que curioso capricho o desse jovem autor! De que serve ir se perder nos meandros da "vida de corte", em épocas tão longínquas e países tão distantes! A isso eu responderia que não há temas negligenciáveis *em si* – mas há os livros interessantes, e os outros. Ora, esse livro interessará a vocês, tenho certeza. Quando Renato Janine faz descerem as cortinas sobre

133

Gérard Lebrun

a outra — a *tão outra* — comédia social que acaba de nos fazer entrever, ou, se preferirem, quando a palavra "fim" aparece na tela, enquanto Maria Antonieta, toda graciosa, mostra através de seu olhar que *sabe situar em seu lugar* cada um dos que se inclinam à sua frente, pensamos que esse espetáculo, tão bem montado, na verdade foi curto demais. E medimos quanto interesse o autor soube despertar em tão poucas páginas. Tanto pela fineza do gosto quanto pela sutileza da análise e a segurança da escrita, este é um livrinho exemplar.

França: uma unidade frágil*

L'identité de la France, livro póstumo de Fernand Braudel, será apresentado em dois tomos.[1] A obra provavelmente seria dividida em quatro partes, das quais as três primeiras foram centradas respectivamente na geografia, na economia e na demografia, na política e na sociologia. O autor completou apenas as duas primeiras, o que é particularmente lamentável, pois não é certo que esses dois tomos sejam suficientes para nos dar uma ideia clara da tese que Braudel pretendia defender e que apenas esboçou no livro *La Méditerranée: l'espace et l'histoire*.

A *identidade*, aqui, não surgia: era principalmente a *diversidade* que se apresentava em primeiro plano. E o autor pretendia que fosse assim, arriscando surpreender-nos. Na verdade, o que impressionava o geógrafo era a prodigiosa quantidade de paisagens, de povoamentos, de costumes, de construções etc. Percorram o campo da França: poucos quilômetros serão

---

* *Jornal da Tarde*, 3 maio 1986.

1 Braudel, *L'Identité de la France*. Paris: Flammarion, 1986. [*A identidade da França*. Trad. Lygia Watanabe. São Paulo: Editora Globo, 1986.]

suficientes para modificar a paisagem das fazendas e vilarejos. Variedade, também, na configuração das cidades, conforme a sua origem, as suas feiras, os seus bancos, as suas fortalezas. Variedade, enfim, de províncias, anexadas no decorrer dos séculos – e variedade de regiões em que se dividem essas províncias. Portanto, onde estaria *a França* nesse mosaico que o autor nos obriga a percorrer?

Além disso, o que poderiam significar afirmações como "eu sou francês", "eu sou do campo" ou ainda "eu sou da província"? Não existem apenas cem mil Franças, mas também cem mil interiores e cem mil províncias.

Sendo assim, teria Braudel, em seus últimos dias, se tornado um operário da Dispersão, um maníaco da Diferença? É verdade: ele não acreditava, e alertou-nos disso, em uma *essência* francesa: nunca existiu, desde Vercingetorix ou Joana d'Arc, uma França "una e indivisível", cuja existência foi afinal reconhecida pelos jacobinos. E Braudel gentilmente ironiza o "folhetim" de Mallet e Isaac, manual histórico que nutriu, desde os bancos escolares, pelo menos duas gerações de estudantes. Isso posto, resta dizer que a França, sem aspas, existe, e que, ao contrário do que um dia Sartre afirmou, ela não é "não unificável". O que Braudel se recusa a acreditar, simplesmente, é que as gerações pudessem trabalhar no Hexágono da mesma maneira que a História do mundo hegeliano trabalha para despertar o Espírito. A unidade francesa não passa, na realidade, de uma lei tendencial, que, bem ou mal, sobrepujou as particularidades, e contornou as resistências locais. À força de recrutar soldados, fortificar cidades, extorquir dinheiro, abrir estradas e escavar canais, os governantes "do acaso" (como dizia De Gaulle dos homens de

A vingança do bom selvagem e outros ensaios

Vichy) conseguiram, sem pretendê-lo, durante os séculos, edificar essa construção frágil, mas que permanece em pé: a França.

Não acredito que Braudel tenha se deixado tentar pelos demônios do que muitos condenam hoje como "relativismo". Seu objetivo foi escrever uma história que não fosse um folhetim, e, por isso, arrancar da entidade "França" as ilusões retrospectivas originadas da *curta duração*. Os historiadores, dizia ele, foram levados a pensar a França a partir da época clássica e das Luzes. Depois que o sol de Valmy se levantou, os bons revolucionários derrotaram os maus aristocratas: a França, finalmente, havia sido colocada em órbita (a França, e talvez também o mito francês). Ora, trabalhando num intervalo de tempo tão curto, teríamos chance de produzir um *objeto* seguro? Estaríamos certos em traçar como tal uma nação destinada a se unificar? Melhor deixar de tomar 1789 como referencial. A Revolução Francesa foi ontem. Ao contrário, a França de Luís XVI era "uma pessoa muito velha", mas cuja idade em geral não nos preocupa, desde que foi estabelecido, de uma vez por todas, que ela era tão somente pré-revolucionária (assim como os pensadores do século V a.C. eram pré-socráticos). Apesar disso, como compreender a modernidade, e a França oficialmente "una e indivisível" que foi criada, sem voltar às raízes e sem retirar a pré-história da barbárie à qual foi relegada? "[...] como se nossas cidades não tivessem criado raízes em nosso solo desde o terceiro milênio antes de Cristo, como se a Gália não tivesse traçado de antemão o espaço no qual a França iria crescer" (p.14).

De resto, aqueles que pretendem iniciar a história da França com um país mais ou menos unificado, que época deveriam escolher? A Gália de Vercingetorix? Trata-se apenas de uma decisão – uma decisão que, aliás, foi tomada tardiamente, no século XIX. Nos bons tempos do império colonial, sabemos que os garotinhos africanos aprendiam que "nossos antepassados, os gauleses...". Nisso essas crianças foram duplamente mistificadas. Como Braudel nos ensina, foi em época muito recente que os franceses decidiram considerar a Gália como a França inaugural. Até a época clássica, costumava-se começar a história da França com os francos; antes deles havia os romanos: e paramos aí. O problema, poder-se-ia argumentar, é que os francos eram germânicos. Heresia? Por ter defendido essa tese odiosa, um valente erudito de 1714 foi encarcerado na Bastilha... Em resumo, foi a Terceira República que tornou os gauleses os "ancestrais" dos franceses e transformou Vercingetorix no seu Tiradentes.

E quanto às "fronteiras ditas naturais" (Pireneus, Alpes, Reno), que a Revolução e o Império se obrigaram a manter e a defender? Também elas foram uma invenção recente. Os mais vorazes reis da França – que hoje chamaríamos de imperialistas – jamais sonharam em utilizar esse conceito de fronteira natural, que só vamos encontrar no testamento de Richelieu, texto provavelmente apócrifo. Por outro lado – suprema ironia da história –, foi Frederico II da Prússia que disse que "o curso do Reno parece ter sido feito para separar a França da Alemanha", e que "esta monarquia (francesa) parece estender-se somente até aí". Seria preciso esperar as guerras napoleônicas para que o poeta alemão cantasse "Ele é nosso, nosso Reno alemão" – seria preciso esperar o surgimento da ideia de *nação*, uma das recaídas ideológicas mais mortíferas da Revolução Francesa.

Em suma, todas as datas estabelecidas para marcar os passos da unidade francesa foram fantasiosas. Por que pretender,

A vingança do bem selvagem e outros ensaios

a todo custo, situar essa unidade no passado remoto? Simplesmente houve um movimento de unificação que, por razões políticas e tecnológicas, terminou por definir o Hexágono – tardiamente, aos olhos do historiador da "longa duração". Por que a unidade estaria preestabelecida na natureza das coisas? Ferhat Abbas, o primeiro presidente do governo argelino no exílio, disse, na época em que lutava pela autonomia da Argélia, no contexto francês: "Procurei a nação argelina e não a encontrei, nem mesmo nos cemitérios...". Seus adversários franceses, durante a guerra da Argélia, seriam os primeiros a recordar-lhe essas palavras. Mas, afinal, existiria uma contradição no comportamento de Abbas? Nunca houve uma nação argelina. Por outro lado, havia a necessidade de colocar um ponto final no colonialismo, ou seja, de criar uma Argélia independente, isto é, uma nação. O que não impede que, hoje, os argelinos homenageiem Abd El-Kader, assim como os franceses celebram Vercingetorix. As genealogias nacionais são enganosas.

Portanto, a identidade francesa foi um fenômeno tardio. E poderia ter sido diferente? Imaginemos, por um instante, a dificuldade e a lentidão das *comunicações*. A França não passa de um pequeno hexágono para aqueles que o TGV transporta de Paris a Marselha em menos de cinco horas. Mas Plínio, o Jovem, falava de uma Gália "quase sem limites" – e, até o século XIX, o país era considerado imenso pelos seus habitantes e pelos visitantes. A antiga França, escreve Braudel, era "um espaço difícil de se dominar, pois era muito vasta, difícil de se percorrer e de se fiscalizar". No século XVII, eram necessários nove dias para ir de Paris até a fronteira espanhola, e as viagens em carruagens e barcos eram empreitadas às vezes demasiado perigosas. Em 1838, Stendhal levava 71 horas para ir de Paris a Bordeaux. Essa "imensidão", por sinal, evitou por muito tempo as invasões. A longa retirada de 1914 permitiu a vitória do Marne. Ao passo que, 26 anos depois, os blindados hitlerianos abateram a França em 15 dias. Mas a redução das distâncias não tornou somente o país mais vulnerável. Ela colocou também um ponto final nas "sociedades fechadas" que durante muito tempo compuseram a França. Aceleraram-se as migrações internas, os provincianos visitaram Paris; a diversidade, "filha da distância", irá desaparecer à medida que aquela diminuir.

Foi então, e somente então, que a língua francesa deixou de ser aquela dos parisienses e dos privilegiados para tornar-se um instrumento indispensável a todos. Isso porque o francês é uma *língua nacional* recente. "Fala-se a língua apenas na capital", lemos na *Enciclopédia*, e somente ao norte do Loire é que os sacerdotes podiam pregar em francês: fora desses limites, não seriam compreendidos. Ao sul do Loire, somente a elite usava a futura língua nacional. Seria preciso esperar o ano de 1850 para que o "afrancesamento" dos campos meridionais se completasse. Eu mesmo posso testemunhar que, durante minha infância, conheci muitas pessoas mais idosas, no vale do Reno, que não falavam nem compreendiam o francês.

Um magma de sociedades isoladas, vilarejos autossuficientes, regiões sem comunicação entre si — tal foi em grande parte a "França" até meados do século XIX. Foi então que Napoleão III[2] criou a nação moderna — que hoje, para muita gente, parece ter existido desde tempos imemoriais...

A diversidade francesa teria resistido ao *rush* tecnológico desta segunda metade do século? Melhor do que foi dito, diz

---

2 Isso mesmo: Napoleão III, um dos estadistas da França mais absurdamente difamados e menosprezados. A afirmação é minha, não de Braudel.

A vingança do bem selvagem e outros ensaios

Braudel. Quanto a mim, não estou tão certo. Para um parisiense que não tem laços provinciais ou rurais, como é o meu caso, a França dos anos 1980 já não tem grande coisa a ver com a França dos anos 1930. É verdade que os preconceitos regionalistas sobrevivem sempre – e existem até mesmo alguns núcleos extremistas, dos quais se ouve falar de tempos em tempos. Isso não impede que os habitantes do Hexágono – assim como, digamos, a imensa maioria dos corsos – se sintam franceses, inclusive os recentemente naturalizados. Há algum tempo, quando se falou em ensinar a língua materna aos filhos dos imigrantes nas escolas que eles frequentassem, ouviu-se um violento protesto... de uma das associações de jovens imigrantes (em sua maioria, árabes). O que demonstra, entre outras coisas, de que forma o problema do fluxo de imigração não europeia e do choque cultural ocasionado poderia ter sido resolvido, a médio prazo, por meio de uma escolarização eficiente. Nesse caso, alguém poderia dizer: "você é um jacobino!". Pode até ser, responderei; mais vale, porém, ser jacobino do que racista.

Nessa França doravante mais ou menos unificada, até as barreiras políticas vão se enfraquecendo. Fato este notável e inédito, se concordarmos com Braudel em que a vida política francesa tem sido, há séculos, "um permanente *affair* Dreyfus", e que os franceses têm se mostrado dignos herdeiros das tribos gaulesas manipuladas por César para criar dissensões: *bourguignons* contra monarquistas, católicos contra protestantes, brancos contra azuis, clérigos contra laicos, colaboracionistas contra resistentes... "A França", escreveu Marc Ferro, "possuiu a vocação da guerra civil. A não ser em 1914, ela jamais conheceu a experiência de uma longa e verdadeira guerra patriótica...

141

Gérard Lebrun

Até mesmo em 1870 houve um partido que, de maneira manifesta ou secreta, desejou a derrota dos que dirigiam o país". Ora, será que esses tempos de fanatismo não foram resolvidos? Desde esse outro *affair* Dreyfus que foi a guerra da Argélia, a política se tornou, aparentemente, menos apaixonada. Vários jovens franceses votam hoje, conforme as circunstâncias, nos conservadores ou nos socialistas — assim como os ingleses votam nos trabalhistas e, em seguida, nos *tories*. E não assistimos à "coabitação" de adversários no poder, para satisfação geral? Como a França se tornou menos pitoresca!

Sendo uma meditação sobre a história, o livro de Braudel levanta várias questões que ultrapassam a análise do caso francês. Gostaria de lembrar apenas duas.

1) Poderíamos pensar que Braudel minimiza a obra de centralização levada a efeito pela monarquia francesa. Ora, nada disso. Braudel acredita mesmo que a divisão do país em "sociedades fechadas" foi justamente um dos fatores decisivos para o surgimento do poder central: num reino onde as comunicações eram tão precárias, a monarquia não enfrentava senão revoltas provinciais, esparsas. Entretanto, convém não confundir centralização do poder e unificação do país. A primeira tarefa coube aos reis da França. A segunda, não: eles não teriam os meios para isso. "O Antigo Regime recebeu de seu passado longínquo a desorganização, a confusão, a diversidade institucional, a incoerência administrativa e, frequentemente, a impotência. A sociedade francesa não estava então sob a dependência estrita do Estado, longe disso!" (p.60). Foi a Revolução que introduziu um poder *finalmente absoluto*, e suficientemente eficiente para ser uniformizante. Mais um exemplo de um fato do qual ainda não possuímos consciência plena: em relação à

A vingança do bom selvagem e outros ensaios

imagem do *poder* que formamos hoje no século XX, os regimes que chamamos de "absolutistas" não passaram de brincadeiras gentis. Foi somente a partir da Revolução Francesa que começaram as coisas sérias: foi a partir dela que se levantaram as Bastilhas para valer.

2) Se a verdadeira unidade da França foi conquistada a tão duras penas, o que pensar da unidade dos jovens países de nossos dias? Ao descrever a diversidade francesa do passado, Braudel parece falar dos jovens países africanos, conglomerados de tribos hostis, de dialetos diferentes, que coexistem no interior de fronteiras artificiais. O exemplo francês demonstra, ao menos, que esses países não estão proibidos de sonhar em se constituir, algum dia, como nações. O Brasil, "país de contrastes", não conseguiu encontrar uma identidade em 150 anos de existência? À sua maneira, Carlos Lacerda respondeu afirmativamente a essa questão. Numa passagem que me chamou a atenção em seu *Depoimento*, ele afirmava que o Brasil é *pelo menos* uma nação dotada de uma língua unitária. Alguns pensarão que isso ainda é muito pouco para que um cearense do Agreste se sinta *compatricta* de um paulista urbanizado ou de um gaúcho dos pampas. Pessoalmente, acredito que, apesar dos "contrastes" e desigualdades de todos os tipos, existe, entre os brasileiros, um profundo sentimento de pertencer a uma nação e de ligação com uma pátria – fato esse tão mais notável se considerarmos que ele é quase isento de qualquer xenofobia. *Grosso modo*, o *melting pot* funcionou – de maneira diferente que nos EUA, mas com a mesma eficiência, se abstrairmos do delicado problema dos afro-brasileiros. Poderíamos, assim, perguntar se os países jovens que rejeitaram o jugo da metrópole (distingam-se aí os ex-países colonizados) não adquiriram uma iden-

tidade nacional mais rapidamente que países como a França, artificialmente constituída à custa de anexações e casamentos reais. Essa é apenas uma sugestão. Se pudéssemos conferir-lhe consistência, ela confirmaria que a ciência política, na América do Sul, deveria duvidar da referência, por tentadora que seja, dos países europeus "desenvolvidos". Cada vez mais acredito que essa perspectiva só pode ser falsa – em todos os sentidos.

Como fracassam as aberturas*

Não espero para breve uma tradução no Brasil do livro de Martin Malia: *Para compreender a Revolução Russa*.[1] Mesmo na França, a tradução de grandes livros anglo-saxônicos sobre a história russa do século XX (Adam Ulam, Robert Conquest, Leonard Schapiro...) é um hábito recente, e estes livros estão longe de ter instaurado uma moda. Eles trazem fatos, documentos, análises empíricas — coisas com as quais o discurso ideológico não poderia lidar. É menos comprometedor falar da "alienação" do que de "desgulaguização", e mais cômodo comentar *A ideologia alemã* do que analisar a NEP (a Nova Política Econômica, de Lênin e Bukharin). Não creio, pois, que esse pequeno livro de Martin Malia, professor de Berkeley e do Collège de France, terá em Paris o "brilhante sucesso" que lhe deseja Alain Besançon; é mais provável que será recebido com

---

   * *Jornal da Tarde*, 1980. Reproduzido in: Oliveira (org.), *A conquista do espaço político*. São Paulo: Jornal da Tarde, 1983.

  1 Malia, *Pour comprendre la Revolution russe* (pref. Alain Besançon). Paris: Seuil, 1980. Todas as citações remetem a essa obra.

Gérard Lebrun

a mesma discrição com que o foram os próprios livros (todos notáveis) de Besançon. Razão a mais para atrair a atenção do público sobre um livro apaixonante para quem deseja compreender seu tempo e não apenas a Revolução Russa.

Como compreender o que aconteceu na Rússia a partir de 1917? Como um *putsch* blanquista emergindo no meio de uma anarquia total conseguiu criar o formidável império soviético? Essa questão está bem no centro da obra. Mas prefiro deixar ao futuro leitor o prazer — e também a surpresa — de seguir as análises de Malia sobre esse ponto. Saliento apenas uma coisa: ele não encontrará nenhum antissovietismo mórbido. O terror leninista, os expurgos stalinistas, o gulag são apenas evocados e, além disso, a política bolchevique não apresenta jamais a continuidade que permitiria ver nela qualquer desígnio satânico. O que Malia nos descreve é uma sucessão de "golpes", felizes e infelizes, de fracassos a reparar, de respostas a improvisar. De tal maneira que, em sua narrativa, a ideologia só aparece por acréscimo (e às vezes de forma um tanto exagerada): os bolcheviques se arranjam para adaptá-la ao que conseguiram conquistar. Um trecho é suficiente para dar o tom dessas análises: "Chamou-se aquilo de socialismo porque era preciso chamá-lo assim. Para retomar o dito de Tácito: 'Criaram um deserto e o chamaram de paz', eu diria: fizeram uma máquina de investir toda a riqueza nacional em bens de produção e a chamaram de socialismo" (p.203).

Mas deixemos os bolcheviques e retornemos à Rússia do começo do século. Poucos livros mostram tão bem que podemos tornar a História inteligível deixando de lado a categoria pouco flexível de "necessidade histórica". Sabemos qual é o uso ordinário desse conceito: mostrar de forma doutoral por

A vingança do bom selvagem e outros ensaios

que o acontecimento estava determinado por uma constelação de razões suficientes ocultas dos contemporâneos (e, o que é mais frequente, altamente fantasiosas). Nada na História é determinado (não mais no sentido de Leibniz do que no de Claude Bernard): há somente zonas de maior ou menor indeterminação. Ou ainda: a necessidade histórica existe, se quisermos, mas ela é negativa, não permite prever o que vai acontecer, mas — o que é melhor — permite excluir o que *não pode mais* acontecer. Não era de forma nenhuma inevitável que Lênin saísse vitorioso, e muito pouco provável, até 1920, que os bolcheviques fossem capazes de manter o poder. Nada disso, pois, era racionalmente previsível.

Em contrapartida, o observador onisciente, na época, teria podido predizer a impossibilidade de uma revolução burguesa. Pois, em fevereiro de 1917, escreve Malia, os liberais da Duma já estavam "fora do baralho": haviam perdido a sua chance doze anos antes. E a revolução burguesa, que em 1905 não era, de forma alguma, impossível, tornara-se inviável em 1917, quando a guerra havia forjado uma sociedade civil que não tinha podido (ou ousado) levá-la a cabo, enquanto tinha meios para isso. Quanto à autocracia, sua sobrevivência era ainda mais impensável: não passava de uma máquina girando no vácuo. O ano de 1917 não foi senão a constatação dessa dupla impossibilidade. Não foi o ano de uma revolução social (esta começou mais tarde — o ano decisivo é 1918), mas o ano da derrocada. Em 1917, segundo nosso autor, um "não poder", em São Petersburgo, tomou o lugar de outro "não poder": um *possível* totalmente insólito surgiu no lugar dos *possíveis* natimortos.

O que houve, antes de tudo, foi um desmoronamento sem precedentes da economia e da sociedade. Sem esse "fenômeno único na história europeia até então", o sucesso de Outubro teria sido inimaginável. Não havia mais economia de mercado na Rússia. Não que os bolcheviques tivessem abolido o mercado, "mas o próprio mercado desapareceu sozinho" (p.152): "em todas as outras revoluções europeias houve mudança da sociedade, jamais a dissolução da sociedade existente" (p.151). A que se deveu esse cataclisma? À guerra, ou, mais exatamente, ao fato de que a sociedade civil estava fraca demais para suportar a carga de uma guerra moderna, isto é, de uma guerra que mobilizava todos os recursos e toda a população. Desde logo, "o maldito ano 14" não podia senão desencadear a corrida para o abismo: uma vez declarada a guerra, o pior era inevitável.

De onde vinha, entretanto, esta fraqueza da sociedade civil em um país largamente na via do desenvolvimento e da ocidentalização? Vale a pena colocar a questão, pois, mesmo que Outubro não tenha sido uma revolução proletária, como sonhava Marx, seria ainda mais falso ver nela uma revolução "terceiro-mundista", surgindo num país ainda atrasado. É o contrário, observa Malia. "A partir de 1900, uma grande revolução ocidental era possível na Rússia", contra o Antigo Regime. Muitos elementos estavam confluindo. A partir de 1890, a industrialização havia feito surgir uma "diversificação social" e uma "sociedade civil à maneira ocidental"; organismos intermediários (as assembleias locais ou *zemstvos*) tinham sido instaurados; o arcaísmo dos camponeses estava regredindo (de tal maneira que a agitação camponesa que começou em 1902 não era mais anárquica como no passado: ela visava a impor uma reforma agrária mais séria que a de 1861); uma parte da *intelligentsia* tinha parado de funcionar no vazio e de se perder em sonhos maximalistas; enfim, os liberais, em 1903, tinham

A vingança do bom selvagem e outros ensaios

fundado um grande partido de tipo eleitoral, solidamente implantado, que se tornou o partido *Kadet*.

Como, então, falar de fraqueza da sociedade civil? Vamos nos reportar à definição que dá Malia de *sociedade civil*: conjunto de células sociais capazes de se organizar por si mesmas independentemente do Estado, por seus recursos, suas capacidades profissionais, intelectuais, em suma, a porção da sociedade que é capaz de se governar por si mesma sem ser governada pelo Estado (p.213). Sobre essa base, uma sociedade civil, qualquer que seja sua potência econômica, só é forte acima de certo nível de participação efetiva nas responsabilidades políticas. Ora, é essa abertura política que vai faltar na sociedade civil russa: a luta aberta que a opõe ao aparelho de Estado em 1904-1905 termina empatada. Foi nesse momento que as possibilidades históricas de tipo ocidental foram colocadas fora de jogo. Daí o interesse do exemplo russo. Ou seja: num grande país a meio caminho entre o subdesenvolvimento e a sociedade industrial, uma situação sociopolítica tão opressiva que se arrisca a tornar-se explosiva ao menor choque pode determinar, em função das condições do momento, as possibilidades de evolução que já estão excluídas.

Tendo em vista o que era a sociedade russa nos anos 1900, duas saídas clássicas se ofereciam à crise que ela atravessava: 1º) a instauração de uma monarquia constitucional, prelúdio de uma democracia ocidental; 2º) a instauração de um regime autoritário "inteligente", de estilo bismarckiano.

Em 1905, a primeira solução abortou. É verdade que os liberais (isto é, a nobreza esclarecida dos *zemstvos* e a inteligência integrada) foram muito longe no desafio ao regime. Não hesitaram em ligar-se aos elementos revolucionários – e a agitação dos *zemstvos* nas campanhas foi ao menos tão determinante, até

Gérard Lebrun

1905, quanto a dos "socialistas revolucionários". Desempenharam o papel principal na luta, enquanto os partidos marxistas (cujo domínio sobre os operários era então muito fraco) não tiveram senão um papel "muito modesto". O que pediam esses liberais? A mesma coisa que seus ancestrais ingleses e franceses: a substituição da monarquia absoluta por uma assembleia. A princípio, uma Constituinte, depois, uma reforma agrária digna desse nome, e reformas profundas.

Quando a agitação, por ondas sucessivas, se apoiou nas diferentes camadas da sociedade (estudantes, operários, camponeses), a autocracia enfraquecida pela derrota no Extremo Oriente fingiu fazer concessões: não confiava o suficiente no Exército para fiar-se unicamente na repressão. Foi a hora do Manifesto de Outubro: surgiu então a "abertura". O czar prometeu uma assembleia que, no espírito dos liberais, deveria tornar-se uma Constituinte. Mas as coisas ficaram por aí, pois os liberais temiam o Exército. A Duma não foi transformada em Constituinte e, quando a primeira Duma foi dissolvida, em 1906, o apelo ao povo lançado pelos liberais não teve nenhuma repercussão. Eles perderam seu domínio sobre as massas e, a partir daí, vão desconfiar delas, pressentindo que qualquer movimento de insurreição poderia superá-los.

É preciso dizer que Nicolau II fez tudo para passar a perna nos Mirabeaus que teriam salvado a sua cabeça e o seu trono. A repressão sangrenta das greves (em sua origem puramente sindicais) fez com que os operários tomassem consciência de que, "nessa situação de autocracia, a emancipação econômica era impossível" (p.74), e passava necessariamente pela luta política. Foi depois de 1905 que a classe operária se tornou sensível ao discurso marxista. Outra estupidez da autocracia:

A vingança do bom selvagem e outros ensaios

ela zombou das pobres instituições representativas que acabara de outorgar. Em 1911, o parlamento se opôs a votar uma lei sobre os *zemstvos...* Ele foi suspenso por alguns dias, e "a lei entrou em vigor em virtude do artigo 87" (p.85). Desconsiderando assim o parlamentarismo, a autocracia contribuía para a radicalização dos opositores. Os "pacotes" só funcionam como engodos quando são promulgados.

Isso nos conduz ao fracasso da segunda solução, a bismarckiana. Malia não esconde sua admiração (puramente técnica) por Bismarck. Este foi o único homem de Estado europeu (além de Napoleão III, em certa medida) a tirar as consequências da grande crise revolucionária de 1848 e a salvar um regime autoritário por reformas que ele concedeu a partir de 1862: sufrágio universal (que favorecia a divisão entre socialistas e liberais), previdência social etc. A longo prazo, esse sucesso de Bismarck, retardando o advento da democracia burguesa, foi sem dúvida um mal para a Alemanha. Mas, depois de 1905, que outra política razoável teria podido preservar a autocracia russa? Ora, ela nunca considerou essa política a sério.

De início, o conde Witte procurou praticá-la. Limitando os poderes da Duma e tornando parcialmente "biônica" a Câmara Alta do Parlamento, ele lançou reformas que conseguiram conter a revolução. Nicolau II logo tirou proveito (em abril de 1906) para expulsar esse ministro sulfuroso. Depois foi a vez de Stolypin que, de 1906 a 1911, manejou com muita habilidade a cenoura e o porrete. Promoveu uma reforma agrária inteligente, mas nada fez para neutralizar a radicalização da classe operária. De resto, em 1911, quando Stolypin tombou sob as balas de um terrorista, o czar, horrorizado com seu progressismo, estava a ponto de demiti-lo... Foi assim que em

1914 o bismarckismo tornou-se menos confiável que o liberalismo. Nem Mirabeau, nem mesmo Turgot: foi Lênin mesmo.

Responsabilidade dos liberais? Sem dúvida: pecaram por falta de audácia e mereceram perder a confiança das massas. Mas, sobretudo, responsabilidade – e responsabilidade esmagadora – da autocracia. Empoleirada em seu exército e sua nobreza de funcionários, sequer chegou a perceber que, a partir do momento em que um país ingressa no "ciclo ocidental", um poder desprovido de base social é um poder condenado sem perdão. E pobres das ilusões que dissimulam ao autoritarismo esse teorema político. Acreditou-se que era possível apostar na frivolidade ou no arcaísmo das massas: mas a mentalidade dessas já mudara, e seu apolitismo era apenas de fachada; a primeira crise grave as transformou em massas insurrecionais. Acreditou-se que era possível contar com o pavor que as classes médias têm do extremismo: mas, quando os partidos extremistas ainda estão enfraquecidos pela repressão, vem um momento em que as classes médias correm o risco de se aliar a eles para sacudir uma tutela política que lhes é intolerável ou para sair de uma situação econômica que as proletariza. Acreditou-se que era possível se apoiar sobre o Exército. Mas, quando a "tempestade cai sobre *toda* a sociedade, o Exército mais poderoso muitas vezes se revela um tigre de papel". Onde está hoje o temível Exército do Xá que deveria, ao que parece, arbitrar a crise iraniana? Tudo o que houve lá foram generais que se deixaram conduzir, como pobres carneiros ao matadouro dos aiatolás... Não há pior erro para um regime autoritário do que pensar que o apoio do exército pode substituir uma política.

A lição de 1905 é a de que nada, no século XX, em um país que chegou à era industrial, pode substituir um mínimo de co-

A vingança do bom selvagem e outros ensaios

municação entre o poder e a sociedade civil. Quando essa comunicação não existe, aumentam as possibilidades de que a solução de substituição termine sendo como aquela que viu a luz do dia em 1917, e que, como notou Besançon, escapa a todas as tipologias políticas clássicas: o *Partido-Estado*, cujo reino é erguido sobre o aniquilamento da sociedade civil. E que não se venha dizer que isso é exclusivo da Rússia: ao que eu saiba, Batista teve sucessores como os de Nicolau II.

Se admiro o livro de Martin Malia é, entre outras coisas, porque a inconsciência em política é um fenômeno que me fascina particularmente. Há mais de vinte anos, vi triunfar na Argélia, de maneira efêmera e absurda, uma ditadura colonialista que, todos sabiam, sem nenhum dom profético, estava destinada à catástrofe. Mas os colonos, em sua cegueira, acreditavam que poderiam se salvar, preservando, por mais alguns meses, seu "antigo regime". É possível que algo assim venha a acontecer na África do Sul. E o que vale para os colonos vale igualmente para todas as "elites do poder" que no Terceiro Mundo não pensam em reconhecer a sociedade civil como adulta. Aferrando-se a seus privilégios e a suas prebendas, remetendo a reforma agrária às calendas gregas, recusando-se até mesmo a adotar uma política anti-inflacionária clássica para não causar descontentamento — em suma, para salvaguardar seu "antigo regime" contra ventos e marés —, essas "elites" preparam o grande vazio no qual as saídas não radicais tornam-se impossíveis. Diante desse espetáculo, a *intelligentsia* maximalista esfrega as mãos contente. Já o observador tocquevilliano fica estupefato e atemorizado diante desse fenômeno de patologia política: como ficaria atemorizado na Rússia pós-1905.

Gérard Lebrun

Hegel (e Marx depois dele) acreditava que a História não se repete – que não existem lições da História. Isso é falso. Como mostra Martin Malia, Bismarck tirou proveito da lição francesa de 1789-1793. Não são as lições da História que faltam; são os homens políticos perspicazes o bastante para meditar sobre elas. Eis por que eu não acredito que, em definitivo, este livro seja logo traduzido. Pensando bem, ele incomodaria muita gente.

*Quem precisa do socialismo?**

De onde vem a força de atração da ideia socialista? Esta é, sem dúvida, uma pergunta que parecerá ingênua se a traduzirmos em outra: de onde vem essa vontade que os homens têm de escapar de uma sociedade fundada na exploração? De onde vem essa preferência por uma sociedade justa sobre uma sociedade injusta? Todavia, essa tradução apresenta algumas dificuldades. Por exemplo: por que o socialismo, entendido como apropriação dos meios de produção pela sociedade, não se impôs entre as nações que praticam, há alguns decênios, o sufrágio universal? Por que a maioria dos eleitores, em vez de se sentir atraída pelo bem supremo, escolhe governos socialistas de maneira intermitente (e, ainda, um socialismo bem edulcorado)? A menos que admitamos a estupidez das massas, devemos concluir que nem toda maioria social considera o socialismo uma panaceia incontestável. O que é indício de uma verdade do bom senso: o socialismo, tal como foi elaborado pelos utopistas e depois por Marx, não era *destinado* a

---

* *O Estado de S. Paulo*, 23 set. 1984.

ser a expressão por excelência do movimento de emancipação dos trabalhadores a partir da segunda metade do século XIX, assim como a seita do Nazareno não era destinada a canalizar a espiritualidade do Ocidente. Fujamos, como da peste, desses *flashbacks* hegelianos. Tentemos, entretanto, remontar ao *ponto de contingência* no qual o sucesso das ideologias ou das religiões que vieram a ser, mais adiante, as dominantes, não estava de maneira alguma assegurado. Quem adotar essa atitude e quiser compreender a razão do sucesso do socialismo não poderá recuar diante de algumas perguntas que farão muitos dar de ombros. Por exemplo: *quem precisava do socialismo?*

– Quem precisava? Os trabalhadores, ora essa! Isso não é evidente? Pois nem sempre é evidente. Não era evidente para Engels, quando escreveu para Marx: "O proletariado inglês aburguesa-se cada vez mais" (1/10/1858); nem para Marx, quando se pergunta: "Quanto tempo precisarão os operários ingleses para se livrar das teorias burguesas que parecem tê-los contaminado? É preciso esperar" (a Engels, 9/4/1863). É ainda menos evidente para Lênin, quando observa em 1902 que a classe operária, "abandonada a suas próprias forças", só consegue chegar à "consciência sindicalista", e que a teoria socialista foi elaborada por "representantes instruídos das classes proprietárias, por intelectuais". "Na Rússia, a doutrina teórica da social-democracia surge de uma maneira totalmente independente do crescimento espontâneo do movimento operário." E nada mais natural, acrescenta Marx: "A consciência política de classe só pode ser oferecida ao operário a partir de fora, isto é, do exterior da luta econômica, do exterior da esfera das relações entre operários e patrões." Sabemos o quanto esse dogma foi contestado – de Luxemburgo a Castoriadis. Nem por isso a tese

A vingança do bom selvagem e outros ensaios

de Lênin deixa de ser significativa: é a confissão de que a identificação do movimento operário e do socialismo não era de maneira alguma um destino – o que bastará, aliás, para demonstrar o papel importante, frequentemente esquecido, do anarquismo e do sindicalismo revolucionário, na formação do pensamento de esquerda antes de 1914. Sociologicamente, vale, portanto, a pergunta: a quem interessava assimilar socialismo e emancipação dos trabalhadores?

Responder a essa pergunta é uma tarefa para os historiadores. Sem entrar em uma pesquisa como essa, limitar-me-ei aqui a fornecer alguns tópicos, evocando as teses, recentemente redescobertas e relativamente pouco conhecidas, de um revolucionário russo de origem polonesa: Jan Machajski. Nascido na Polônia russa em 1866, ele dividiu a sua vida entre a agitação na Rússia, o internamento na Sibéria e o exílio na Suíça. Voltou à Rússia em 1917 e morreu em Moscou em 1926, adiantando-se, muito provavelmente, ao expurgo que o teria atingido. A *Grande Encyclopédie Soviétique* o apresenta como "um anarquista pequeno-burguês que mantinha relações hostis com a *intelligentsia*, desviava os trabalhadores da luta revolucionária e os convocava a lutar pelas necessidades concretas do cotidiano, nisto seguindo o partido dos *economistas*". Resumo mais do que sumário das ideias do autor, hoje acessíveis ao leitor (francês) numa notável antologia de Alexandre Skira.[1]

Para compreender a discussão de Machajski sobre a essência do socialismo, é melhor remontar ao combate *original* que ele

---

1 Machajski, *Le Socialisme des intellectuels*. Textos escolhidos, traduzidos e apresentados por Alexandre Skira. Paris: Seuil, 1979. Todas as citações remetem a essa obra.

trava contra o reformismo de Bernstein na Alemanha. Renunciando à conquista revolucionária do poder, Bernstein traiu grosseiramente o marxismo, como pretendia Kautsky à época? Não, responde Machajski. O marxismo não cessou de fazer o elogio do capitalismo enquanto desenvolvimento das forças produtivas. Mas, porque os capitalistas se tornam incapazes de administrar essas forças, eles cavam a sua própria cova, e, malgrado a sua vontade, "a economia se desenvolve para uma forma socializada" (p.175). A revolução consiste, portanto, em chacoalhar a árvore para que caia um fruto que já está maduro. Outra coisa não dizia Engels em 1880, quando se congratulava com a transformação dos grandes órgãos de produção em "sociedades por ações e propriedades do Estado". Basta abrir os olhos para perceber que o advento do socialismo é para depois de amanhã, o mais tardar: "Todas as funções sociais dos capitalistas estão agora preenchidas pelos empregados assalariados. O papel social dos capitalistas se limita a embolsar a renda, a destacar cupons e a jogar na Bolsa". Nessas condições, a revolução que virá apenas sancionará uma evolução que parece irreversível: será "o reconhecimento prático do caráter social das forças produtivas modernas".

O "renegado" Bernstein, é verdade, se afasta desse esquema. Mas por quê? Porque acredita perceber, uns dez anos mais tarde, que o capitalismo se tornou capaz de superar as crises, que seu progresso de maneira alguma faz aumentar o número de despossuídos, e que a tese do "empobrecimento absoluto" não se sustenta mais. A partir de então, logicamente, conclui "que não há mais sentido em derrubar a ordem existente". "Se a sociedade burguesa é capaz de se desenvolver, sua destruição torna-se impensável." Machajski pensa, portanto, que Bernstein tem razão, à sua maneira: se os prognósticos dos pais fundadores têm visivelmente cada vez menos chance de se realizar, por que iria o proletariado lançar-se numa luta de insurreição? Permanecendo no interior da sociedade burguesa e no quadro da legalidade (o sufrágio universal), será possível chegar ao domínio do aparato do Estado, e, depois, do aparato de produção. O diagnóstico de Bernstein diverge, certamente, dos ortodoxos, mas ele permanece, contudo, um bom marxista: continua a extrair as consequências da tese segundo a qual a degenerescência do capitalismo "é a premissa indispensável para a supressão da escravidão" dos trabalhadores. Assim, o reformismo só acentua o caráter eminentemente nocivo do determinismo histórico quando mantido por um partido revolucionário. E a crítica de Machajski a partir desse ponto merece ser seguida de perto.

O que é essa socialização da produção que avança a passos largos e desemboca na "revolução" (Engels) ou na chegada da social-democracia ao poder (Bernstein)? Quando essa socialização se tornar um projeto explícito, como se efetuará? E quem a realizará? A resposta, para Machajski e seus partidários, é clara: quando as fábricas, as terras, as minas tiverem passado para o controle do Estado ou das comunas, surgirá uma "enorme necessidade de forças intelectuais". "Todos os cargos de administração, de organização e de direção, todos os pontos vitais da nova sociedade serão ocupados, necessariamente, pela classe dos trabalhadores intelectuais, pela *intelligentsia*. Não serão os trabalhadores a se encarregar disso: eles não entendem nada" (p.61). Eis o que o socialismo dissimula pudicamente. Kautsky reconheceu, sem dúvida, em 1895, que o progresso capitalista favorece o crescimento de um exército de "trabalhadores intelectuais" – de uma "tecnoestrutura" que, certamente, "não estará ligada diretamente aos interesses de classe do proletariado". Mas, acrescenta ele, "ela tampouco tem interesse direto na exploração capitalista".

Machajski concorda inteiramente quanto a este último ponto: essa "nova classe média" tem tão pouco interesse por uma exploração de tipo capitalista quanto a burguesia em 1789 tinha em manter a propriedade feudal. Indo mais longe: tem até grande interesse no advento do socialismo. "A transferência de todos os meios de produção para as mãos da *intelligentsia*, que já detém o leme social, constituirá para ela um verdadeiro paraíso." Ao contrário, essa socialização "nada mais pode prometer aos trabalhadores do que reforço da organização, do poder que domina" (p.198). E, se os socialistas sustentam impavidamente que esse poder será o do proletariado, é porque consideram, habilmente, como proletários, todos os que não possuem os meios de produção, mas vendem o seu trabalho. A esse título, "o engenheiro é o camarada do operário que ele dirige: ele vende seu trabalho intelectual assim como o operário, a sua força de trabalho" (p.182).

Como poderia a *intelligentsia* não ser grata à "ciência socialista" por espalhar essa "imensa mentira"? Ela só pede que a convençam de que "não explora ninguém, que não vive à custa de ninguém, e que provê suas necessidades graças a seu próprio trabalho". Nós, exploradores? Mas que bobagem! "Aos seus olhos só podem ser considerados exploradores os que vivem do lucro de seu capital" (p.178). Conheço pessoalmente muita gente que, diga-se de passagem, não apreciaria muito a ironia de Machajski – professores, jornalistas, médicos, jovens executivos, atores, cineastas – que não veem sombra de contradição entre suas opiniões de (extrema) esquerda e seu nível de

A vingança do bom selvagem e outros ensaios

vida pouco proletário. Nós, exploradores? Não extorquimos nenhuma mais-valia...

Na verdade, explica Machajski, "é sobre o salário miserável e servil dos trabalhadores manuais que repousa a existência de todos os exploradores" — e não é a simples venda da força de trabalho que define a exploração, mas o fato de alguém ser obrigado a realizar, a vida inteira, "o trabalho manual e mecânico dos escravos". Não é somente dos meios de produção que os trabalhadores são privados, mas, igualmente, da "capacidade de dirigir e gerar a indústria atualizada, cada vez mais aperfeiçoada". E ninguém pode acreditar a sério que virão a adquirir essa competência em algumas semanas ou meses, quando a indústria passe ao controle social.

Então, mais do que nunca, o lugar de honra caberá àqueles que sabem. Pelo menos provisoriamente — enquanto a classe operária faz seu aprendizado cultural e universitário. O que deixa alguns bons dias pela frente à *intelligentsia* e até mesmo a algumas gerações de seus descendentes. Em longo artigo publicado em julho de 1918, Machajski, analisando os primeiros passos da nova República Soviética, insiste mais vigorosamente nessa tese. Pressente que Lênin no poder esquecerá rapidamente os sonhos de *O Estado e a revolução*. Os bolcheviques não lutam pela emancipação da classe operária: acima de tudo, defendem apenas os interesses das classes inferiores da sociedade burguesa atual, incluindo a *intelligentsia*. Tanto é verdade, que "todo socialismo aspira em primeiro lugar à promoção dos interesses da *intelligentsia*, e não à dos operários" (p.253). Profetizar o advento da *Nomenklatura* em julho de 1918 não está, convenhamos, ao alcance de qualquer um...

Que remédios preconizar, entretanto, uma vez denunciada a mentira socialista? Os que prescreve o nosso autor nos deixam, é verdade, sonhando: greves incessantes, lutas por melhores salários até a expropriação dos expropriadores, organização de um regime que daria a todos uma mesma formação cultural. Esse programa, embora pareça o cúmulo da utopia, tem um ponto notável. Toda doutrina, diz Machajski, que convida a classe operária, ainda desprovida de competência científica, a tomar o poder *político*, só pode ser enganosa, pois "a doutrinação dos operários não pode preceder à expropriação dos ricos" (p.232).

O quê? Mas as classes não foram liberadas, graças à conquista do poder de Estado? Machajski evoca essa objeção, mas para assinalar o sofisma que ela implica. Finge-se ignorar que todas as classes revolucionárias até aqui foram classes possuidoras, ao contrário do proletariado. Ora, "uma classe *não possuidora* e ao mesmo tempo *dirigente* é um absurdo total. É a utopia fundamental do marxismo, graças à qual a ditadura bolchevique pôde se tornar, com facilidade e rapidez, uma cópia russa da ditadura dos jacobinos" (p.231). Ainda uma vez, a profecia é impressionante, e compensa a fragilidade das soluções apresentadas pelo autor. Suspensão do poder político até que a igual remuneração do trabalho manual e do trabalho intelectual tenha permitido "o surgimento de uma nova geração de gente dotada da mesma instrução" – eis algo que nos aproxima das paragens de Fourier e Cabet. Mas o que propõem em troca os socialistas? A conquista do poder do Estado pelo proletariado. Ora, esse "proletariado", responde Machajski, não passa de uma *ficção*: "Somente as camadas sociais que detêm os conhecimentos indispensáveis à organização e à administração da vida do país é que exercem efetivamente o poder – e por que razão iriam

A *vingança do bom selvagem e outros ensaios*

elas, mais tarde, entregá-lo ao proletariado?". *"Aqui"*, escreve Marx em seu *Manifesto*, "todos os movimentos sociais foram realizados por minorias em benefício de minorias". Machajski observa que o socialismo não escapa a essa regra. Concorda, pois, com Sorel, que em 1910 constatava que "todas as nossas crises políticas consistem na substituição de intelectuais por outros intelectuais". Resta, pois, encontrar uma revolução que reduzisse os intelectuais à categoria de "simples empregados" dos produtores – o que significa recair diretamente no utopismo. Mas talvez possamos convir que a utopia tem, nesse caso, ao menos um mérito: o de ter desmascarado, nesse percurso, o universalismo fictício do pensamento socialista. "O socialismo do século XIX não é, como afirmam seus crentes, um ataque contra os fundamentos do regime despótico que existe há séculos sob a fachada das sociedades civilizadas; é apenas o ataque a uma *única forma* desse regime: a dominação dos capitalistas. E, mesmo em caso de vitória, [...] esse socialismo suprimiria apenas a dominação capitalista" (p.131).

Evidentemente, o dom da profecia não é o suficiente para garantir a retidão de uma análise. A de Machajski, em particular, é vítima da significação demasiado vaga que ele atribui ao termo *intelligentsia*. Imprecisão tanto mais deplorável porquanto não se trata da *intelligentsia* em sentido clássico (o nascido na Rússia, na década de 1860), da qual Lênin foi, precisamente, o inimigo declarado, antes de se tornar o seu *exterminador*.[2]

---

2 A expressão não é exagerada. Para confirmá-lo, remetemos o leitor ao artigo de Heller, "Lenine et la Vetchka", na revista *Libre*, 1977, n.2, p.147-70. O autor cita com abundância e comenta uma reunião de documentos publicada em Moscou em 1975, *Lenine et la Vetchka*.

Gostaríamos, portanto, de saber qual era a composição social dessa nova classe média, desses "colarinhos brancos" que são o alvo constante do autor. A resposta só nos poderia ser dada pelos historiadores da Rússia e da URSS. A indicação da pesquisa já é, por si só, preciosa.

E por que nos limitarmos à investigação sobre a Rússia? O recrutamento dos partidos socialistas ou trabalhistas nos países ocidentais, a composição do eleitorado, também são bons temas de pesquisa (um estudioso brasileiro que trabalha nessa pista confessou-me que teve algumas surpresas). Ora, é preciso reconhecer que, para despertar a curiosidade nesse campo, é necessário, de antemão, pôr em dúvida a convicção, ainda tão enraizada, segundo a qual o socialismo seria a expressão ideológica natural da classe operária "consciente". Já no fim do século XIX, o fundamento dessa tese estava longe de ser evidente, como acabamos de ver. Onde estamos, no fim do século XX?

Não nos precipitemos em relegar à "esquerda festiva" o jovem executivo e o intelectual de esquerda: eles talvez tenham, pelo menos, o mesmo direito de reclamar para si o socialismo que o proletariado de mãos calosas. Faríamos mal, igualmente, em zombar do socialismo que floresce nas universidades ou confiar no adágio *boys will be boys*, acreditando que os jovens revolucionários febris de hoje serão os melhores membros do *establishment* de amanhã. Membros do *establishment* muitos serão — mas não necessariamente do *establishment* capitalista. Há duas ou três gerações, uma *nova* elite vem afirmando, cada vez mais, sua candidatura ao poder — ou, mais exatamente, ao *management* — nos países ocidentais. Uma jovem esquerda de origem burguesa, sem dúvida, mas menos sonhadora e mais preocupada com a eficiência — e disposta a fornecer os quadros

A vingança do bom selvagem e outros ensaios

de uma burocracia de Estado (na Inglaterra trabalhista ou na França socialista). Nesse sentido, é provável que Schumpeter tenha razão: a inevitável expansão do aparato da educação, a democratização do ensino superior são, no curto e no médio prazos, um dos fenômenos que poderão acelerar a passagem ao socialismo.

No final das contas, tanto os adversários quanto os simpatizantes do socialismo podem ter sido enganados por um mito do século XIX que sobrevive nos versos da "Internacional": o "grande dia", a hora em que o Universal descerá sobre a terra e a classe universal conquistará as alavancas do poder. Tomada do Palácio de Inverno ou barricadas no Quartier Latin: é ainda assim que se imagina a chegada da Revolução, como a vitória dos "malditos da terra". Ora, estes desempenham apenas um papel como o do pequeno povo parisiense durante as jornadas revolucionárias de 1789: figurantes às vezes ruidosos, que jamais trabalham para si mesmos. Se deixarmos de olhar a história através das lentes do idealismo alemão, teremos dificuldade em designar a "classe universal": tudo o que veremos serão elites ambiciosas. E então, tendo trocado o jovem Marx por Pareto, poderemos enfim formular uma pergunta *positiva*: qual é exatamente a nova elite – intelectual, sindical – que precisa do socialismo para satisfazer a sua *vontade de poder* e, além disto, libertar os proletários, como frequentemente se afirma e se acredita? Mas o sociólogo teria de ser bem ingênuo para acreditar nessas palavras.

Che: vencedor de si mesmo*

Teria sido Che Guevara o Saint-Just da Revolução Cubana? Ao ler seu elogio do ódio, em seu testamento espiritual, poderíamos pensar assim. "O ódio como fator de luta, o ódio intransigente ao inimigo, que impulsiona para mais além das delimitações naturais do ser humano e o converte em uma efetiva, violenta, seletiva e fria máquina de matar. Nossos soldados têm que ser assim, um povo sem ódio não pode triunfar sobre um inimigo brutal" (v.9, p.105).[1]

Ora, seria desonesto julgar o Che por essas únicas linhas. Foi o próprio quem também escreveu: "a norma deve ser de uma implacabilidade absoluta na hora do ataque [...] e uma clemência a mais absoluta possível com os soldados que vão combater cumprindo, ou crendo cumprir, seu dever militar" (v.3, p.27). "Se a guerrilha não possui uma base sólida de operações, que não faça prisioneiros: liberte-os" (v.3, p.27, 41).

---

* *Jornal da Tarde*, 10 out. 1987.

1 Che Guevara, *Obras completas*. 14v. São Paulo: Edições Populares, 1982. Todas as citações remetem a essa obra.

Gérard Lebrun

"E que não se esqueça que um ferido é sagrado e deve ser tratado da melhor forma possível." Tenho dificuldade em imaginar Saint-Just fazendo essas recomendações, e não o vejo emitindo uma circular proibindo as investigações e perseguições de ordem ideológica dentro de um ministério (Circular do ministro da Indústria de Cuba em 19 de maio de 1961). Poderíamos descobrir muitos outros traços de magnanimidade nos textos de Guevara. Esse radical jamais perdeu de vista a humanidade; esse mesmo radical denunciou a tentação do sectarismo, a cada oportunidade. "Tendo chegado ao poder, o revolucionário não deve comandar como o fez na Sierra Maestra (Já disse tudo, e isto basta!)". Em primeiro lugar, porque isso não faz sentido, e, em segundo lugar (o que é muito importante), porque isso não é político (v.9, p.168). E por que isso não faz sentido? Porque, escreveu ele — não sem alguma ingenuidade: "Estabelecemos um princípio que Fidel defendeu muito bem: nunca tocar nas pessoas, mesmo quando devam ser fuziladas daqui a 15 minutos" (v.9, p.169). No caminho que escolheu, Guevara poderia ter permanecido implacável, mesmo depois do combate... Ora, ele colocou a "generosidade" — traço característico, na sua opinião, do revolucionário — à frente da inflexibilidade. Só por isso ele já é uma figura excepcional.

Não porque ele soube conciliar, relativamente, sua vida militar e a lei moral. Não foi o respeito à lei moral que fez de Guevara um "justo", no sentido de um Albert Camus. Mais que isso, creio que foi sua *pureza* de crente que o impediu de extrair consequências dos princípios aterradores que expunha. Sim, aterradores.

Não exagero. Percorram suas obras completas: nelas, encontrarão meios de justificar a prática da tirania, em sã consciência. Guevara vivenciou no mais profundo do seu ser a convicção que anima as utopias sanguinárias, ou seja, que a revolução digna desse nome consiste em *mudar o homem* e insuflar-lhe uma nova consciência. "Para constituir o comunismo, é preciso mudar o homem ao mesmo tempo que se muda a base econômica" (v.6, p.133). Os líderes do *Khmer* vermelho não falavam de outra forma. Mas, sem dúvida, eles têm menos confiança nos recursos da *educação*. Quanto à Guevara, ele apoia-se totalmente na pedagogia paciente e contínua. Essa pedagogia, por outro lado, será honesta, não se trata de mudar o homem agindo sinuosamente em seu espírito, como o fazem as relações mercantis e os ideais pervertidos que a sociedade de consumo coloca nas almas (obsessão pelo lucro, esperança de ascensão, gosto pelo consumo). Não é condicionando o homem – como num labirinto pavloviano – que a nova sociedade obterá sua mutação, mas desenvolvendo novos valores e despertando uma consciência ética: "O instrumento de mobilização das massas deve ser fundamentalmente a ordem ética" (v.6, p.133). Portanto, os governos revolucionários deverão enfatizar a "educação direta, através do aparelho educacional do Estado e do aparelho de propaganda do Partido", fazendo da sociedade "uma escola gigantesca" (v.6, p.134). Eles não deverão esperar que o amadurecimento das "condições objetivas" transforme, mecanicamente, as consciências. Guevara abomina a noção de *evolução* criada pelo cientificismo do século XIX. Está mais próximo de Aristóteles que de Engels: é praticando a virtude que nos tornamos virtuosos, é construindo o socialismo que nos tornamos "homens novos". Portanto, é o Estado-educador que se encarregará de forma permanente de conscientizar os cidadãos "da necessidade de incorporação na sociedade e, ao mesmo tempo, de sua importância como motores desta (v.6, p.135). Deverá incitá-los constantemente à virtude; fará com que se envergonhem, pela necessidade, de ser apenas alunos medíocres, "que cada homem se sinta compelido a fazer aquilo que não sente vontade de fazer, que não sente necessidade de fazer, pelo exemplo de seus companheiros, que o estão fazendo com entusiasmo, com alegria, dia a dia" (v.6, 28).

Parece-me evidente que Guevara, nessas suas páginas "pedagógicas", não faz outra coisa além de descrever o condicionamento das massas, como o praticam os totalitarismos. Mas o interessante é que ele se insurgiu contra essa interpretação. Os cidadãos assim educados, diz ele, não perderão nem a sua personalidade nem a sua iniciativa. É apenas num primeiro olhar que poderemos acreditar que o indivíduo sob esse regime esteja submetido ao Estado. Claro, as massas cumprem com entusiasmo e disciplina as tarefas que lhes são fixadas pelo Estado. Mas também pode acontecer que as massas não *sigam*, que as palavras de ordem caiam no vazio. Cedo ou tarde, o poder deverá, então, retificar sua diretriz, a fim de que a corrente se reestabeleça entre ele e seus governados. Nessas condições, como falar em tirania?

Se analisarmos cuidadosamente, diz Guevara logo em seguida, perceberemos que o verdadeiro revolucionário não impõe nada ao povo, que só consegue *manifestar* suas aspirações ainda confusamente formuladas. É verdade: o povo como um todo não caminha com a mesma cadência no percurso que lhe é traçado. Nem todos se ressentem da necessidade de se desembaraçar de sua consciência alienada e se libertar do *pecado original*. Mas a próxima geração, convenientemente educada, caminhará *pari passu* com a nova era. "As novas gerações nascerão livres do pecado original: (a juventude) é a argila maleável com a qual se pode construir o novo homem, livre de todas as taras do passado" (v.6, p.140-1).

É fascinante observar com que ardor profético Guevara manipula o conceito de velho e novo, de pecado e redenção. O golpe de misericórdia da revolução faz surgir o homem novo. Feliz a juventude que não conhece outra luz! Ele escreveu à sua filha, em uma carta que tem gosto de adeus: "Eu não era assim na tua idade, mas estava numa sociedade diferente, quando o homem era inimigo do homem. Agora você tem o privilégio de viver outra época e é preciso ser digna dela" (v.4, 10).

Certa vez, o Che definiu-se, em tom de brincadeira, como um *condottiere*. Seria a melhor fórmula? Seus escritos não lembram tanto um aventureiro da Renascença quanto um monge-soldado. Há uma religiosidade vibrante, que percorre o seu discurso — uma religiosidade bem específica, mais evangélica que missionária, mais próxima de São Francisco que de São Domingos, que forja os visionários, mas não os fanáticos. Essa raça de crentes prega o abandono dos bens materiais e a pureza (a palavra volta sempre), mas não se dirige a um mundo que julgaria profundamente impuro.

O único preço dessa pureza é uma conversão espiritual. A ascese que nos leva até ela não exige um abandono de si mesmo, mas somente a força do espírito. Essa mesma força possibilitou a um Guevara asmático desde a infância desafiar seu corpo, atravessar os Andes de motocicleta e cortar cana-de-açúcar com um inalador na cintura. O que é impossível para a fé?

Trata-se, então, de comunicá-la ao nosso semelhante, e comunicá-la através do exemplo. Basta habituar os homens à pureza para que eles compreendam rapidamente que ela não está acima de suas forças. Para ensinar essas disciplinas, a guerrilha

Gérard Lebrun

é boa mestra. "O revolucionário que está numa situação clandestina preparando-se para uma guerra deve ser um perfeito asceta, o que, ademais, serve para provar uma das qualidades que posteriormente será a base da autoridade: a disciplina" (v.7, p.88). O manual de guerrilha trata em detalhe das punições em caso de indisciplina (vigília noturna, marchas forçadas, privação de cigarros e até jejum), e analisa a eficácia delas (v.3, p.96). Rude aprendizado, que, entretanto, não dura muito, pois essa disciplina não demora a se interiorizar.

"O exército da libertação foi um exército puro, onde nem as mais comuns tentações do homem têm cabimento; não há aparato repressivo, não há serviço de inteligência que controle o indivíduo frente à tentação. Era seu autocontrole que agia. Era a sua rígida consciência de dever e disciplina" (v.7, p.9). Controle idêntico Guevara espera do cidadão, pois que este foi moldado pelo antigo guerrilheiro, entronado "guardião" (no sentido de Platão). Mas não me parece, examinadas as coisas, que o papel desse "guardião" seja dos mais árduos. Não me parece que o ferro e o fogo sejam necessários para transformar, por exemplo, a atitude "natural" dos homens em relação ao trabalho.

Sem dúvida, será necessário muito tempo para que o trabalho seja percebido não como uma obrigação compulsiva, mas como uma necessidade social. É questão de algumas gerações. Pouco a pouco, os homens, desde que adequadamente formados, tomarão interesse pelo trabalho e encontrarão nele "uma fonte permanente de mudança, de novas emoções" (v.8, p.35). Tornando-se funcionário de uma sociedade, o homem se habituará à ideia de que ela lhe retribuirá pelo cumprimento do dever (v.6, p.137). Ele até mesmo deixará de pensar que o tra-

A vingança do bom selvagem e outros ensaios

balho lhe é imposto pela necessidade de transformar o meio, e o vivenciará como forma de participação na comunidade. Essa participação, ele a perceberá, sem dúvida, como sacrifício. Mas o sacrifício vivenciado pelo revolucionário é completamente diferente do "sacrifício" ao qual nos resignamos de má vontade — nós, que estamos presos aos fios da alienação e vivemos de acordo com o "velho estilo". A esse próprio sacrifício, o revolucionário presta atenção crescente. Como o trabalho lhe parece, agora, um dever que se impõe a si mesmo, ele cumpre a tarefa com prazer. O interesse material, que, antes, era sua motivação, lhe provoca agora o efeito de um estimulante irrisório.

Guevara sabe bem que os homens ainda estão longe de mobilizar esse zelo ativista, que lhes repugna a ideia de um "trabalho voluntário" dominical (v.6, p.25), e que não será hoje nem amanhã que os corações se impregnarão da verdade dos *Manuscritos de 1844*. Mas tais dificuldades não são insuperáveis. A *paideia* bem conduzida controlará as "resistências", apagando o individualismo, vestígio de outra era.

Da luta armada ao poder de Estado, o revolucionário permanece, assim, um *educador*. Em outras palavras, a teoria guevarista da guerrilha só adquire todo o seu significado quando, em vez de considerá-la como um tema romântico, a relacionemos com a teoria leninista do Partido, como o faz manifestamente Guevara (v.6, p.27). Foi Lênin quem nos ensinou que é possível queimar etapas da *evolução*, desde que se disponha de uma frente avançada consciente e solidamente organizada. É essa tropa de elite que, para Guevara, deve começar a luta no campo e constituir o núcleo do futuro exército popular.

Uma vez conquistado o poder — a exemplo do que ocorreu em Cuba —, é novamente esse revolucionário que, transformado em Partido-Estado, deve encarregar-se de guiar, sem trégua, o povo: cerrar fileiras e imprimir uma formação acelerada à sociedade como um todo (sempre a impaciência ou, mais que isso, sempre o mesmo medo de esperar a reunião das "condições objetivas", como quem espera por Godot). A guerrilha e o exercício do poder não são, portanto, mais que dois episódios da Longa Marcha. Da *Sierra* às gigantescas concentrações populares em Havana, o exército não deixou de aumentar suas fileiras. "É assim que avançamos. À frente da imensa coluna, marcha Fidel: após ele vão os melhores quadros do Partido e, imediatamente depois, tão perto que se sente sua força enorme, vem o conjunto do povo, que marcha firmemente em direção ao objetivo comum" (v.6, p.143).

O Partido é a única máquina jamais inventada para acelerar a história (v.6, p.27). Fascinado pela clareza dessa evidência, Guevara retoma, naturalmente, as metáforas militares tão caras à Lênin. Também de Lênin, ele não poderia deixar de compartilhar as convicções "elitistas". É a essa frente avançada, formada pelos "melhores entre os bons", e tão somente a ela, que cabe indicar o caminho. Ela o indicará aos camponeses, de início, dos quais deverá conquistar o apoio, pois o campo é o melhor terreno para sua luta. Perceber-se-á, entretanto, que Guevara mantém sobre os camponeses o mesmo julgamento dos clássicos do marxismo: "classe que, pelo estado de incultura em que é mantida e pelo isolamento em que vive, necessita da direção revolucionária e política da classe operária dos intelectuais revolucionários" (v.7, p.63). Depois da vitória, uma frente "ideologicamente mais avançada que a massa" deverá submeter esta última a "pressões de certa intensidade" (v.6, p.135). As massas levarão tempo para assimilar os novos valores. E também o

A vingança do bom selvagem e outros ensaios

Partido evitará abrir-lhe logo as portas. "Aspiramos a que o Partido se torne um partido de massa, mas isso só quando as massas tiverem atingido o nível de desenvolvimento da vanguarda, isto é, quando elas estiverem educadas para o comunismo" (v.6, p.141). Uma das tarefas principais do Partido será a triagem dos quadros, o estabelecimento de instituições que permitirão "a seleção natural daqueles que são destinados a marchar na vanguarda" (v.6, p.136).

Nessas condições, valeria a pena interrogar-se sobre o conceito guevarista de *democracia*? "Democrata", Guevara o é, na medida em que poderia sê-lo um leninista de obediência estrita. Ele o é na mesma medida em que um templário ou um cavaleiro de Malta poderiam se dizer "democratas", se a palavra existisse na época. Nada existe de injurioso nessa comparação. Tento, simplesmente, compreender Guevara a partir da fé que o animava e da qualidade própria desta última. Parece-nos que foi seu evangelismo de "puro" que o impediu de pertencer à raça dos tiranos e dos inquisidores (mesmo que ele tenha emprestado mão forte a estes, quisesse ou não). Paralelamente, foi sua ortodoxia leninista que o impediu de ser esse *aventureiro* político cuja lenda foi forjada, precipitadamente, pela mídia. De resto, ele próprio esclareceu o assunto. "Muitos dirão que sou um aventureiro, e o sou de fato, só que um tanto diferente, sou daqueles que arriscam a vida para demonstrar suas verdades" (v.4, p.12).

O ultraesquerdismo da época se referiu a ele, mas erroneamente. Como lembrou seu irmão (Prólogo, v.7), ele não foi o autor do "foquismo", no sentido radical que a palavra adquiriu após a sua morte. Ele não disse que um núcleo armado poderia substituir ou criar as condições objetivas para a revolução. Ele defendeu, mais corretamente, a teoria da escolha que foi a mesma de Lênin, em 1917, contra a maioria dos demais bolcheviques. Disse que seria ridículo esperar que todas as "condições" fossem preenchidas para iniciar a luta. E isto não significa que a vanguarda deva pegar em armas, não importa onde nem quando. A constituição de um "foco guerrilheiro" seria, por exemplo, um erro, num país cujo governo tivesse sido eleito numa consulta popular, "fraudulenta ou não", e onde todas as possibilidades de luta civis não tivessem sido esgotadas (v.3, p.14; v.7, p.68) – o que, tomado ao pé da letra, desaconselha, hoje, a atuação do Sendero Luminoso no Peru. Tática de aceleração da história, o foquismo assim compreendido não é uma aventura desenfreada e o guerrilheiro guevarista nada tem de um Byron partindo para a Grécia. Ele não busca a morte, está tão somente convencido que ela é seu maior risco profissional. Da mesma forma que um general, nas guerras de hoje, não tem que tombar à frente dos seus soldados, "o guerrilheiro, que é general de si mesmo, não deve morrer em cada batalha; está disposto a dar sua vida, porém a qualidade positiva desta guerra de guerrilha é que cada um dos guerrilheiros está disposto a morrer – não para defender um ideal e sim para conservá-lo em realidade. Essa é a base, a essência da luta de guerrilha" (v.3, p.18).

No espírito de Guevara, a incursão boliviana não era certamente suicida. Nada pode fazer supor (nem os testemunhos, nem seu diário) que ele tenha se lançado nessa empresa procurando a morte. Mais uma vez, Guevara havia pesado os riscos: tão somente os avaliou mal. Hoje, é igualmente difícil determinar a razão de sua ruptura com Castro. Aparentemente, Guevara prosseguiu sua carreira de guerrilheiro, interrompida pelos encargos do governo que assumiu em Cuba, "patriota

A vingança do bom selvagem e outros ensaios

sul-americano", como ele se definia, acreditando que sua missão era acender o fogo onde este pudesse se espalhar. Acontece ou aconteceu que sua avaliação da situação boliviana era incorreta, da mesma forma como o foi, em 1962, o seu julgamento sobre o Nordeste brasileiro, que ele declarou uma zona ideal para insurreições (v.9, p.163). Portanto, não se tratava de uma aventura. Nem Lênin nem Guevara foram aventureiros no sentido estrito da palavra. Melhor dizer que Guevara foi um leninista que acabou levando a pior. É possível que sua generosidade tenha perturbado o seu julgamento.

Tais são os dois componentes do personagem que se destacaram, a meus olhos, na releitura de seus escritos: a pureza de um "justo" e a fé numa "vanguarda consciente". Camus e Lênin estranhamente associados. Mas esses dois ângulos estão longe de revelar inteiramente seu perfil e, certamente, não são suficientes para explicar o prestígio que seu nome manteve entre as pessoas da minha geração, por diversas que sejam as suas opiniões políticas. Há algo a mais na raiz do fascínio que ele continua a exercer: o fato, talvez, de que ele escapava à nossa categorização política e ética, e de continuar impossível julgá-lo como a outros ativistas. Poucos princípios políticos me parecem tão perigosos quanto os seus, para a América Latina de hoje, e tão propícios a mergulhar o continente no isolamento, no nacionalismo, no ressentimento e no subdesenvolvimento agravado. Apesar disso, poucas figuras políticas do século XX me parecem tão dignas de respeito quanto Che. Por várias razões. Ele foi um "forte", no sentido que Nietzsche dava à palavra: um alegre vencedor de si mesmo, incapaz de sentimentos mesquinhos. Esse "ideólogo" se destaca ainda em relação aos demais porque nunca pontifica. O palavrório, a jactância e a ênfase lhe são estranhos. Leiam suas páginas mais utópicas: elas não inspiram o riso, e sua religião desencoraja qualquer anticlericalismo. Por incrédulos que sejamos, não podemos deixar de nos emocionar quando ele se apresenta, muito sobriamente, como o arauto dos sofrimentos de todo um continente, na crista da onda que irá inundar essa terra de injustiças. Em poucas palavras, o Che – assim como Soljenytsin – encontrou o tom correto para falar como um profeta, o que é concedido a poucos no correr de um século. "Podemos apontar como muito provável que o resultado das revoluções nesta região do mundo dará por resultado regimes de estrutura socialista. Para chegar a isso correrão rios de sangue... O sangue do povo é nosso tesouro mais sagrado, mas há que derramá-lo para poupar mais sangue no futuro" (v.9, p.46). E ainda: "as armas nas mãos do povo, as vastas comarcas de nossa América como campo de ação, campesinato lutando por sua terra, a emboscada, a morte sem misericórdia do opressor e, ao dar morte, recebê-la também e recebê-la com honra de revolucionário, isso é o que conta" (v.9, p.49).

Nestes paroxismos, a voz de Che ganha, sem nenhum esforço, a mais elevada sonoridade trágica. Os tempos de violência, ele os predisse, ele os evocou, fez deles o seu elemento. E é frequentemente a morte, nesses momentos, que ele interpela, mas como uma companheira, sem desafiá-la. Leiam, por exemplo, sua mensagem de agosto de 1967 à Tricontinental, seu testemunho de fé (v.9, p.97, 106): acreditamos estar ouvindo um lamento de García Lorca acompanhado do rufar de tambores fúnebres. Vinte anos depois, escutem o Che anunciar suas bodas de sangue com a América Latina: "Em qualquer lugar em que nos surpreender a morte, bem-vinda seja, desde

A vingança do bom selvagem e outros ensaios

que esse nosso grito de guerra tenha chegado até um ouvido receptivo e outra mão se estenda para empunhar nossas armas e outros homens se apressem em entoar os cânticos fúnebres entre o matraquear das metralhadoras e novos gritos de guerra de vitória" (v.9, p.106). Página grandiosa e prenhe de ameaças. Pois nada assegura que a América Latina, da dívida externa, das favelas e dos salários de miséria, escapará por muito tempo dessa crise maior esperada febrilmente por Che, levado por sua fé. Sem dúvida: a Cordilheira dos Andes não se tornou a Sierra Maestra, não surgiram "dois, três Vietnãs". Mas teríamos nós, por isso, o direito de negligenciar as profecias de Guevara? O mal-estar que percebemos no Brasil da suposta "Nova República", o sentimento de atritos na sociedade e de um deslize crescente das elites políticas na inconsciência, são alguns sinais de que não se deve rir cedo demais dos profetas.

Celso Furtado: os anos de aprendizado*

Esperemos que *A fantasia organizada* seja o primeiro tomo das memórias de Celso Furtado[1] — se é que podemos chamar de *memórias* essa autobiografia intelectual, em alguns capítulos da qual o autor está tão presente quanto Hitchcock em cada um de seus filmes. É de seu pensamento que Celso Furtado faz a história — ou, mais precisamente, nesse livro, dos seus "anos de aprendizado" em Santiago, na Cepal, centro do "desenvolvimentismo". As datas marcantes são os congressos de economia e os seminários internacionais. E o livro termina ao encerrar-se a sua estadia no renomado King's College, em Cambridge, em 1958.

Vida de pesquisador, cuja narrativa decepcionará os amantes do pitoresco, ainda mais porque as anedotas nunca são maldosas, e os retratos — inclusive dos adversários monetaristas — apenas confirmam o vasto descortino e a generosidade

---

* *Jornal da Tarde*, 7 set. 1985.

1 Furtado, *A fantasia organizada*. Rio de Janeiro: Paz e Terra, 1985. [Incluído em *Obra autobiográfica*. São Paulo: Companhia das Letras, 2014.] Todas as citações remetem à edição de 1985.

do autor. Saint-Simon sem a raiva... Assim, esse livro não foi feito para responder à pergunta: "Quem é você, Celso Furtado?". Se acontece que o autor fale de sua vida, é somente de passagem, com a desenvoltura dos moralistas franceses (que parecem ter influenciado o seu estilo e o corte de suas frases). Por exemplo: "Eu completara trinta anos. Para quem nascera no sertão, na época em que nos refugiávamos na caatinga para escapar às incursões de Lampião, e aprendera como primeira língua estrangeira o latim, o tempo vivido me parecia incomensurável" (p.119).

Cosmopolita, Celso Furtado? É o que poderia parecer a uma primeira leitura. Mas somente no melhor sentido da palavra. Se esse rapaz brilhante tanto queria conhecer o mundo, era antes de mais nada por estar isento de qualquer ambição acadêmica ou política. "Se minha preocupação houvesse sido agir diretamente sobre o mundo, teria permanecido em meu torrão natal, pois a política requer o máximo de imersão na comunidade" (p.19). Além disso, Celso Furtado, como viajante ou como funcionário internacional, sempre *se interessou* profundamente pelos países onde passava. Esse viajante foi, acima de tudo, testemunha – e os retratos que faz do México, do Chile, de Paris no pós-guerra, são ainda mais apaixonantes que os retratos dos personagens. Os seus períodos de residência no estrangeiro constituíram uma série de experiências, cada uma das quais contribuiu para o *engajamento* cuja história ele nos conta.

Um *engajamento* sem clamor, sem fragor – como bem poderia se esperar do jovem individualista que nos é descrito em poucos traços no começo da narrativa. Se o convidam a aderir ao Partido Comunista, o moço responde dando de ombros: "Colocava minha liberdade de pensar por conta própria acima

A vingança do bom selvagem e outros ensaios

de tudo" (p.18). Se participa de um Festival da Juventude na Europa oriental, conserva a cabeça fria, ainda conservando alguma simpatia (distante) pela democracia popular em formação. É que já então, conta-nos, começava a atenuar-se "minha tendência a sobrepor o individual ao social" (p.24), vestígio de uma formação kantiana. Mas, tudo isso somado, esse viajante de 25 anos foi capaz de observar a *intelligentsia* parisiense daqueles anos com simpatia, porém sem compartilhar as suas ilusões. Excetuando-se, talvez, uma única convicção, várias vezes evocada: a de que a concentração do poder econômico numa economia de mercado contém sempre o risco de induzir o fascismo e o totalitarismo, e de que por isso devemos manter o capitalismo sob tutela, se quisermos preservar a liberdade.

É verdade que tal opinião (nascida, certamente, de uma interpretação prematura do fenômeno nazista) então parecia banal de tão evidente, até mesmo aos olhos dos mais moderados. Ora, é possível que essa convicção tenha propulsionado o autor para a ideia de planejamento. "Cabia prevenir as crises e neutralizar os efeitos sociais da instabilidade inerente às economias de mercado" (p.17). E, umas cem páginas adiante, a propósito da Grande Depressão dos anos 1930 e das lições que devemos tirar dela, lemos: "Como continuar a defender o regime de mercado se ele levava à ignomínia que significava condenar milhões de cidadãos às humilhações do desemprego involuntário?". Como, nessas condições, se poderia apostar na sobrevivência das democracias? Ou a arregimentação da economia e da sociedade, nas linhas inauguradas pelo fascismo, era o fim a que estavam condenadas? Essas preocupações haviam dado origem à ideia de um planejamento que assegurasse o pleno emprego (p.129).

Haveria um estatizante em germe nesse individualista? Melhor seria dizer que Furtado está sensível, já durante a sua primeira estada na França, à necessidade que então havia de se "reconstituir o Estado" nesse país, e, sobretudo, de "redefinir as suas funções", uma vez que se pretendia recuperar o atraso econômico francês que vinha desde antes da guerra. Quando um país procurar retornar à linha de frente da economia (e, com mais propriedade, quando se esforça por *ingressar nela*) não será indispensável "romper o círculo vicioso engendrado pelas *regras do jogo*, o que requer alguma forma de voluntarismo político?" (p.177). Essa ideia não é feita para agradar aos liberais, que prontamente falarão em *estatização*. Veremos mais à frente quantos matizes tem, afinal de contas, o estatizante em Celso Furtado. Mas o seu voluntarismo político não tem matiz algum. Não há outro meio para arrancar um povo da estagnação além de "um bem concebido plano de investimento de iniciativa do governo" (p.152) – e, se o desenvolvimento consiste em vencer a distância que nos separa de nossos concorrentes, não há desenvolvimento digno desse nome que não seja deliberado e programado.

Aqui me permito perturbar a cronologia, pois me parece que essa convicção de Celso Furtado precede o trabalho por ele efetuado dentro da equipe da Cepal – trabalho este que apenas reforçou uma ideia que já lhe vinha de longe e que se pode articular com duas outras teses de igual importância. São as que se seguem.

Em primeiro lugar, não são os deuses, porém os generais que ganham as batalhas. Ora, a atividade econômica é essencialmente *conflituosa*, e seria ingênuo supor que ela se equilibrasse espontaneamente. "Ao elucubrar em termos de equilíbrio, o economista se automistifica, pretendendo que existe uma harmonia social implícita na atividade econômica, quando na realidade é o antagonismo de vontades o que diferencia a sociedade humana da dos insetos" (p.179). Frase de entonação hobbesiana – e frase decisiva, que nos permite medir o alcance da divergência de Furtado com todo *laissez-faire*. Não existe natureza econômica harmoniosa ou *medicatrix*, e seria uma quimera esperarmos que o desenvolvimento surgisse "naturalmente quando as forças do mercado se liberam das armaduras criadas pelo Estado" (p.159).

Em segundo lugar, a maior parte dos economistas, no entender de Celso Furtado, são vítimas, devido à formação que têm, de uma ilusão muito semelhante àquela que, segundo Bergson, foi a perdição dos metafísicos: a norma a que se referem espontaneamente é a do equilíbrio, da *estabilidade*. "Somente conceituam o estático" (p.133). E com que frequência, mesmo falando em *dinâmica*, têm por único objetivo teórico "reestabelecer um suposto equilíbrio, sempre concebido estaticamente". Daí se segue que todo desequilíbrio é compreendido, de imediato, como uma desordem efêmera, uma imperfeição que se poderá corrigir. "Tanto a teoria dos preços como a do comércio internacional eram rigorosas formulações estáticas, com pretensões à axiomatização, que repeliam toda consideração baseada na percepção de diferenças estruturais, a menos que se tratasse de *imperfeições*" (p.91). O que será o subdesenvolvimento nessa ótica? Apenas uma imperfeição a mais. Uma das raras páginas ferozes do livro (talvez a única) é a que nos mostra um eminente professor norte-americano, digno da pena de Molière, expondo impavidamente essa tese perante um estupefato auditório sul-americano.

Temos, portanto, dois universos de discursos estanques. Como manter o diálogo com aqueles que estão persuadidos de que o jogo do mercado tende, *grosso modo*, para um *optimum* social, e a divisão internacional do trabalho conduzirá, em um prazo mais um menos longo, a uma repartição equitativa entre parceiros? Vejam, nos dirão, o que se tornou a Europa, depois de alguns séculos de economia de mercado. Como se a palavra *desenvolvimento* tivesse o mesmo sentido para os países que hoje chamamos de desenvolvidos e para os que atualmente estão *atrasados* – como se a sua posição *estratégica* fosse comparável: os primeiros não foram periféricos, ou pelo menos nunca o foram tão rigorosamente quanto os segundos. Nessas condições, é impossível confiar apenas na natureza das coisas: se os países novos continuarem simplesmente a exportar os seus produtos primários, estará selado o seu destino. – Com isso não quer dizer o autor que a economia de mercado seja um maquinário diabólico, mas, apenas, que os desequilíbrios estruturais existentes têm uma tal amplitude que o *laissez-faire* só poderá perpetuá-los ou agravá-los.

Deixemos aos economistas do outro campo o encargo de criticar essas duas teses. O que pretendo é apenas notar o seu alcance *filosófico*, pois o texto de Celso Furtado pertence à filosofia da economia e não à ideologia. De modo que qualificativos como *estatizante* ou *terceiro-mundista* não nos fariam dar um passo sequer para a compreensão desse pensamento. Notemos que é tão errado considerar o autor como um marxista quanto afirmar que o argentino Raul Prebisch – mentor da Cepal – era um homem de esquerda. Apenas, Celso Furtado tem um sistema, ao qual se mantém rigorosamente fiel. E o leitor deixaria de perceber esse sistema caso projetasse nele os temas ideológicos que

A vingança do bom selvagem e outros ensaios

certos conceitos podem induzir, mas pelos quais o autor parece sentir um profundo desprezo. Um sinal disso (e um ponto, pelo menos, que ele compartilha com Hayek): sempre apresenta os seus adversários como estando errados, porém jamais os apresenta como pessoas mal-intencionadas (leiam o notável retrato que faz do professor Gudin). E palavras de ressonância polêmica, como "imperialismo", estão excluídas de seu texto. Pois é verdade que existe "um amplo terreno em que se podem debater os problemas do desenvolvimento brasileiro sem deslizar para a invectiva ou para a metafísica" (p.199).

Mas voltemos à narrativa. Acompanhemos Celso Furtado retornando ao Rio em 1948 depois de seu período de residência em Paris. A ditadura caiu, mas a situação econômica é ainda pior que a da Europa devastada, porque "a capacidade de poupança do Brasil era menor, e também menor o seu poder de auto-transformação, o que fazia mais sério o problema do balanço de pagamentos" (p.41). Terá o Brasil a mesma sorte da Europa ocidental? Terá direito ao seu Plano Marshall? A interminável presença de uma missão americana no Rio suscita esperanças — infundadas. Pois o Grande Irmão nem sequer sonha em bancar o bom samaritano com a América Latina. A situação social não justifica ajuda financeira: a União Soviética está longe demais. É então que se oferece a Celso Furtado a oportunidade de ser funcionário de uma comissão econômica que a ONU acaba de criar, em Santiago do Chile, a Cepal. Mais uma vez, deixará ele o Brasil? Um escrúpulo lhe vem à mente: "Não estaria eu fugindo de alguma coisa?" (p.51). Alguma coisa lhe diz que não (é uma das mais belas páginas do livro). "O Brasil não reunia as condições mínimas necessárias para encetar uma política de desenvolvimento" (p.41). Nessas condições, ir a Santiago participar desse centro de estudos para a América Latina seria "escapar ao cerco, ganhar um horizonte aberto, ainda que para vagar em busca de uma Atlântida perdida" (p.51). Busca frutífera. Pois, aprendendo a conhecer os dados econômicos sul-americanos em seu conjunto, e país por país, o autor vai *reencontrar* este mesmo Brasil onde quase nunca o vemos durante a sua narrativa. Melhor ainda, ele descobrirá a resposta à pergunta: o que fazer pelo Brasil? O livro é também a história dessa volta intelectual do viajante à sua pátria. Descartes não teve sempre razão: de muito percorrer o mundo, *não é* inevitável tornar-se "estrangeiro em seu próprio país".

Ainda uma coisa que devemos notar de passagem, pois é sintomática do pudor do autor. Nesse livro, que é dedicado à problemática do desenvolvimento, não se encontra nenhuma frase de indignação relativa ao subdesenvolvimento, nem mesmo alguma alusão à sua atroz realidade – a não ser num curto parágrafo que encerra um capítulo, como um rastro de fogo: a anedota, narrada por Prebisch (e poderia ser Malaparte) do condutor de riquixá em Singapura. Nada mais, além dessa incisiva pincelada.

Em Santiago, Celso Furtado rapidamente se integra à equipe da Cepal. Mas uma humilhação o aguarda: a descoberta da estagnação do Brasil, se comparado à Argentina e ao Chile. Esta é uma nota que ele sempre retoma: de onde vem que nos anos 1950, na América Latina, o gigante estivesse tão mal posicionado na corrida? Quais são os fatores que alimentam o "atraso clamoroso" da economia brasileira? "O atraso era um fenômeno generalizado, estava em tudo, não requeria prova. O que interessava era desvendar o seu encadeamento na História" (p.67). Será uns anos mais tarde, quando passar algum tempo em Cambridge, que o autor se esforçará por esclarecer os elementos desse problema, escrevendo a sua *Formação econômica do Brasil*, obra cujo sentido ele aqui expõe.

Observaremos que o valor da história, tal como praticada por Celso Furtado, está em sua extrema *precisão*. Não se trata de detectar linhas subjacentes de necessidade, nem de incriminar em termos vagos a colonização portuguesa. É preferível refletir, por exemplo, sobre as nefastas consequências para o Brasil do tratado anglo-português de 1703, em cujas cláusulas Portugal praticamente renunciou ao desenvolvimento manufatureiro (p.208).

É este o seu método: nenhuma asserção que não esteja ancorada em fatos ou em dados estatísticos – mas isso sem nenhum pedantismo, pois tudo, em sua obra, está a serviço de um projeto bem determinado, que se delineia cada vez mais claramente, à medida que prossegue a narrativa. A tarefa a que se propõe é encontrar as razões exatas do *bloqueio* brasileiro. Pois se trata de razões datáveis e quantificáveis: não há fatalidade histórica nem climática, assim como não há natureza tutelar. "As causas de nosso atraso tinham raízes históricas, podendo ser removidas pela sociedade" (p.160). Recuse-se essa tese e só restará *deixar que atuem* o tempo e a natureza das coisas (o *laissez-faire*). Nesse caso, só os cegos poderão ser otimistas. Pois, a apostarmos na melhor das hipóteses, a supormos que o Brasil mantenha ininterruptamente a taxa de crescimento dos seus melhores anos, "passaria um quarto de milênio antes que alcançássemos um terço da renda *per capita* da população norte-americana" (p.163). Ora, valeria a ciência econômica uma hora que fosse de nosso esforço, se não pudesse capacitar uma vontade política a reduzir esse prazo? De que valeriam os estudos de produção da demanda e de aumento da produtividade se não servissem para determinar o quadro institucional mais adequado para que um país saia do marasmo, e também a indicar aos governantes quais são as únicas saídas possíveis?

Dessa forma, no caso do subdesenvolvimento brasileiro, só há uma saída possível: a industrialização, "não propriamente uma opção, mas a única saída para prosseguir com o desenvolvimento". O autor não se cansa de repetir e de provar essa tese de Raul Prebisch. Dadas as relações de força vigentes no comércio internacional e a não elasticidade (ou as limitações possíveis) da importação de produtos primários pelos países do "centro", "demonstrava-se que os países latino-americanos não poderiam elevar significativamente seus níveis de consumo de produtos manufaturados fora do caminho da industrialização" (p.58). A tese não demora a ser atacada, e os adversários ressaltam o elevado custo da política que assim se preconiza, bem como os seus efeitos inflacionários. E daí?, retruca soberbamente o autor. Se concordarmos em não mais considerar a inflação em si como uma coisa que deveria ser combatida com toda a força em quaisquer circunstâncias, e se nos dispusermos a analisar *socialmente* o seu fenômeno, perceberemos que a inflação, em certas condições, pode favorecer a formação do capital. "Sem a inflação de 1948-52 não teria havido o incremento da rentabilidade do setor industrial, ao qual se deve a expansão dos investimentos. Em síntese: sem a inflação, ter-se-iam diluído em incremento de consumo (principalmente dos grupos de renda alta e média) os recursos gerados pela melhora nas relações de troca" (p.179-80). Uma política sadia deveria, portanto, procurar obter o desenvolvimento mediante a menor inflação possível, e, acima de tudo, de modo que o custo social desta seja o menos injusto possível. Ora, como consegui-lo

A vingança do bom selvagem e outros ensaios

sem o planejamento? Para quem pensa de maneira *global*, a inflação – que talvez constitua um fenômeno inevitável em uma economia em vias de desenvolvimento – deveria ser uma razão a mais para considerar-se indispensável o planejamento. Foi o contrário que aconteceu: o anti-inflacionismo míope conferiu mais força do que nunca à palavra de ordem *estabilidade*, "concebida em termos puramente monetários". Uma vez mais, foi a sociedade que arcou com o ônus da hostilidade visceral ao dirigismo, ou ao "construtivismo", como prefere Hayek. E o agravamento das desigualdades na distribuição da renda, produzido pela política anti-inflacionária clássica, cria uma redução da demanda que representa um obstáculo adicional ao desenvolvimento e à retomada deste.

Deixando mais uma vez aos economistas o ofício de responder a essa argumentação, perguntaremos, apenas, se o sistema ora proposto é totalmente convincente para o profano. Um ponto permanece mais ou menos obscuro. Que o desenvolvimento constitui uma exigência incondicional, concordaremos. E até reconheceremos, sem maiores dificuldades, que uma política "desenvolvimentista" mal se concebe sem diretivas precisas formuladas pelo Estado e sem um controle social adequado. Mas, concedendo isso ao autor, não nos tornaremos, imperceptivelmente, estatizantes? Ora, parece-me que Celso Furtado recusa esse apelativo. Por que, exatamente? É que o planejamento, tal como ele o entende, é uma ideia bastante complexa. Como podemos perceber, salientando os três pontos seguintes.

1) Quem fala em planejamento não necessariamente fala em planejamento centralizado à soviética – longe disso. Este tem, por várias razões, a hostilidade do autor (p.134-5). Em especial porque um planejamento *eficaz* não é feito de cima para baixo, de

maneira tecnocrática. Deve levar em conta a vontade dos consumidores, "dos cidadãos titulares do poder de compra" (p.130, 164). Deverá, portanto, ser feito por um Estado cuja ação consista em "promover as mudanças estruturais requeridas [...] e definir os espaços dentro dos quais atuariam os empresários privados" (p.132).

2) A função política (o poder de decisão) e a função de planejamento são *distintas*. Ao poder político compete determinar os objetivos (elevar a taxa de crescimento, garantir o pleno emprego etc.). Ao planejador cabe indicar qual será o menor custo social das medidas exigidas pela afirmação de tais objetivos – e fazê-lo com toda a *neutralidade*. "O mapa que estávamos preparando indicaria, por um lado, o âmbito das decisões possíveis, por outro, as consequências daquelas que viessem a ser tomadas, em termos daquilo a que se renunciava" (p.130). O planejador é, portanto, o sábio que anula ao máximo a imprevisibilidade das consequências das decisões, e determina o meio de atingir as finalidades estabelecidas ao menor custo social.

3) A despeito de sua neutralidade, o planejamento assim concebido necessariamente modifica, de forma considerável, a natureza da gestão política. Por um lado, torna-o, é claro, mais eficaz, e, por outro, termina por torná-lo também *transparente*, já que "explicita os objetivos embutidos na política". Duas vezes pedagogo, o planejador informa permanentemente o poder, ao mesmo tempo que mantém a sociedade a par das decisões que foram tomadas.

O lugar do planejador é, portanto, privilegiado: a um só tempo, ele é o conselheiro do príncipe e o mediador entre este e a sociedade. Assim se veria realizado um sonho muito semelhante ao desses iluministas que, no século XVIII, se punham com

A vingança do bom selvagem e outros ensaios

tanto ardor a redigir projetos pormenorizados de legislação (que iam empilhar-se nas gavetas de Frederico e de Catarina). Não é levianamente, menos ainda por desrespeito, que me atrevo a fazer essa comparação. Penso nas páginas em que Celso Furtado descreve a febre de criatividade que reinava na equipe da Cepal – páginas que são de um "construtivista", sem dúvida, mas, principalmente, de um *iluminista*. "Tínhamos consciência de haver inventado um instrumento que poderia chegar a ter extraordinária importância nos países de industrialização retardada. Era fascinante jogar com essa massa de dados..." (p.134). Contudo, o que é provável acontecer, *de fato*, quando as regras desse jogo forem aplicadas num terreno?

Podemos nos perguntar se a posição do planejador ideal, tal como aqui descrita, será sustentável por muito tempo. É duvidoso que um poder conserve a seu serviço essas Cassandras, cujo discurso logo desagradará, porque não será um discurso de complacência – e é provável que o planejador não demore a ser devolvido a seus estudos. É ainda mais duvidoso que alguma vez se possa estabelecer uma linha de demarcação tão nítida entre o especialista e o governante – entre a instância de diagnóstico e a de decisão. Há muitas chances de que o planejador seja tentado a decidir em vez de apenas propor e indicar.

Ora, o autor não julga útil evocar em suas páginas essa eventualidade tecnocrática. Ocorre-lhe, sem dúvida, assinalar a voracidade do poder do Estado e o "risco de hipertrofia da ação empresarial estatal" (p.132), mas ele não se detém nessa ideia. Celso Furtado seria insensível a tal perigo? Não penso que seja o caso. Certas reflexões são suficientes para mostrar que ele não sente ternura por nenhuma forma de Leviatã. Ele chega mesmo a bradar: "Ali se podia dizer *fora do Estado não há salvação*, o que vem a ser uma das mais graves doenças que podem afligir uma sociedade" (p.192). O autor não ignora, pois, o perigo representado pela garra estatizante, mas talvez o subestime. A ideia que tem do poder (numa democracia) parece tão abstrata, tão bem ajustada *a priori* ao seu ideal de um planejamento *neutro*, que não lhe parece vir ao espírito que o planejador possa se transformar *de fato* num tecnocrata. Ou, pelo menos, esse rumo lhe parece improvável o bastante para que nem sequer o mencione. O leitor, nesse ponto, vê-se reduzido a conjecturas. Não estaria aí o calcanhar de aquiles do livro? O que não é razão para ignorarmos o serviço que nos presta *A fantasia organizada*. Diante dos excessos atuais de um liberalismo bem-intencionado, mas disposto a se esquecer de algumas realidades (como a especificidade do subdesenvolvimento ou a universalidade do intervencionismo estatal), Celso Furtado formula algumas questões incômodas, a ponto de nos perguntar, com toda cortesia: *Vocês querem mesmo o desenvolvimento?* O admirável é que ele mostra, ao mesmo tempo, que o discurso demagógico e a teoria do imperialismo não possuem o *copyright* de certos temas — por exemplo, a relação entre centro e periferia. Celso Furtado não acredita que o jogo do mercado baste para conduzir um país pobre e marcado pela desigualdade até a prosperidade e uma desigualdade menos acentuada. Mas, ao mesmo tempo, nunca insinua — é o mínimo que podemos dizer — que o socialismo soviético ou cubano seriam uma panaceia. Como prova, citemos esta discussão com um amigo marxista, nos tempos da Cepal: "Por esse caminho, retrucava ele, você devolve o poder à burguesia... — Mas o que você prefere: uma burguesia submetida ao controle social ou uma burocracia prepotente?" (p.134-5).

A vingança do bom selvagem e outros ensaios

Não admira que Celso Furtado tenha uma queda pelos *hereges*. Um de seus capítulos, afetuosamente dedicado a Prebisch ("o grande heresiarca"), ensina-nos que esse antiperonista, considerado na Argentina um "homem da oligarquia", aparecia ao mesmo tempo como o diabo, aos olhos dos monetaristas: ele era, antes de mais nada, "um impenitente heterodoxo". A fórmula conviria com igual propriedade ao autor de *A fantasia organizada*. O odor de heterodoxia torna esse livro ainda mais fascinante, e faz de Celso Furtado um grande escritor e um grande pensador. Por isso, eu me permiti pilhar tantas citações de suas páginas: para dar a vocês um gostinho do prazer que terão em lê-lo – para dar-lhes, também, uma ideia das aporias às quais ele nos conduz.

Para acabar com o mito da cidade grega*

Aqueles que leram de Paul Veyne *Como se escreve a história* e *Pão e circo*, e que em breve poderão ler *Acreditavam os gregos em seus mitos?*, que está no prelo, já puderam apreciar a combinação explosiva que é formada por uma enorme erudição e uma irreverência sempre alerta. Nietzschiano de espírito, companheiro de trajetória de Michel Foucault, Veyne pratica com excelência a desmistificação mais radical — aquela que desconcerta o leitor em vez de confortá-lo com seus preconceitos. Nesse sentido, nada é mais característico de sua maneira do que o artigo que ele acaba de consagrar à democracia grega.[1] Não é apenas minha amizade por Paul Veyne que me leva a analisar — ou melhor, a sobrevoar — essas páginas; é, mais que isto, o fato de que esse

---

* *Jornal da Tarde*, 26 maio 1984.

1 Veyne, "Les Grecs ont-ils connu la démocratie?". *Diogène*, n.124, v.31, octobre-décembre 1983. A Universidade de Brasília teve a feliz ideia de preparar uma coletânea da *Diogène*. Seria desejável que o artigo de Veyne fosse incluído nela. [Todas as citações remetem a essa obra.]

texto denso e incisivo me parece exemplar, no modo como investe contra tantas ideias feitas.

Os gregos, pergunta Veyne, conheceram a democracia? Conheceram, sem dúvida, mas sob a condição de acrescentarmos que tal noção, para eles, certamente nada tinha a ver com a nossa (por mais fluidos, aliás, que sejam os contornos desta última). E isso, simplesmente, porque os gregos tinham uma outra concepção do *político*. Para nós, o problema político consiste, em linhas gerais, em *enquadrar* uma população num território dado, de modo a conseguir que os indivíduos coexistam da maneira mais pacífica possível e prestem à comunidade, regularmente, um mínimo de serviços (fiscal, militar etc.). A ótica dos gregos é inteiramente distinta. Para eles, o cidadão é alguém que aderiu, para seu próprio bem, a uma instituição chamada "cidade" (*pólis*). O que devemos entender por "cidade"? "Uma instituição que se ergue em meio aos humanos, e na qual a participação plena está reservada, via de regra, a privilegiados que podem viver em meio ao lazer" (p.10). É nesse sentido, tão estreito, que devemos compreender a fórmula célebre de Aristóteles, que corriqueiramente se traduz por "o homem é um animal político". Tradução ambígua, pois Aristóteles não quer dizer que o homem é um animal sociável, mas que "o ideal, o *telos* do homem consumado, consiste em viver numa *pólis* de preferência a qualquer outro lugar, ou, em outros termos, que os gregos são superiores aos bárbaros" (p.11). É apenas na medida em que pertence à cidade que o homem consegue desenvolver todas as suas potencialidades. Ora, sucede que Atenas foi uma cidade na qual, durante cerca de dois séculos, o "círculo dos privilegiados esteve ampliado ao povo inteiro", "ampliação de privilégio, mais que realização de um direito universal" (p.20).

A vingança do bom selvagem e outros ensaios

Tal coisa, para nós, já é estranha. Mas há coisas mais estranhas ainda. Os atenienses pobres se sentiam orgulhosos, não há a menor dúvida, de participar na assembleia, de fuçar as contas dos magistrados, de poderem ser designados por sorteio na *boulé*,[2] de fazer parte dos júris (tudo isso sob o olhar condescendente, se não zombeteiro, dos oligarcas). Mas muitos textos nos dão a impressão de que até esse "zé-povinho" compartilhava a crença de que existe uma ligação natural entre o *lazer* e a *capacidade de lidar com os negócios públicos*. Daí, apesar da grande importância conferida à eleição através de sorteio, uma democracia em quase nada autenticamente "popular": não era qualquer um que postulava a sua candidatura às magistraturas militares e técnicas. Melhor ainda: o povo conservava respeito pelos poderosos, pelos ricos — e, acima de tudo, aderia aos mesmos valores que estes. Veyne mostra um exemplo impressionante desse fenômeno na *Oração pela coroa*, de Demóstenes. Para melhor esmagar Esquino, seu inimigo mortal, Demóstenes não se peja de representá-lo em criança "varrendo como um escravo" a sala de aula de seu pai, um miserável pedagogo, enquanto ele, Demóstenes, tinha suficiente "fortuna para não se ver forçado, pela necessidade, a desempenhar tarefas vergonhosas". Não é difícil imaginar como um júri acolheria, em nossos dias, um argumento desses. Ora, Demóstenes proferiu tal discurso perante o povo ateniense reunido, que servia de juiz, "e ganhou triunfalmente a causa". Curiosos democratas, certamente, esses atenienses, a quem faltava o sentido de nossos "valores democráticos" mais elementares. Curiosos democratas esses,

---

2 O sorteio que, na assembleia popular (a *ágora*), designava os cidadãos que exerceriam a maior parte dos cargos públicos.

que aplaudiam no teatro as diatribes de Aristófanes contra o governo popular...

E que excelente ocasião para Paul Veyne nos mostrar, com sua costumeira destreza, por que essa democracia, tão pouco tocquevilliana, não gerou nenhuma paixão igualitária. Para compreender esse ponto devemos cercar de mais perto a especificidade da *pólis*, formação que não conhece equivalente nos tempos modernos. Aceder à vida política na pólis é diferente de alguém que nasceu brasileiro ou francês exercer os seus direitos civis (de resto, o cidadão antigo só tinha deveres, e não direitos). Seria mais adequado afirmar que o ateniense *se consagrava à pólis* e contribuía, através de cada um dos seus atos, para fazer desse agrupamento uma instituição (na qual cada homem tivesse ocasião de mandar e de ser mandado) e não um aglomerado de bárbaros passivos e servis. Ora, essa *adesão contínua* situa o cidadão em uma posição original relativamente à instituição. "O cidadão", diz Veyne (retomando algumas análises do jovem Hegel), "não constituía o objetivo do governo, porém o seu instrumento: não era governado, era usado para governar". "E é significativo", acrescenta, "que Platão e Aristóteles, quando empregam a metáfora do navio, mencionem apenas marinheiros: supõe-se que todo aquele que está no navio participará de suas manobras" (p.9). (Traduções modernas, e errôneas, transformaram a "tripulação" em "passageiros".) De imediato, o cidadão é posto como funcionário – como engrenagem do maquinário político.

Essa observação poderia ser desenvolvida. E talvez pudéssemos perguntar-nos se uma tal mentalidade não explica, em parte, por que as lutas travadas entre devedores e eupátridas, entre um "partido popular" e os "oligarcas", se assemelham tão pouco às "lutas de classes" posteriores à Revolução Indus-

A vingança do bom selvagem e outros ensaios

trial. Estas (no seu limite extremo) mexem com rivalidades de interesses, profundas o bastante para produzir um desacordo quanto ao modo de governo, ou, como às vezes se diz enfaticamente, acerca da "estrutura da cidade" ("democracia popular" ou "democracia burguesa"?). Em Atenas, tratava-se quando muito de um clã, que pretendia tomar ou reconquistar as rédeas da *pólis* (como os oligarcas conseguiram por algum tempo, favorecidos pela vitória de Esparta sobre a sua cidade). Pois, democrática ou não, oligárquica ou não, a *pólis* continuava sendo a norma política incontestada (sendo a tirania uma monstruosidade, uma forma apolítica de dominação).

Segue-se que, democrática ou não, a *pólis* esperava do cidadão mais que respeito passivo às leis e, podemos dizer, muito mais do que lhes pede mesmo o regime socialista mais "ativista" de nossos dias. Queremos encontrar uma imagem moderna desse poder de compressão? A melhor, afirma Veyne, seria entre um partido político fortemente ideológico e os seus militantes. É por isso que ele se permite dar o nome de *militantismo* a esse ideal cívico sobredeterminado (traduzindo assim, de maneira pitoresca, o que Hegel entendia por "cidade ética"). Esse *militantismo* nos afasta de todo esquema político moderno, pois, nele, "a distinção entre governantes e governados é menos importante do que um conjunto mais amplo, que reúne a todos eles e que é o corpo cívico composto de ativistas" (p.7). De seus cidadãos-ativistas, a *pólis* exige muito mais do que o Estado moderno de seus administradores: pede-lhe sua participação ininterrupta na vida cívica, em suas deliberações, suas festas, seus jogos, seus processos judiciários – uma contribuição sistemática (e moralmente obrigatória) dos ricos para os empreendimentos que envolvem prestígio e para as despesas

Gérard Lebrun

de armamento. Em suma, o que se requer do cidadão é uma "tensão ética" contínua. *Pelo menos em princípio.* Pois Veyne não pretende que os atenienses vivessem o seu cotidiano segundo um ritmo pré-maoista. Esse ideal, sem dúvida, era mais professado do que praticado (como provam os textos de Platão e de Aristóteles deplorando a despolitização dos ricos), mas podia, conforme as circunstâncias, irromper com toda a violência.

Senão, como compreenderíamos a hostilidade que se desenvolveu contra Sócrates? Ele não cumpria os seus deveres cívicos e religioso? Não comprovara a sua coragem na guerra? Sem dúvida. Mas os ativistas da *pólis* requeriam mais. E se recusavam a reconhecer um *homem politizado* nesse extravagante que ia interrogar os efebos sobre a natureza da coragem e da virtude. Estranho passatempo, para um homem maduro, o de "consumir a sua vida em vãs tagarelices com um punhado de adolescentes" (*Górgias*, 485d). E, mais que tudo, passatempo abertamente apolítico e, portanto, insidiosamente subversivo... Toda a vindita dos acusadores de Sócrates está concentrada nesta frase singela, que Veyne cita: "Entre nós, um homem que não faça política não passa por alguém pacato, mas por um mau cidadão".

Admiremos, então, o quanto quisermos, a singularidade da democracia ateniense. Mas, analisando *nos próprios textos* o seu funcionamento ideológico, logo reconheceremos a justeza das observações de Benjamim Constant (e, também, de Hobbes) sobre a verdadeira natureza da "liberdade dos antigos". Filtrada ou não pela democracia, a concepção grega do político era incompatível com toda ideia de um "direito subjetivo que possa ser oposto à cidade" — e esta nem sequer podia sonhar em conferir um estatuto jurídico à esfera da independência do indivíduo (o Espírito, dizia Hegel, ainda não chegara à etapa da "liberdade subjetiva"). Uma tal esfera individual, sem dúvida,

A vingança do bom selvagem e outros ensaios

existia de fato para o ateniense, mas não estava garantida contra nenhuma transgressão, contra inquisição alguma. Para trazer aborrecimentos a um homem pacato, bastava aparecer um Anitos, um sicofanta zeloso ou um éforo mais meticuloso. Como aquele que fez excluir do Areópago um antigo arconte "porque jantara num cabaré, o que constituía um comportamento por demais desenvolto" (p.29). Ou, ainda, aquele que convoca um cidadão culpado "de devorar o seu patrimônio com cortesãs" — sendo que este último "se atreveu a retrucar aos censores que gastava o seu dinheiro como bem entendesse". A maior parte do tempo, para quem é discreto, tudo corre bem. Mas basta uma vez... Bastava um pai de família rabugento para que um temível processo por impiedade (*assebia*) desabasse, de um momento para outro, sobre a cabeça de um sofista inofensivo.

É um quadro pouco animador da primeira dentre as democracias. Não seria, porém, demasiadamente sombrio? Pois, afinal, o que você faz, dirá alguém, do livro VIII da *República* de Platão? E do retrato corrosivo que ele faz do homem "isonômico" ou "democrático"? É certo que a sem-vergonhice parece ter reinado sem freios na democracia pintada por Platão. A constituição democrática desencadeia "a liberdade, a fala livre, a licença de se fazer o que se quer". Com ela (cúmulo do horror), cada qual pode arranjar o seu modo de vida particular, a seu bel-prazer.[3] Mas não esqueçamos que Platão considera particularmente escandaloso que já não seja possível editar leis contra os dissipadores e contra o empréstimo a juros.[4] O seu depoimento requer, portanto, algumas reservas de nossa parte.

---

3 Platão, *A república*, 577 a. [Trad. Carlos Alberto Nunes. Belém: Editora UFPA, 2023.]

4 Ibid., 556 a.

A Atenas de Platão é um pouco como a abertura do presidente Figueiredo, vista pelo ex-presidente Médici. O que Platão considera escandalosamente permissivo é um certo relaxamento do direito de exame que a cidade exercia, *normalmente*, sobre a vida do cidadão. Nesse ponto, por sinal, o filósofo conserva--se em harmonia com a ideologia da *pólis*. Se é verdade que a saúde de uma cidade depende da moralidade de seus membros,[5] toda diminuição na "tensão ética" só pode levar, diretamente, à degeneração política. A esse respeito, Platão não se afastava da doutrina oficial da democracia ateniense (o retor Isócrates, seu adversário, concorda com ele em tal ponto). Platão bem pode acusar a democracia de impelir a cidade à perdição, mas está falando em nome de uma cidade fechada e puritana, que a democracia tolerava muito bem. Como Veyne observa crua- mente, apenas uma *questão de fato*, e não de princípio, separa Platão dos acusadores (democratas) de Sócrates. "Nem Platão nem Xenofonte invocam a liberdade de consciência em favor de Sócrates; de direito, o ateísmo é condenável aos seus olhos, e eles disputam apenas a questão de fato: Sócrates não era ver- dadeiramente ateu. Se ele o fosse, Platão teria sido o primeiro a fazê-lo ingerir a cicuta: a pena de morte aguarda os ímpios na cidade das *Leis*" (p.29).

Ao lermos Paul Veyne podemos nos perguntar como sur- giu a extraordinária fortuna que a democracia grega conhe- ceu. Pois, afinal, por apaixonante que seja, para todo espírito curioso, o estudo dessa amostra institucional, ela nunca passou de um fenômeno localizado, efêmero, intransferível — um mo- delo político que só funcionou, mais ou menos corretamente, durante os quinze anos em que Péricles, este De Gaulle ate-

---

5 Platão, op. cit., 435 d.

niense, foi sucessivamente reeleito como estratego. Pois então: de onde veio esse sucesso póstumo? De onde vem que os bem- -pensantes de toda proveniência — espiritualistas assim como libertários — tenham conseguido encontrar sua ração aos pés da Acrópole? Em grande medida, sem dúvida, isso se deve à ignorância da língua grega e dos textos. Pois a admiração in- condicional pela democracia ateniense não resiste à leitura de Demóstenes e dos oradores áticos (autores pelos quais seria judicioso começar a introdução ao pensamento grego nas universidades). E o chamego das juventudes estudantis pela "democracia de assembleias" seria algo atenuado mediante o estudo atento, durante um semestre, de uma boa tradução de Tucídides, esse filósofo político que se tornou maldito. Na ver- dade, já faz muito tempo que uma pseudocultura grega alimen- ta de mitos irrisórios os que mal sabem conjugar o verbo *luo*.

Outro traço que deveria nos levar a ter o cuidado de repor a democracia grega em seu tempo, em vez de lhe conceder- mos, estouvadamente, um sentido universal: o desprezo pelo que Aristóteles denominava a "má crematística", a condenação inapelável infligida ao enriquecimento pelo enriquecimento — ficando entendida que somente é sadia e *natural* a aquisição de riquezas "com vistas a administrar a própria casa". Esse tema autárquico e antimercantil é bem conhecido. Veyne apenas se pergunta onde tal ideia pôde adquirir tanta força, dado que existe "um contraste curioso entre esse ideal e realidades que eram muito pouco autárquicas" (p.23). Não é o próprio Platão quem constata que a maior parte dos homens persegue insacia- velmente um ganho ilimitado?[6] Se o desdém pelo lucro estivesse inscrito na mentalidade grega, por que então o Ateniense das

---

6 Platão, *Leis*, 918 cd. [Ed. portuguesa, 3 v. Lisboa: Edições 70, 2017.]

Leis teria enxergado, na "preocupação com o ganho cotidiano" e no desejo de enriquecer a todo custo, os maiores obstáculos às "ocupações boas e elevadas"?[7] Como explicar que a *teoria*, nesse ponto, exprima uma reação tão evidente contra a *prática*?

Para isso, parece-nos que podemos encontrar motivações propriamente filosóficas, que já estão bem visíveis em Aristóteles (basta comparar os textos sobre a crematística às passagens da *Física* acerca do infinito). Veyne talvez devesse ter aludido a elas. Isso posto, impossível não o seguir quando mostra o quanto a "teoria autárquica" é inseparável da mentalidade que caracteriza os ativistas da *pólis*. "Quando se volta o interesse para o ganho, negligencia-se o bem público": o ideólogo da *pólis* não larga esse bocado. Moral da história: guardai-vos, acima de tudo, do aumento ilimitado das riquezas. E, aqui, os filósofos gregos não recuam perante os mais sombrios prognósticos. Quem, violando o interdito platônico, "fizer negócios com vistas a lucro", estará tomado pela *hybris* e não obedecerá mais à Lei. A riqueza acumulada será como um pomo de discórdia e engendrará os piores conflitos. Com o luxo, a moleza se infiltrará na cidade, e todos os vícios virão em seu encalço. É pouco dizer que dinheiro não traz felicidade: ele nos precipita rumo à catástrofe.

Ideia já contestável na Antiguidade e que se tornará francamente absurda com o passar dos séculos. No entanto, sabemos com que sucesso Rousseau (espartano de adoção) a retomará e manterá viva até os nossos dias. Isto não nos fornece matéria para meditar sobre a extravagância humana? "Como foi possível pensar isso durante dois milênios?, pergunta Veyne. No

---

7 Ibid., 831 cd.

A vingança do bom selvagem e outros ensaios

que seriam os Estados Unidos uma potência mais frágil do que o pobre e virtuoso Japão de 1941? Os países pobres ignoram os conflitos sociais? E como a dimensão coletiva, na qual se joga o destino das sociedades, se reduziria à virtude dos indivíduos?" (p.25). – É verdade que o bom senso voltou à tona com os enciclopedistas, com Mandeville, com David Hume. Não é sério, dizia Hume em seu ensaio "Do refinamento nas artes", atribuir a decadência de Roma "ao afluxo das artes e das riquezas importadas do Oriente". E foi erroneamente que os escritores romanos "imputaram ao luxo e às artes o que proveio, na verdade, de uma má forma de governo e da extensão ilimitada das conquistas". Mas a voz dele foi pouquíssimo escutada no continente. Passados dois milênios, a ideologia da cidade ética segue vencendo o jogo: a desconfiança (hipócrita) em relação ao dinheiro triunfou entre os virtuosos, e o ódio à economia de mercado, entre os intelectuais.

Assim, em poucas páginas, Veyne consegue ministrar-nos uma aula particularmente salutar. Não será hora de voltarmos aos textos gregos *com curiosidade*, mas também com a certeza de que eles não têm mais *nada de atual* a nos dizer, e de que não nos transmitem nenhuma sabedoria eterna? Não nos deixemos enganar pelo mito da cidade grega, assim como não mais nos deixamos iludir com o da Revolução Francesa. E, em escala geral, paremos de pensar que ainda existe algo *vivo*, quer dizer, utilizável, nos fenômenos culturais passados. Está na hora de extirparmos a cidade grega do nosso pré-consciente, para lhe conferirmos o lugar de honra que ela merece – *no museu*. Pois a *pólis* não é a origem da *politiké perennis*, assim como Sócrates não é a origem da *philosophia perennis*. De *perennis*, nisso tudo, a única coisa que existe talvez seja a *stultitia*.

Um materialismo démodé*

A palavra *materialismo* habitualmente evoca interesses e paixões sórdidas. Lemos com frequência que a nossa sociedade de consumo está perdida, devido ao seu "materialismo", ou que o "materialismo" é um dos principais fatores de decadência do Ocidente. Esse uso pejorativo da palavra deve-se, em parte, à reação que, no século XIX, se voltou contra a Revolução Francesa. Entendeu-se, então, que o materialismo difuso da Filosofia das Luzes fora uma das causas da Revolução (isto é, de uma abominação política absoluta). Todavia, basta retornarmos aos textos para perceber que o verdadeiro materialismo está nas antípodas de qualquer pensamento frenético. Pensava nisso estes dias, relendo Epicuro e Lucrécio.

Sem dúvida, diz Epicuro, o prazer é a finalidade dos seres. Mas essa afirmação não nos deve induzir ao erro: o prazer verdadeiro é simplesmente a "eliminação de tudo o que provoca a dor" e a inquietação da alma. Nada mais. Portanto, sua *grandeza é limitada*. Essa ideia é fundamental. Significa que o evitar

---

* *Folha de S.Paulo*, 11 ago. 1985.

a dor (ou o temor) não é, como se acredita, um estado apenas negativo. Na verdade, o prazer não é mais do que a mera satisfação das necessidades. É exatamente isso que Epicuro quer dizer quando afirma que os únicos prazeres são "os do ventre": atendam-se os prazeres *saciáveis*, os que não exigem ser aumentados ou prolongados. Tal exigência de aumento é ilusória, por sinal, pois "o prazer da carne *não pode ser aumentado* uma vez suprimida a dor causada pela necessidade: pode, somente, ser diversificado". Da mesma forma, o prazer da alma tampouco pode ser aumentado, uma vez que ela alcance a completa ausência de perturbação.

Essa ideia de *limitação* do prazer é fundamental. Já que o máximo de prazer é atingido em um tempo finito, de nada nos serviria dispormos de uma duração infinita – a não ser para provar novos rótulos de vinho ou acariciar novos corpos. Mas essa busca da diversidade é a marca do *desejo*, não é o sinal da *necessidade*. Ora, o desejo é loucura. Vejam, diz-nos Lucrécio, o desejo erótico: leva-nos a querer possuir o outro por inteiro, no seu corpo, na sua alma (que empresa absurda), e assim nos impede de vermos o ato sexual pelo que ele é – uma consumação passageira, efêmera, a satisfação de uma necessidade... Pobre daquele que pensa que está aumentando o seu prazer ao multiplicar os objetos de seu desejo! Dom Juan era um insensato.

Mas essa é, infelizmente, a ilusão da *carne*. Ela percebe o prazer como *limitado*, passível de ser aumentado ou diminuído ao infinito – de modo que lhe parece que uma duração infinita produziria um prazer infinito... E é porque os homens não sabem determinar "os limites da carne" que veem a morte com terror, como se ela fosse privá-los de uma infinidade de prazeres de que ainda pudessem gozar. É porque acreditamos que os prazeres se multiplicam com o tempo que nos atormenta a ideia de que teremos de deixar a vida.

"Não verei mais a minha mulher, não afagarei mais os meus filhos..." – Que te importa isso, pobre louco, responde o epicurista: tua alma é mortal, e tu não mais existirás, em nenhum lugar, para chorar a tua solidão. Na verdade, essas jeremiadas se devem a uma segunda ilusão. Não conseguimos conceber a ideia de que seremos aniquilados *por completo*. Parece-nos que algo de nós perdurará, e que nos restará uma consciência para ter saudade da luz diurna — como, em Homero, as sombras que povoam o Hades. Mas Homero, seguramente, foi "um grande mentiroso". Apenas os átomos são imortais — e não esses frágeis compostos atômicos que são os corpos e as almas dos vivos.

Nada mais difícil, porém, do que extirpar do espírito humano esse gosto de eternidade e de infinidade. É uma ilusão que as religiões exploram — e (desde Platão) elas nos fazem acreditar que tormentos eternos aguardam os maus nos Infernos. Na verdade, contesta Lucrécio, é *aqui mesmo*, nesta vida, que os homens, cegados por suas paixões, são presa dos castigos infernais. É nesta terra que Sísifo condena-se a si mesmo a escalar interminavelmente o seu rochedo. É a nossos olhos que os ambiciosos jamais se contentam, enquanto correm atrás das honras, e que os lascivos, ávidos por novos prazeres, imaginam que eles seriam... sempre maiores. O tonel das Danaides, que jamais ficará cheio, não passa da imagem dessa condição de insensatos.

Erramos tanto ao temer a morte quanto ao recear pelos castigos eternos. Esses dois erros têm uma mesma raiz: ambos procedem do fascínio que temos pela ideia de *nossa* duração infinita (não importa se considerada possível ou real). Ideia execrável, pois alimenta os tormentos da alma e priva-nos de todo sentimento de segurança. "De nada serve", diz Epicuro, "conquistarmos segurança relativamente aos homens, se nos causam temor as coisas que sucedem acima de nós, as que estão sob a terra e as que se espalham no universo infinito".

Ao pensarmos nisso, nada é *menos moderno* do que essa sentença de Epicuro. Para ver que é assim, basta comparar o epicurismo com uma filosofia que muito lhe deve: a de Hobbes. Os seus universos são, porém, inteiramente dissemelhantes. Por um lado, o temor da morte violenta é a mola do pensamento político de Hobbes. Por outro, o desejo de segurança, segundo ele, jamais se satisfaz: seja qual for o número de suas fortalezas ou mísseis, um príncipe nunca se considera suficientemente seguro (e é esta uma das causas do imperialismo). Nada espantoso, numa filosofia que nega a existência do Soberano Bem, isto é, que entende que o desejo é inesgotável. *Sempre mais*: tal é a injunção que resume a condição do homem moderno. Condição normal, pensa Hobbes, decaída, quer Pascal – e aberrante, diria o materialismo antigo. Seguramente, não é ao epicurismo que devemos pedir justificativa para as ideias de progresso e de crescimento econômico...

Muitos perguntarão, então, que interesse poderia ter o estudo de um pensamento tão inatual. Como poderíamos hoje pensar em buscar pelo nosso Soberano Bem em um mínimo de consumo? Não seria ridículo torcer o nariz para o progresso e desdenhar as taxas de crescimento? Claro... Mas o materialismo conserva a grande vantagem de pôr, no lugar da ideia (cristã) de *finitude* – que consiste em visualizar a minha miséria a partir da perspectiva da luminosa infinidade divina –, a ideia, mais

A vingança do bom selvagem e outros ensaios

sóbria, de *limitação absoluta*. É o *limite* o nosso quinhão: limitados que somos na vida, limitados nos bens, limitados no amor. O erro é tomar tais limitações como carências. A armadilha é querermos compensá-las mediante a ideia de uma sobrevida eterna. Limitação última, a morte nada tem de escandalosa: e, por isso, não requer nenhuma consolação mítica.

Em certo sentido, nesta era em que declina a fé cristã, os ocidentais estão cada vez mais conscientes disso. Mas os próprios ateus – os "nossos ateus", como ironizava Nietzsche – ainda estão tão impregnados de cristianismo que tentam afastar e neutralizar ao máximo o pensamento e a realidade da morte. "Pelo pecado, a morte entrou no mundo": sorrateiro, o adágio de São Paulo continua a obsedar-nos. Então, preferimos esquecer a morte. Preferimos ass[e]ptizá-la. Comportamo-nos como *Mme*. Verdurin, que, segundo conta Proust, considerava a morte como "uma grande chata" e preferia não falar mais em seus amigos falecidos. Na verdade, continuamos a ser vítimas da *falsa infinitude* – e não temos a coragem, como diz Deleuze comentando Lucrécio, de "determinar o que é verdadeiramente infinito e o que não o é, de distinguir o verdadeiro infinito do falso". De quando em vez, apenas, é que a morte de um ente querido permite ao não cristão vislumbrar que a limitação ocorre *de direito*, que o epicurismo poderia ser a verdadeira sabedoria, e que o poema de Lucrécio – *Da natureza das coisas* – é um dos momentos mais elevados da nossa cultura.

Antígona: mito ou tragédia?*

Do ensaio, tão brilhante quanto erudito, que George Steiner, professor de literatura comparada em Genebra, consagra à personagem Antígona, apenas o título *As Antígonas* merece, a meu ver, uma ressalva.[1] Esse plural parece anunciar um estudo das metamorfoses da personagem no decorrer dos séculos. Ora, vemos muito bem, ao longo do circuito pelo qual o autor nos conduz, que a própria Antígona pouco se transforma. Que seja representada hoje como uma oponente ao nazismo ou ao *gulag* (ou a qualquer outra ditadura deste século, na Turquia, na Checoslováquia, na Polônia...), é sempre a mesma jovem, de preferência magra e morena, que ganha a cena, onde persistirá obstinadamente até o suplício. E, diante dela, Creonte, fora de si, permanece, há 25 séculos, um "tigre de papel".

É num outro plano que se justifica o plural *"As Antígonas"*, quando o autor começa a estudar os diversos símbolos com os

---

* *Revista da OAB*, n.43-4, inverno de 1988. São Paulo: Brasiliense.

1 Steiner, *Les Antigones*, trad. do inglês por Phillippe Blanchard. Paris: Gallimard. 1984. [Ed. port.: *Antígonas*. Lisboa: Relógio d'Água, 2009.] Todas as citações remetem à edição francesa.

Gérard Lebrun

quais os comentadores – no mais das vezes filósofos – carregaram ou até sobrecarregaram "a pequena Antígona". Essa febre hermenêutica é de data recente: nasceu com o romantismo e com o idealismo alemão. É a sensibilidade do século XIX que leva a peça de Sófocles ao apogeu da tragédia. Steiner acredita poder datar o início da voga de *Antígona* em 1790, com *Le Voyage du jeune Anacharsis*, do padre Barthélémy, *best-seller* pedagógico e lacrimoso, obra hoje esquecida, mas que está nas origens do helenismo romântico. De passagem por Atenas, o herói é batizado na tragédia assistindo a uma representação da peça de Sófocles: "trinta mil espectadores" desfaziam-se em lágrimas; até ele é arrebatado pelo entusiasmo, que jamais se extinguirá. "Obra de arte das mais sublimes que já foram produzidas" (Hegel); "obra-prima das obras-primas" (Hebbel). Assim, *Antígona* torna-se em pouco tempo "um dos talismãs do espírito europeu" (p.7). Nada, porém, antes de 1790, permitia antever esse sucesso estrondoso. Como as outras tragédias gregas, *Antígona* fora traduzida no século XVI, mas, até então, jamais brilhara com esse "fulgor particular" que lhe confere o século XIX.

Por que a figura de Antígona foi posta assim em evidência pela sensibilidade romântica? Por que o século XIX julgou-a de repente "atual"? A resposta não poderia ser simples, pois acontece frequentemente de a "atualidade" de uma obra literária provir de um mal-entendido. Steiner concede a Walter Benjamin que possa haver em um texto antigo "algo que espera pela nossa descoberta", e que apenas a posteridade estivesse em condições de reconhecer (p.312). Mas, acrescenta ele, pode ser que esse sentimento de reconhecimento resulte de uma cegueira. No caso de *Antígona*, muitas razões (as dificuldades de reconstituição do texto ático, a qualidade por muito tempo

A vingança do bom selvagem e outros ensaios

medíocre das traduções) levam-nos a suspeitar que o século XIX, longe de ter redescoberto toda a profundidade da peça de Sófocles, antes a tenha adaptado ou até reescrito.

De resto, aqueles que se valem de *Antígona* nem sempre se apresentam como exegetas escrupulosos. Tal é o caso de Kierkegaard, que dá à tragédia uma dimensão que, como ele próprio confessa, o poeta grego não pudera descobrir. A Antígona de Kierkegaard carrega desde a infância o terrível segredo de seu nascimento: é filha do incesto de Édipo. Esse segredo, ela deve guardá-lo consigo. Mas como escondê-lo de Hemon, seu amado que suplica a ela que fale? Antígona escolhe então morrer, "vítima de Édipo já morto e de seu amante vivo". Também vítima, ao que parece, dos traumas de infância de Kierkegaard, de seus fantasmas, e talvez, principalmente, de sua religiosidade. Pois esse melodrama tem, do começo ao fim, uma trama cristã: é porque somos filhos do pecado original que Antígona, a culpada-inocente, reflete nossa condição. É até possível ir mais longe nessa via e restringir um pouco mais a inocência da heroína, apoiando-nos sobre um antigo escólio e sobre alguns versos de Sófocles que poderiam (com um pouco de boa vontade) suscitar ambiguidade: Antígona amava Polinices, e é a seu amante que presta as homenagens fúnebres proibidas (p.177). O autor exibe, muito honestamente, o dossiê desse *fait-divers* libidinal: é um documento pouco convincente. Não se vê bem o que esse tempero freudiano acrescentaria ao sabor da peça.

Decerto, "é possível que parte considerável da mitologia tenha correspondido a uma vontade de formular as incertezas e dificuldades atávicas que afligem as fontes do parentesco e da organização da família por intermédio do incesto" (p.227). Igualmente, admitir-se-á, de bom grado, que muito se pode atribuir aos "monstros sagrados" do século V a.C.: nada é impossível na família de Laio ou entre os átridas. Mas as observações de Steiner, extremamente prudentes, levam o leitor a pensar que se projetou rápido demais sobre a tragédia grega, e até sobre a mitologia que a alimenta, o discurso sobre o sexo com o qual nossa cultura se deleita. Nem sequer estamos certos de que o incesto de Édipo teria o mesmo sentido de escândalo para os espectadores atenienses e para nós. Desconfiemos dessa ideia de uma sexualidade monótona e monocórdia que irromperia do fundo dos tempos, oprimida desde sempre pelos *mesmos* tabus à vida, pelas *mesmas* transgressões. Ainda que através dos mitos e de sua retomada trágica transpareça uma reflexão sobre a exogamia e a endogamia, isso não nos dá direito de transferir para os gregos do século V a.C. o nosso conceito, tardio e pós-cristão, de "sexualidade". *Totem e tabu* foi tão nocivo às ciências humanas quanto *A ideologia alemã*.

Bem diferente é o partido que Hegel tira de Sófocles: com ele, *Antígona* torna-se um analista da história e da política. Steiner sublinha a importância que teve para o destino filosófico do tema trágico o encontro entre Hegel, Hölderlin e Schelling, nos anos 1787-1789, no seminário de teologia de Tübingen. Nasceu daí a tradução-reinterpretação de *Antígona* por Hölderlin (1804), fortemente contestada e até deplorada na época (viu-se nela o sinal da ruína mental do poeta!), depois redimida por Heidegger e pela linguística estruturalista.[2] Steiner dedica

---

2 Steiner oferece uma bibliografia relativa à questão Sófocles-Hölderlin-
-Heidegger, da qual destacamos os seguintes textos: Allemann, *Hölderlin et Heidegger*. Paris: PUF, 1969; Beaufret, prefácio a *Hölderlin: remarques sur Oedipe/remarques sur Antigone*. Paris: Gallimard, 1965; Lacoue-Labarthe, *Hölderlin: l'Antigone de Sophocle*. Paris: Seuil, 1978.

uma análise profunda a essa leitura de Sófocles, da qual ressalta o alcance subversivo. "Insensata divina", "sem lei (*gesetzlos*)", Antígona é a representante de uma "justiça de inspiração divina" que "faz valer os seus direitos contra a rigidez falaciosa das instituições presentes" (p.91). Sua desobediência ao édito de Creonte não provém de uma revolta sentimental: é testemunha de uma outra relação com o divino, que Creonte nem sequer pode *compreender*. De modo que tudo o que há entre ambos é um "diálogo de surdos" (p.270).

Nada há de surpreendente no fato de que o mesmo tema seja desenvolvido por Hegel. É provável, observa Steiner, que Hegel tenha sido iniciado em Sófocles por Hölderlin, que desde 1787 trabalhava numa tradução da *Antígona*. A presença de *Antígona* na obra de Hegel é frequente, e não se limita às passagens em que menciona expressamente a peça. Assim, ao longo de todo o capítulo "A Ordem ética", da *Fenomenologia*, Antígona ocupa um lugar central. Encarna-se nela, por excelência, uma "potência" antitética àquela da "lei humana" — seria melhor dizer, dado o contexto, "a lei masculina". Pois os homens são a ponta de lança do *Geist* — são eles que criam a Cidade e organizam o espaço público, ao passo que "a mulher permanece como diretora da casa e conservadora da lei divina". Decerto, é um papel nobre, mas mesmo assim inferior, na escala dos momentos do Espírito. O filho deixa o *oikos* para ir à guerra ou à vida política, "para produzir o reino ético efetivo consciente de si". A filha permanece enclausurada no gineceu: é a sua vocação. Ela vive sob o império de outra lei, subterrânea, noturna, inconsciente. "A feminilidade está ligada a estes Penates."[3]

---

3 Hegel, *Phénomenologie de l'esprit*, trad. franc. de J. Hyppolitte, II, p.24. [*Fenomenologia do espírito*. 2v. Trad. Paulo Meneses. Petrópolis: Vozes, 1992.]

– Ouso aqui abrir um parêntese. Será melhor dizer a *feminilidade* ou a *mulher na Grécia antiga*? Se propuséssemos essa questão a Hegel (e a muitos outros), logo nos perguntaríamos por que, afinal, os pensadores relegam a mulher ao "biológico" com a mesma facilidade que os peixes à água, por que a menstruação e a gestação seriam sinais de inserção ontológica na animalidade, mas não a ejaculação e a ereção... Deixando de lado essas indagações, concedamos a Hegel (para prosseguirmos na exposição) que pertença à vocação da mulher manter viva a chama dos Penates. Então, sem citar o nome de Antígona, Hegel mostra que as homenagens prestadas ao parente morto são a "operação suprema dessa lei divina" (da qual a feminilidade é depositária) e, em seguida, que é a mulher, enquanto *irmã*, quem manifesta clarissimamente essa vocação ética de guardiã do "espírito familiar", pois a relação de desejo, nesse caso, está excluída.

Lei humana/lei divina, vida pública/vida familiar, vida diurna/vida noturna: são as grandes partilhas que nos permitirão compreender a "obstinação" de Antígona. Esta não defende uma causa ou um ideal que tivesse deliberadamente escolhido. Sua conduta é automática, quase animal: recusa que a lei *de fora* intervenha no elemento nutritivo do qual tira sua subsistência. Isso seria para ela uma impossibilidade absoluta, e o que poderíamos interpretar como uma revolta individual é, na verdade, a realização de uma "destinação ética". Assim, a Antígona hegeliana não é, de modo algum, veleidosa, muito menos libertária. É apenas alguém que serve ao lar e ao seu culto. Ela não tem outro universo além do *oikos*, não obedece a outras exigências além dos ritos familiares. Steiner destaca esse ponto de maneira notável, no comentário que ele próprio faz de Sófocles. Observa quão rara é a referência aos deuses na boca da heroína. "Zeus e *Diké* são citados uma única vez na grande defesa de Antígona, e num argumento de lógica negativa (não era Zeus..., não são as leis impostas pela *Diké*)" (p.295-6). "Os absolutos transcendentes aos quais Antígona apela quando debate com Creonte são, em sentido radical, absolutos profanos" (p.295) — e a única divindade presente é Hades, que reclama seu tributo, a saber, Polinices, cujo corpo permaneceu insepulto. O que atua sobre Antígona é uma "lei divina" obscura, pré-olímpica. "O registro de Antígona é o da evidência automática" (p.296). Não se poderia enunciar tão claramente nem expor tão bem a acuidade da leitura de Hegel quanto a esse ponto. Surpreende-me apenas que Steiner não mencione a peça de Jean Annouilh (*Antigone*, 1942), que comunica tão bem esse caráter de sonâmbula da personagem. "A pequena Antígona" cruza com Creonte, mas não percebe a sua presença: sua tarefa foi fixada, ela deve realizá-la, e todo o resto é conversa fiada. Ora, é a Hegel, em grande parte, que se deve essa análise.

Eis, então, a cena hegeliana. Antígona diante de Creonte. Por cega obediência à *sua própria* lei, ela violou uma outra lei: cometeu um crime (*Verbrechen*). Mas é apenas a sanção provocada por seu ato que lhe permite perceber que era *culpada* ou, mais exatamente, que agira *parcialmente*, sem levar em conta o direito da *potência* oposta. "Porque sofremos as consequências, reconhecemos que erramos."[4] É o momento em que, segundo

---

4 Sófocles, *Antígona*, verso 926. Citado por Hegel, *Phénomenologie de l'esprit*, op. cit., II, p.37. [*Antígona*. Trad. Jaa Torrano. São Paulo: Ateliê Editorial, 2022.]

Hegel, o agente ético, que até então fora movido apenas pelo instinto, deve reconhecer a sua própria *ingenuidade*. Antígona não sabia (não poderia saber) que o mundo ético estava dividido nos polos da cidade *e* da família, e seu ato dá início, inopinadamente, a um conflito que não suspeitara. Ele torna visível uma "colisão" de duas "potências éticas opostas", que só terminará (segundo as regras da dialética) depois que cada uma dessas potências tiver renunciado à sua independência e ao seu caráter exclusivo. Mas o herói que vive o conflito parece ter elevado (inconscientemente) uma "potência particular" ao universal.

Vê-se assim que a recriação dialética da situação trágica supõe que duas potências *iguais* se equilibrem, ou seja, que o édito de Creonte (e a obediência à Cidade) tenha, no absoluto, o mesmo peso que o dever familiar. É preciso então que Hegel justifique Creonte, mais ou menos como justifica os juízes de Sócrates. É certo que o Creonte hegeliano age, também ele, *parcialmente*. E como poderia, enquanto chefe de uma "Cidade ética", agir diferentemente? Ele deve deixar exposto o cadáver de Polinices, já que este tomara as armas contra a sua pátria. "Nessa ordem de Creonte, há uma justificativa essencial, que é a preocupação com o bem de toda a Cidade."[5] Não creiamos que Hegel tome a defesa de Creonte por conservadorismo: o que impõe esse equilíbrio entre os protagonistas é o movimento dialético e a necessidade de encontrar um conflito entre duas potências igualmente legítimas – oposição que será resolvida, se não em Tebas, ao menos, na escala do movimento

---

5 Hegel, *Aesthetik*, ed. Glockner, XII, p.299. [*Cursos de estética*. Org. Viktor Knoll. São Paulo: Edusp, 2015.]

do Espírito, com a dissolução da "Cidade ética". Nesse registro, pode-se falar de um verdadeiro diálogo entre Antígona e Creonte (p.203, 274, 280).

Mas será preciso acompanhar Hegel até esse ponto? Haverá na tragédia grega um *equilíbrio* sem o qual a dialética não poderia funcionar? Não me parece que Sófocles conceda tantas vantagens a Creonte: nada indica, no texto, que este encarne a Cidade ou tenha a "lei humana" a seu lado, como quer Hegel.[6] Goethe é provavelmente mais fiel a Sófocles, quando diz a Eckerman que é por mero ofício, e não por dever do Estado, que Creonte ultraja o cadáver de Polinices. "Ao contrário, na medida em que provoca a poluição de toda a Cidade, o decreto de Creonte é um *Staatsverbrechen*, um *crime político*" (p.55). É Creonte quem destrói a Cidade. Tal é a conclusão a que também chegará Charles Maurras, apologista inesperado de Antígona. É esta quem "encarna a estrita concordância entre as leis do Homem, de Deus, da Cidade. Quem viola e desafia todas essas leis? Creonte. É ele o anarquista. E apenas ele" (p.206). É preciso, desde logo, rever a leitura tradicional da tragédia, tal como autorizada por um lugar retórico desenvolvido por Aristóteles.[7] Antígona não se insurge contra o "direito positivo"; ela não é uma mártir do "direito natural".

Inclino-me a crer, após de ter lido Steiner, que a interpretação de Goethe e de Maurras é a melhor. O que mais importa, porém, não é saber se Antígona é ou não "recuperável" pelos libertários, ou se convém ou não conceder a Creonte circunstâncias atenuantes. Enquanto propusermos esse tipo de ques-

---

6 Hegel, *Phénoménologie*, op. cit., II, p.40.

7 Aristóteles, *Retórica*, I, 1375. [Ed. bras.: Trad. Manuel Alexandre Júnior et al. São Paulo: Martins Fontes, 2012.]

tão, estaremos assumindo o pressuposto do *conflito*: estaremos pensando que a peça expõe *uma* colisão política tão fundamental que cada um de nós poderia a qualquer momento se ver envolvido nela. É certo que essa leitura (que é apenas *uma* leitura) impõe-se quase irresistivelmente. A peça se presta a essa interpretação, o que explica a "atualidade" que ela ganhou a partir da Revolução Francesa – ou, como observa Steiner, a partir do momento em que a incidência do político sobre os destinos individuais tornou-se manifesta, a partir do momento em que afluem situações que tornam possível a neutralidade (aceitar a ocupação nazista *ou* resistir etc.). Todavia, essa leitura sedutora, que assegura à peça a sua juventude, é *unilateral*. Seria restringir de forma singular a ressonância de *Antígona*, não ver nela mais que a eclosão de um conflito fatal entre o público e o privado, entre a lei escrita e a não escrita, entre o interesse da Cidade e a devoção a um ideal. Um dos grandes méritos do livro de Steiner é o fato de chamar a nossa atenção para esse ponto, liberando-nos, assim, da leitura hegeliana, que, no final das contas, adotamos espontaneamente (por mais que detestemos Creonte). Graças a suas análises, somos levados a perguntar-nos: não haveria, em certas obras, uma densidade de significações tal que torna possível seu alistamento a serviço de uma "atualidade" e as impõe como referências inescapáveis (referência política no caso de Antígona, hoje)? Não haveria, na origem das obras-primas que dizemos "imortais", uma amplidão *tópica*, como diria Paul Veyne, que lhes permitisse indicar o que está em jogo em possíveis crises (existenciais, históricas)?

No caso de *Antígona*, tratar-se-ia de uma tópica *dos conflitos* (o plural é importante). A peça de Sófocles, diz Steiner, talvez seja a única obra literária que exprime de maneira tão exaustiva

A vingança do bom selvagem e outros ensaios

"as principais constantes dos conflitos inerentes à condição humana" (p.253). Entrecruzam-se nela nada menos que *cinco* esquemas de conflito – nenhum deles conflitos "inegociáveis", pois cada um pode, cedo ou tarde, dizer respeito a nós. Enumeremo-los com o autor: "o confronto dos homens com as mulheres; da velhice com a juventude; da sociedade com o indivíduo; dos vivos com os mortos; dos homens com o(s) deus(es)". O terceiro desses esquemas é aquele que a modernidade destacou, a ponto de tornar os leitores pouco sensíveis aos quatro outros. Ora, cada um desses outros temas teria podido (ou poderá) assegurar à tragédia uma "atualidade" diferente daquela que ela porventura ganhou. Cabe ao especialista efetuar essa radioscopia do texto. Todavia, o leitor paciente, mesmo que ignore o grego ou o conheça mal, rapidamente perceberá no coração de *Antígona* algo que não é bem o que o espírito de nosso tempo reteve da peça. Sentimos, ao menos confusamente, que outros temas emocionais interferem na intriga: a angústia diante da morte, a relação com o divino, a fragilidade da civilização. Basta dar atenção a esses temas para que a problemática política que estamos acostumados a projetar na *Antígona* perca a sua familiaridade, deixando transparecer a codificação de uma profundidade cuja análise caberia antes a Georges Dumézil do que a Hegel.

Para sermos sucintos, contentemo-nos com um exemplo dado por Steiner. Trata-se da análise, surpreendente por sua concisão, que o adivinho Tirésias faz, no final da peça, do gesto monstruoso de Creonte. "Precipitaste no mundo infernal uma criança nascida do mundo celeste, deste a uma alma viva a morada cruel de uma tumba, e roubaste os deuses que residem sob a terra, conservando aqui sob a luz do ar o corpo de um morto,

privando-o de sepultura, de cantos e da consagração dos ritos."
(p.313). Com isso, diz Steiner, Creonte "não cometeu um
crime local, limitado, qualquer que fosse a sua selvageria. Ele
demoliu, de uma maneira que não se teria acreditado que um
mortal fosse capaz, a cosmologia da vida e da morte" (p.313).
Manteve sob a luz um cadáver cuja alma era em vão esperada
no Hades e, por uma simetria diabólica, emparedou vivo um
ser que deveria ver a luz do dia. Não é "temível" a figura do
Homem, se um homem é capaz de levar a *hybris* até esse ponto?
Portanto, Antígona não se ergueu contra um simples abuso do
poder político, mas contra uma subversão inaudita da ordem
cósmica — e a sua execução consuma essa subversão.

Esses versos transfiguram a personagem Antígona. Ela não
pode mais ser simplesmente a representante das potências sub-
terrâneas que a *pólis*, na pessoa de Creonte, deveria dominar.
Antígona, *ápolis* (a estrangeira à cidade), luta para que não se
destrua a harmonia entre a Cidade e o Cosmo. Poder-se-ia dizer
que a tragédia é uma apologia de Antígona? A ode cantada pelo
coro é ambígua demais para autorizar essa interpretação, que
corre o risco de ser excessivamente unilateral (p.281). Que
maravilha é o Homem, domou os animais e tornou-se o mestre dos elementos! E, também, quão frágil não é esse joguete,
já que Eros exerce sobre ele sua onipotência e tem assento "ao
lado das leis eternas"! Aceitando morrer virgem, "desposan-
do a morte", Antígona pode lançar a Eros o desafio supremo.
Teria ela o direito de desprezar a força da vida? A resistência
que oferece à *hybris* não a leva a uma outra forma de *hybris*? Não
é certo que semelhantes questões peçam respostas. O autor
trágico não procede a sínteses e conciliações. Põe-nos diante
de múltiplas aporias, permitindo-nos, assim, avaliar o quanto

A vingança do bom selvagem e outros ensaios

diminuiríamos o alcance da obra se a reduzíssemos à oposição entre razão de Estado e consciência ética instintiva.

Portanto, o que tornou a tragédia "imortal" não foi a exposição de um conflito, mas o fato de a matriz dos conflitos de Sófocles ser tão rica que foi difícil à posteridade deixar de usar todos esses esquemas ou não utilizar ao menos uma das faces de *Antígona*. É como se Sófocles, retórico perfeito, tivesse multiplicado os *tópoi* de maneira a deixar a um século vindouro a escolha daquele que lhe fosse mais conveniente. Foi por ter sido, acima de tudo, uma obra multiplamente disponível, aberta a muitas leituras seletivas, que *Antígona* sobreviveu.

Mas essa observação decerto não basta para *explicar* a sua perenidade. Ela nos coloca, antes, um enigma, formulado mais de uma vez por Steiner. Por que a literatura grega permanece um repertório de referências sem igual? Por que retomamos sem cessar os trabalhos de Hércules, a Odisseia, a revolta de Prometeu, as histórias de Édipo e de Narciso etc.? (p.143-4). O que explica essa autoridade ininterrupta dos mitos gregos sobre a imaginação ocidental? Por que não acabamos de uma vez por todas com Édipo, Prometeu, Orestes, Narciso? (p.238). Heidegger sugere-nos uma resposta: os gregos dos séculos VI e V a.C. teriam a "autoridade da aurora"; teriam vivido em uma "proximidade com o ser", cujo fim foi precipitado pelo nascimento da filosofia, no século IV a.C.... Steiner prefere ficar em um terreno mais profano, e pergunta-se sobre a eventual conivência entre a língua e a mitologia grega. É possível que a língua grega, quando se aplicou sobre as obras, tenha se beneficiado de sua juventude e da descoberta que fez dos recursos da escrita para dizer o mundo e imortalizar façanhas. É possível que, por meio de seus poetas, ela tenha se provado originária (p.148). Pela primeira vez, uma língua experimentava-se a si mesma como produtora de saber, enquanto gozava de uma gramática e de uma retórica de amplidão e flexibilidade surpreendentes. "O que acrescentamos de significativo em termos de tempos, conjugações e formas pronominais à gramática antiga? Em que nossas ferramentas metafóricas e metonímicas, nossos instrumentos de analogia e de indução, diferem consideravelmente daqueles de que dispunham Homero e Platão?" (p.152). Desde logo, põe-se a questão de saber se a consolidação da gramática e a do estoque mítico seriam estranhas uma à outra. Não é desconcertante constatar que os gregos, *nesses dois domínios*, tenham inventado quase tudo? Steiner deixa claro que essa é apenas uma hipótese de trabalho. De minha parte, julgo-a mais estimulante do que os discursos da proximidade do ser ou da eternidade das pulsões.

Em todo caso, teremos de remontar à fonte *mítica* se quisermos desembaraçar a tragédia grega dos clichês escolares que a recobriram e começar a compreender por que Antígona nos aparece, a partir dos acasos da história que lhe devolveram a sua *aura*, como uma personagem da qual não podemos prescindir.

Foucault ao vivo*

Como a dor é egoísta. Quando me deram a notícia, há algumas horas, meu primeiro pensamento foi o de que era um pedaço da minha vida que se acabava. Jamais, sabendo da morte de um amigo, vi desfilarem tão depressa tantas imagens – como quando a gente se afoga, dizem. Primeiro, a escrivaninha onde Foucault, por pura gentileza, corrigia as minhas dissertações em 1954; restaurantes de Saint-Germain; um apartamento em Higienópolis; uma praia no Rio de Janeiro, em 1965; o encanto de Sidi Bou Said. Ou seja: pensei mais em mim mesmo do que nele, que era quem estava indo embora.

E por que dizer essas coisas? Para contar que eu o conhecia intimamente, e há mais de trinta anos? De forma alguma. Tenho o maior desprezo pelas pessoas que se apressam a contar histórias e episódios à sombra de mortos ilustres pelo vão prazer de mostrar que tiveram a sorte de lhes ser próximos enquanto vivos. Vaidade de espíritos pobres, vaidade de abutres.

---

* *Jornal da Tarde*, 30 jun. 1984. Lebrun escreve em 21 de maio, quando a morte de Foucault foi anunciada.

O que quero dizer, simplesmente, é que o desaparecimento brutal de Foucault me toca profundamente demais para que eu possa sequer pensar em redigir um elogio fúnebre. Outros, tenho a certeza, se encarregarão disso melhor do que eu, nestes próximos dias. Gente que, em sua maioria, o conhecia menos, mas que, sem dúvida, o compreendia melhor.

Porque eu, na verdade, jamais compreendi Foucault, pelo menos não de imediato. O seu humor fazia sonhar. Os seus repentes faziam rir — repentes cujo significado e importância somente anos depois seriam compreendidos. Tarefa difícil, ser o seu Eckermann. Foucault, é preciso que se diga, divertia-se muitas vezes em desconcertar o interlocutor, quando este queria saber demais. São essas conversas que guardo na memória, pontuadas por suas gargalhadas. "Repressão, repressão... Parece que não conhecem outra palavra! Mas, cá entre nós, sem a polícia, que prazer teríamos?" Em algumas frases enganosamente cínicas, como essa, ele anunciava a mim, naquela noite, *A vontade de saber*. Como eu poderia adivinhar?

Não era maldade sua. Muito menos a determinação de se trancafiar em alguma espécie de Olimpo, já que era a modéstia e a generosidade em pessoa: e com isso quero dizer a verdadeira modéstia e a verdadeira generosidade, que têm pudor de si mesmas. Ele detestava falar de sua obra, um pouco como os que odeiam recordar a infância — e se achasse que o interlocutor não estava sintonizado no mesmo cumprimento de onda que ele, preferia dizer-lhe delicadamente que aquelas perguntas não eram pertinentes, que aquela pista não servia. A irreverência que ele tantas vezes afetava era uma das formas de sua pedagogia. E suas piruetas podiam até ser caridosas: "Procura-me onde não estou, mas mesmo assim lhe quero bem".

A vingança do bom selvagem e outros ensaios

Seria de se perguntar se Foucault não tinha o seu "jardim secreto" intelectual, se a sua alegria radiante e o seu humor sempre alerta não significavam, também: "Entrada proibida". Mas não era bem isso. Esse artesão meticuloso morria de medo que alguém o incomodasse em sua oficina: era como um alquimista inquieto que ele vedava – gentil, mas firmemente – a porta de seu laboratório aos indiscretos. Daí, talvez, essa hipersensibilidade que o tornava tão desconfiado em relação a seus críticos parisienses. Ele, que "sentia tanto prazer", mas logo acrescentava, também "tanto sofrimento", ao escrever, não suportava ser tratado como se fosse um brinquedo, um *gadget*, o fino mecanismo que tão pacientemente montara. Não era uma questão de dogmatismo: irritava-se com a falta de respeito pelo seu trabalho e temia que até os seus amigos considerassem "ideias brilhantes" as análises que lhe haviam custado "tanto sofrimento" e tantos dias na Biblioteca Nacional.

O talento é, entre outras coisas, uma longa paciência. Acontecia a Foucault, ainda jovem, de rasurar infinitas vezes e até rasgar páginas em que trabalhara por dias a fio. Foi assim em 1955, com um texto já volumoso, se não me engano sobre a teoria da Gestalt. Como eu lhe dissesse, perplexo, que não entendia por que ele fizera aquilo, ele respondeu: "Estou aprendendo a escrever, é só isso. Porque não quero escrever como X ou Y (mencionou nomes famosos na época). Achas mesmo que essa gente escreve bem?". Impiedoso, inexorável, Foucault carrasco de si mesmo. Um carrasco sorridente. Graças a ele, conheci um perfeccionista de bem com a vida.

Não há dúvida que também era possível discutir assuntos sérios com ele, durante o jantar ou bebendo, mas sob a condição imperativa de não bancar o entrevistador, e de só lhe fazer perguntas sobre a sua obra obliquamente, disfarçando-as. Era o único meio de contornar suas defesas. Quando o assunto não era ele ou os seus livros, Foucault relaxava. O olhar ficava mais vivo, e a voz mais sibilante, e ele alegremente nos pegava com frases assim: "A metafísica do sujeito, a representação no sentido dos pós-husserlianos, é uma questão falsa, que nos faz girar em círculos. Eles acham que a morte do homem é o encerramento da metafísica, imagine!".

Nesse dia, me fiz de tonto para conseguir alguma coisa – e consegui. Em outra noite, alguns anos mais tarde: "Quer dizer que a teoria da soma zero não te incomoda?". Eu tocara na tecla certa, e consegui que falasse sobre *A vontade de saber*. Mas esses êxitos táticos eram raros. De todas as conversas soltas que tive com ele, guardo hoje a impressão de só ter compreendido as intenções de Foucault muito tempo depois. É que sempre foi difícil entender a sua obstinação entusiástica em navegar contra a corrente.

Como foi, na verdade, que esse professor de filosofia de 28 anos teve a ideia de se interessar por psicopatologia e de frequentar o hospital Saint-Anne? Estava-se em plena vaga fenomenológica: a própria psicanálise, em Paris, só atraía sarcasmos – e toda e qualquer uma das ciências humanas era desdenhada pelos jovens, que devoravam as traduções de Husserl que começavam a surgir. Foi preciso todo o brilho da autoridade desse jovem para iniciar um punhado de universitários, quatro ou cinco anos mais jovens do que ele, na psicologia da Gestalt, na história da psicologia infantil e até na cibernética. O que ele visava então, e quem ele tinha em vista? É o que nos perguntávamos. Os excessos da fenomenologia, sem dúvida. Mas, em nome do quê? Do marxismo? Por ingênuos que fôssemos, começávamos a desconfiar que era isso mesmo.

A vingança do bom selvagem e outros ensaios

Tenho a recordação muito exata de um jantar em julho de 1955. Tendo passado no concurso (graças a ele), eu ia partir para o meu serviço militar. Ele, cansado da França, iria preparar sua tese na Suécia, como adido cultural. Iríamos nos afastar por alguns anos – e, já naquele tempo, gratidão à parte, gostava muito dele e o admirava. Kruschev reabilitara Tito, o estalinismo estava sendo liquidado. Deveríamos conservar nossas carteiras de registro no partido? "Estalinismo, essa palavra me faz rir. É o marxismo que está acabando." Fiquei sufocado, será que ele estava brincando? "Se não entenderes isso agora, em pouco tempo serás um reacionário." A *boutade* me pareceu despropositada, e mudamos de assunto. Qual seria o tema de sua tese? Ele hesitou. "Uma tese sobre quem?", perguntei. "Sobre quem? Ora essa! Por que não me perguntas *sobre o quê*? Pois bem, fica tranquilo, é uma tese sobre Nietzsche, bem-comportada". Será preciso lembrar que, à época, Nietzsche ainda era um nome maldito? Acho que ele de fato pensava em trabalhar sobre Nietzsche, e levou algum tempo para conceber o projeto de sua *História da loucura*.

Essa sua obra acabara de ser lançada quando o revi, seis anos mais tarde, em Paris. Pedi-lhe notícias do livro sobre Nietzsche – e ele sorriu ironicamente: "Fica para depois. No momento, estou apaixonado por Bichat e Cuvier. É tudo o que leio, além dos médicos do século XIX". Era o tempo de maturação de *O nascimento da clínica*. Eu admirava o talento comprovado, o virtuosismo das análises – mas seu objetivo continuava, para mim, a ser um mistério. "Mas qual a novidade?", perguntou-me quando lhe disse que estava preparando uma tese sobre Kant (portanto, uma tese sobre "quem"), na qual me interessava, gentilmente, pelas "futilidades" que ele cometia. Na hora, a pergunta me irritou um pouco. Percebi que ele havia tirado férias da filosofia universitária e de suas disciplinas tradicionais (história da filosofia, epistemologia, tudo que estava fora de moda) — mas, enfim, por que me comunicar isso tão sardonicamente? Por que abjurar *toda* filosofia, só por causa de uma filosofia ultrapassada?

Ele errara de vocação, dizia ainda: devia ter se dedicado à história das religiões. Eu continuava sem entender, até uma noite em 1965, quando ele caridosamente me concedeu uma explicação clara — e extremamente incisiva. Eu havia farejado Heidegger na *História da loucura*. "O quê? Tu me imaginas fantasiado de pastor do Ser?" Decididamente, à força de me dedicar ao estudo dos filósofos, eu só pensava por referência a nomes augustos. Será que eu sofrera uma perversão do espírito? Foi naquela noite — nas mesinhas do Paribar, na praça Dom José Gaspar — que entendi a distância a que Foucault se situava da "filosofia profissional" e quantos contemporâneos ilustres e honrados ele rejeitava, sem maldade, mas também sem cerimônia, relegando-os para os lados de Victor Cousin. E que os filósofos eram desatentos demais em relação ao que se passava fora do seu território universitário. Philippe Ariès estava revirando a história; Lévi-Strauss, a etnologia; Dumézil, a análise dos mitos — e eles, os filósofos, continuavam a organizar partidas do tipo "Kant *versus* Leibniz" ou "Aristóteles contra Platão" — "Se gostas disso, tudo bem", ele dizia.

Tomávamos caipirinhas, ele finalmente me tratava como adulto e não mais me fulminava, entre uma frase e outra, dizendo que eu era "fútil". "Não me dirás, eu espero, que o *Tratado sobre as paixões*, de Descartes, te ensinou algo sobre o homem da Idade Clássica: qualquer tratado médico da época é apaixonante, comparado com aquilo..."

A vingança do bom selvagem e outros ensaios

Não há dúvida que a minha sensação de atraso em relação a ele nunca passou – mas foi naquele inverno brasileiro, dividido entre São Paulo e o Rio, enquanto ele revisava *As palavras e as coisas*, que eu ao menos comecei a compreender do que Foucault queria fugir: de tudo o que mantinha os filósofos da Universidade presos ao Idealismo alemão, mas, também, da fenomenologia, da "história do Ser", de todos os modismos do pós-guerra que, na verdade, tinham apenas vestido ideias consagradas com minissaias moderninhas. O marxismo não o preocupava. "Os marxistas, quando ainda existiam, supunham que...", começava, para estupefação da plateia, uma de suas aulas na rua Maria Antônia.

Mas qual era o seu grande projeto? Impossível não se perguntar. A essa altura eu já sabia, mais ou menos, com o que ele rompera – mas para onde estava indo, para que servia o seu trabalho de ourives? Para decifrar e recuperar os "discursos", rejeitando ao mesmo tempo as clivagens tradicionais e a facilidade de um fio diretor, fosse qual fosse: nem história hegeliana, nem historicidade existencial, nem método inédito (cujo discurso será, alguns anos depois, a *Arqueologia do saber*, "redigida na solidão de um vilarejo tunisiano"), a *História da loucura* abalou várias certezas hermenêuticas. Quanto a *As palavras e as coisas*, mal o entregara ao editor e já lhe parecia um livro apenas parcialmente satisfatório (foi ele quem mais se surpreendeu com seu inesperado sucesso editorial).

Lembro-me de fins de semana no Rio em que ele dividia o seu tempo entre a praia e a revisão do manuscrito. Revejo-o perplexo, mas sempre sorridente: "Vão dizer que se trata ainda de história das ideias...". Para ele, era uma incursão metodológica em outra direção. Mas será que deixara isso claro? E qual seria essa "outra dimensão"? Um dia, pedi-lhe um exemplo: "Uma história da sexualidade, se fosse possível. Forçaria as pessoas a repensarem o que quer dizer *história*".

Arqueólogo neófito, deixei-me seduzir pela ideia. Ele deu risada. "Mas uma história da sexualidade é algo materialmente impossível, é impensável!" Anos depois, com a publicação de *A vontade de saber*, permiti-me recordar a ele essa observação. "Eu disse isso?" Não insisti — e hoje me arrependo de não o ter feito. Pois tenho a impressão (apenas a impressão) de que, na aventura intelectual de Foucault, o essencial se deu entre esse período de hesitação e de quase incerteza, que, curiosamente, coincidiu com a publicação de seu livro mais famoso, e a redação da *História da sexualidade*, que ele ousou, um belo dia, empreender. Não sem sólidas razões. Mas quais seriam elas? A resposta reside, sem dúvida, nas entrelinhas de *Arqueologia do saber*, um livro que ele julgava com severidade, mas que o surpreendia por não ter despertado interessados pelos problemas de método.

O que se seguiu é conhecido. *As palavras e as coisas* foi lançado em 1966 e finalmente Foucault estava em órbita. Conheceu a glória e o seu preço. Como ele não conseguia evitar os meios de comunicação, os invejosos o acusaram de carreirista e vaidoso. Ataques que o divertiam. O que ele não suportava, em compensação — e cada vez menos —, eram as acusações de charlatanismo e leviandade. E comunicou isso com rudeza — e uma rudeza extrema — a várias pessoas.

A celebridade não o desagradava. "E daí? Gosto que gostem de mim." Mas saboreava a glória com malícia e lucidez. "Jamais terei o sucesso de Sartre, e por uma boa razão: sou incapaz de escrever uma obra literária. Meu sucesso? Não passará disto, um dia irá acabar."

A vingança do bom selvagem e outros ensaios

Sempre brincalhão, mas às vezes entre ataques de raiva, fechou-se muito nos seus últimos anos. Ao menos é o que me parecia quando o encontrava, duas ou três vezes por ano. Ele trabalhava, e mais do que nunca proibia aos curiosos o acesso à sua oficina. Ao mesmo tempo, planejava lançar novas coleções, divulgar autores jovens. Daí a coleção Travaux, fundada junto com Paul Veyne. Em todo caso, foi a partir daqueles anos que o seu estilo se refinou, depurando-se de todo e qualquer preciosismo. *A vontade de saber* não foi bem recebida, mas esse livro, assim como o ensaio *Vigiar e punir*, assim como o menor de seus artigos e seus relatórios de cursos [no Collège de France], mostravam que ele atingira pleno domínio de seu *métier*. Tensão e sobriedade equilibravam-se nessas páginas que fazem dele, desde já, um dos escritores franceses deste século. Sem querer lisonjeá-lo, era difícil às vezes não lhe dizer isso. "Mas o que queres, já sou um senhor de idade", respondia.

Isso, em linhas gerais, é o que eu sei. Suas duas obras que acabam de ser lançadas [*História da sexualidade*, v.2 e 3] nos farão descobrir por inteiro o projeto que esse "senhor de idade" só revelava por enigmas? Creio nisso, ou, antes, assim o espero — e, como muitos, preparo-me para lê-las...

Uma amiga a quem acabo de mostrar este artigo comenta: "Foucault está presente nestas linhas. Mas não é um artigo de jornal: é um capítulo das suas memórias". Tanto pior: que o telex leve estas páginas, e que o leitor me perdoe por ter, uma vez, falado tanto em primeira pessoa. O que eu poderia ter feito, senão permitir que a sua voz fosse ouvida? Essa voz que, como nenhuma outra, ficou gravada em mim. Não, é verdade: esta noite, eu não poderia ter feito outra coisa.

Uma viagem ao centro do paganismo*

Ao começar o segundo tomo de sua *História da* sexualidade,[1] Foucault responde – finalmente – à pergunta que inúmeras vezes lhe foi proposta: por que atrasou tanto a publicação dessa obra? E, mais importante, por que alterou tão profundamente o plano original? O objeto da investigação, explica ele, continua sendo a noção de "sexualidade", tal como foi constituída no século XIX, na encruzilhada de diversos saberes e diversas formas de normatividade. Essa formação não é, absolutamente, um dado da natureza humana, mas o resultado de uma construção histórica – e Foucault pretende, precisamente, restituir-lhe a sua singularidade histórica. Mas é também necessário dar conta da *experiência individual* que está ligada ao aparecimento dessa noção – ou, mais exatamente, "dos modos segundo os quais os indivíduos são levados a se reconhecer como sujeitos sexuais" (p.11).

---

* *Jornal da Tarde*, 28 jul. 1984.

1 Foucault. *Histoire de la sexualité*, v.2: *L'Usage des plaisirs*. Paris: Gallimard, 1984 [*História da sexualidade* v. 2: *O uso dos prazeres*. Trad. Maria Thereza da Costa Albuquerque. Rio de Janeiro: Graal, 1988]. Todas as citações remetem à edição francesa.

Gérard Lebrun

Nada mais fácil, à primeira vista, do que caracterizar tal experiência: o sujeito sexual, dir-se-á, é o sujeito *desejante* – e, portanto, a história da sexualidade será a de uma luta entre o desejo e as diversas formas de repressão... Mas será o desejo um dado imediato e perene? Não será antes uma categoria que só foi isolada ao termo de uma forma determinada de experiência – a experiência cristã? Mas, então, com que direito se poderá empregá-lo como um conceito unificador, que nos autorize, facilmente demais, a descrever *segundo uma continuidade*, as diversas figuras históricas da sexualidade?

A trajetória que devemos percorrer é justamente a contrária: contornar esse falso universal; e, para tanto, empreender uma *genealogia do desejo*, isto é, a partir do ponto em que o desejo ainda não era o lugar de convergência das prescrições e dos tabus sexuais – *partir do paganismo*. É por essa razão "que vim a centrar o meu estudo inteiro na genealogia do homem de desejo, da Antiguidade Clássica até os primeiros séculos do cristianismo" (p.18).

Foucault, como se vê, não mudou de rota. Mas o fato de tomar em consideração um novo tema (a constituição do sujeito sexual) força-o a um desvio, que sozinho já basta para justificar toda a suspeita que é lançada contra o "desejo" enquanto conceito-chave. Seguindo esse novo eixo, a investigação não dirá mais respeito aos *saberes* e às *relações de poder* que articulam a sexualidade, mas às *técnicas de si*, à arte de controlar e domesticar o próprio corpo sem recorrer a interditos. Esse ponto, sem dúvida, pode parecer estranho a nós, cristãos ou pós-cristãos, que não concebemos outra forma de regular a sexualidade que não a jurídica. Mas é justamente esse preconceito que precisamos sacudir, para termos a oportunidade de *"pensar de outro modo"*. Enquanto continuarmos dominados por essa "evidência", pouco importa que sejamos puritanos ou libertários, que nos levantemos contra a liberalização dos costumes ou amaldiçoemos a "repressão sexual": em um caso como no outro, nem sequer pensamos em nos perguntar *como se formou a Lei* — como o Ocidente, graças à pastoral cristã, veio a pensar uma sexualidade "que se supôs constante" em termos do que é *permitido* e do que é *proibido*, e pensar todos esses conceitos como se fossem óbvios.

Foucault, como se vê, tampouco mudou de método. Uma vez mais, porém num campo novo, convida-nos a remontar aquém de universais apressadamente forjados (o poder, a repressão) e a deslindar os mecanismos que os dissimulam. Somente uma ilusão de ótica leva-nos a pensar que a sexualidade tenha sido *sempre* (desde os tempos da "horda primitiva") associada a uma regulação repressiva. Se assim acreditamos, se assim queremos acreditar, é porque não conseguimos nos evadir de *um certo tipo de moral*, caracterizado pela instauração de proibições e pela formulação de um código de pretensões universais (Jeová no Monte Sinai, a lei moral kantiana etc.). Ora, nem todas as morais se conformam a esse modelo. "É perfeitamente possível conceber morais nas quais o elemento forte e dinâmico deva ser procurado do lado das formas de subjetivação e das práticas de si" e cujo "sistema de regras e códigos de comportamento seja bastante rudimentar" (p.37). Essas morais, que por sinal subsistem em certas correntes do cristianismo, já não estão centradas no *código* geral, mas na *ética* individual. Não ordena aos homens que obedeçam a mandamentos, mas prescreve que ajam sobre si mesmos, que adquiram um autodomínio cuja modalidade eles mesmos terão de determinar (em função de sua saúde, de sua idade, de sua posição social, das estações do ano...) e que não necessariamente desemboca num ascetismo. Ora, eram essas práticas de si que as morais pagãs enfatizavam: em vez de recorrer a uma "legislação universal, que determinasse os atos permitidos e os proibidos", elas punham em prática "um *savoir-faire*, uma arte que prescrevia as modalidades de um uso, em função de variáveis diversas (necessidade, momento, posição social)" (p.105). Somente acompanhando a transformação – *subjacente aos códigos* – dessas técnicas, poderemos indagar como "o mais violento dos prazeres" pôde tornar-se objeto de uma reflexão moral e ceder lugar, posteriormente, ao grande aparato de confissão, penitência, autodecifração, do qual nossa psicanálise não passa de um rebento a mais. Sob o enfrentamento (enganoso) da lei e do sujeito desejante, tentaremos descobrir por que a sexualidade *tinha de ser* moralizada, especialmente em uma etapa posterior, sob a forma autoritária que todos conhecemos.

Pois esta é a questão que dirigirá a investigação: como e por que as condutas sexuais se tornaram (muito mais que os hábitos alimentares, por exemplo) o lugar privilegiado de uma moralização? Como se deu que o *mal* e a *falta* tenham se alojado nelas? Se nos obstinarmos a pensar segundo a grade desejo-lei, responderemos que é por causa dos "interditos fundamentais" que desde sempre pesaram sobre elas. Resposta pífia, pois consiste em "apresentar como solução a própria questão" – e também em desconhecer "que muitas vezes acontece de existir uma forte preocupação moral exatamente em um ponto em que não há obrigação nem proibição" (p.16). Em suma, a presença de interditos supõe a existência de uma *problematização moral* prévia, e, portanto, aquela não poderia explicar esta. A que se

A vingança do bom selvagem e outros ensaios

deve, então, que tal *problematização* tenha ocorrido? Onde e como apareceram, no campo do que os gregos denominavam *afrodisia*, pontos nevrálgicos que suscitaram uma "inquietação" quanto à atividade sexual (p.141), e, como consequência, a elaboração de uma estratégia moral? Pois é fato que na Grécia clássica "houve moralistas, filósofos, médicos que consideravam que o que as leis da pólis prescreviam ou proibiam, o que o costume geral tolerava ou recusava, não era suficiente para regular de maneira correta a conduta sexual de um homem ocupado de si mesmo. Esses pensadores reconheciam, na maneira de obtenção desse gênero de prazer, um problema moral" (p.45).

No curso dessa investigação, nunca deveremos esquecer que essa "inquietação" não vem acompanhada de nenhuma "desqualificação ética", e que nenhuma maldição contra o sexo está em germe nessa desconfiança. Com efeito, o que são, para um grego do século IV a.C., *ta aphrodisia*? São "os prazeres do amor", responde o dicionário Bailly, citando Platão e Xenofonte. E *nada mais*, esclarece Foucault. "Nada que recorde essas longas listas de atos possíveis, que encontraremos nos manuais de confissão ou nas obras de psicopatologia" (p.47). Nada tampouco que permita a clivagem "normal"/"anormal": os textos provam com abundância de exemplos que é tão "normal" (para falarmos anacronicamente) que um homem deseje um menino quanto que ele deseje uma mulher. Nada que se esconda sob outros pensamentos ou outras condutas, nada que se revele no acaso de um lapso, nada que forneça ocasião para um deciframento. *Ta aphrodisia*, uma maneira de pensar o desejo, o ato e o prazer indissoluvelmente ligados (antes que o rigorismo cristão trate de dissociá-los); um "Conjunto dinâmico" que moralistas e médicos analisam segundo duas grandes variáveis.

Gérard Lebrun

1) O *papel* que convém a cada parceiro, conforme seja ativo ou passivo: até que ponto a mulher tem o direito de despertar o desejo de seu esposo? Até que ponto pode o efebo, sem desonra, aceitar ser objeto de prazer? 2) A *intensidade* da prática: os regimes médicos antigos não se referem à "forma binária do permitido e do proibido", mas "sugerem uma oscilação permanente entre *o mais e o menos*" (p.132). Até que ponto, quantas vezes posso me entregar a esse prazer tão vivo, sem que ele ponha em risco o meu equilíbrio e gere (artificialmente) um desejo que exceda a necessidade? Esta é a segunda grande linha diretriz da tópica sexual dos gregos. É nesse campo, portanto, que aparece a problematização moral. Não que se considere — jamais — a atividade sexual como um mal a ser neutralizado; mas simplesmente porque "ela exprime uma força, uma *energia* que conduz por si mesma a excessos" (p.60), e por isso exige a formulação de um *uso dos prazeres* que ensinará o homem a conservar, em todas as ocasiões, "a livre disposição de sua energia", nesse ponto eminentemente crítico, para que ele aprenda a não se tornar escravo de seu prazer.

E Foucault nos faz assistir à elaboração dessa "economia restritiva" das *aphrodisia* — que não tem nada a ver com um esmagamento das pulsões, com uma renúncia pela renúncia — em *três domínios*: o da *dietética* ("arte da relação cotidiana do indivíduo com seu próprio corpo"), o do governo doméstico ou *econômico* ("arte da conduta do homem enquanto chefe de família") e o da *erótica* ("arte do comportamento do homem e do moço na relação amorosa entre eles"). Essas três artes têm em comum que não pretendem codificar os comportamentos, porém *estilizá-los* (p.107), que não submetem o homem a um *jugo* moral, menos ainda institucional ("nem as leis nem os costumes continham

A vingança do bom selvagem e outros ensaios

tais exigências"), mas lhe propõem, apenas, técnicas de *bem viver* — isto é, de viver honradamente, de maneira bela (*kalôs*), e também de modo a conservar sempre o domínio sobre forças que, deixadas a si mesmas, ameaçariam adquirir um império indevido sobre mim. *Bem viver*, aqui, não é lutar contra o "mau princípio", resistir às sugestões do outro (do "diabo"), mas batalhar comigo mesmo, vencer *eu mesmo* aquilo que, em mim, está sempre a ponto de deslizar para a *hybris*. Assim, nada proíbe um homem casado de ter relações com outra mulher (ou com um adolescente): ao contrário de sua esposa, ele não está obrigado pelo *nomos* a qualquer fidelidade, e sua parceira não tem nenhum monopólio sexual sobre ele. No entanto, leiamos o *Econômico* de Xenofonte: o que seria do chefe de família, do senhor do *oikos*, se não provasse, pela temperança e pelo comedimento, que é capaz de controlar-se? A fidelidade, está claro, não é devida à sua consorte; mas o homem "deve-a a si mesmo, na medida em que o fato de ser casado o introduz num jogo articular de deveres ou exigências que envolvem sua reputação, sua fortuna, sua relação com os outros, seu prestígio na *pólis*, sua vontade de ter uma vida bela e boa" (p.202).

Em síntese, uma *autorrepressão*, seríamos tentados a traduzir. Mas não é isto. *Refrear-se* não é *se reprimir*. Posso, *desta vez*, impor a mim mesmo não ceder a uma atração fugidia; mas *amanhã*, por que não?, poderei achar que é oportuno ceder. Não me refreio em nome de minha salvação ou condenação (motivações dos "fracos"). Refreio-me para provar para mim mesmo que sou um "forte", e para assim aplicar *a mim mesmo* a primeira prova do poder que, depois, terei o direito de exercer *sobre os outros* — como adulto no meu *oikos* ou como homem livre, quando a *pólis* me elevar a alguma magistratura.

Compreende-se, então, o motivo pelo qual os textos gregos tão raramente entram nos pormenores libidinosos que abundam nos manuais de confissão? Não é por serem pudibundos. É porque só tematizam a atividade sexual enquanto ela fornece ocasião para uma "estilização das atitudes", para uma "estética da existência". O que interessa aos gregos não são as modalidades da prática sexual (nem a sua repartição sob as rubricas do lícito e do proibido), mas a *justa medida* que deve regular tal prática. Foi este o primeiro ponto de encontro entre sexo e moral. Não uma repressão, mas uma ponderação. Não um tutelamento, porém a instauração de um equilíbrio. Em suma, a demonstração da força dos "fortes" – no sentido de Nietzsche.

Embora o autor nunca pronuncie aqui o nome de Nietzsche, isso não nos impede de encontrar nessas páginas a análise mais minuciosa possível do conceito de *força*, que Foucault vai resgatar nos textos gregos dos quais o tomara o "velho filólogo". Até em Platão e em Aristóteles, até naqueles que Nietzsche relegara (apressadamente, talvez) à "decadência". Foucault é mais prudente: o Platão que ele comenta não predispõe ainda ao cristianismo, a não ser de um ponto de vista superficial. E o autor não perde ocasião para destacar que a "economia restritiva" das *aphrodisia* não anuncia em nada a austeridade monástica, que a *askesis* grega, por exemplo, é um "exercício" que se confunde com a própria virtude, não uma mortificação procurada como um fim em si mesmo. Ao lermos Foucault, parece que até os filósofos gregos se mantiveram gregos demais para que alguma vez pudessem empreender a obra de "castração" pela qual Nietzsche os denuncia.

Contudo, se tomarmos um outro ângulo, a preocupação com a temperança não constituirá um primeiro anúncio, ainda

A vingança do bom selvagem e outros ensaios

que remoto, do conflito da alma com a "carne"? Na inquietação que surge na Grécia quanto aos perigos do frenesi sexual, não poderemos ver o despontar da maldição futura? Essa junção entre paganismo e cristianismo ficará mais clara no tomo 3 da obra de Foucault, que descreverá a ascensão, nos dois primeiros séculos da época imperial, de um puritanismo no qual a moral do cristianismo, uma vez institucionalizado, só terá de se enxertar. Mas, mesmo no estágio em que estamos, no coração do paganismo, já começam a se formar zonas de sombra.

E uma delas, especialmente, no ponto em que menos seria de se esperar: a propósito do amor dos meninos. Como, quer dizer então que a tolerância dos gregos nessa matéria não era praticamente completa? Era e não era. É verdade que os personagens dos diálogos de Platão, assim como os oradores áticos, não fazem mistério de seu gosto pelos adolescentes. "Sentir volúpia, ser sujeito de prazer com um menino não constitui um problema para os gregos" (p.243). Mas resta que o adolescente, se não quiser desonrar-se, não deverá ceder depressa demais, nem a homens demais; resta que nunca deve trocar os seus favores por vantagens; e, mais importante, resta que não deve parecer efeminado. A vida do efebo era complicada, e nada era mais sutil do que a arte de cortejar os meninos. Antes de ser um vício, a "pederastia" foi essa arte, e não é qualquer um (Platão indica) que é capaz de se tornar um "bom pederasta".

Qual é a dificuldade? Para compreendê-la, comecemos por nos convencer de que o ateniense que gosta de meninos não procura neles o equivalente do prazer que o corpo feminino lhe proporciona. No que manifesta, pelo menos, alguma imaginação. O que deseja é acariciar um corpo já musculoso. O que cobiça é uma Albertina que, da mesma forma que nas praias proustianas, já seja um ser *independente*, livre no tempo e nos movimentos, um ser que corra do ginásio à ágora em vez de ficar confinado em casa. O amante bem-nascido trata, portanto, de respeitar a independência do rapaz e a sua dignidade de futuro cidadão. Contudo, nem todos têm, é óbvio, a mesma contenção de Sócrates deitado ao lado de Alcibíades: nem sempre se pode conservar apenas fantasmático esse momento em que uma mão desliza sobre um corpo liso e bronzeado — em que o efebo consente em ser objeto de prazer e não apenas de desejo. Então, como conciliar nessa erótica a obtenção do prazer e o desejo pelo outro, meu igual em masculinidade? Foi por isso que essa prática tão difundida se tornou "objeto de uma preocupação moral à parte, e particularmente intensa" (p.212). Foi por isso que os gregos formularam a seu respeito "a exigência da mais vigorosa austeridade". Foi por isso, enfim, que a pederastia deu origem aos temas da abstenção necessária, da sublimação e da "interrogação do homem sobre si mesmo, como sujeito de desejo" (p.269), introduzindo assim os elementos de uma ética sexual totalmente diferente daquela do uso dos prazeres. Uma ética que submeterá a atividade sexual "a uma forma universal que a todos ata e que está fundada, para todos os humanos, na natureza e na razão".[2] A inquietação se tornará, então, mais intensa, e a ideia da fragilidade humana passará à frente da ideia do poder sobre si mesmo. Estarão maduros os tempos para que surjam os grandes interditos que continuamos a honrar — justamente porque nos revoltamos contra eles, em vão.

---

2 Foucault, *Histoire de la sexualité*, v.3: Le souci de soi. Paris: Gallimard, 1984, p.272. [História da sexualidade, v.2: O cuidado de si. Trad. Maria Thereza da Costa Albuquerque. Rio de Janeiro: Graal, 1988.]

A vingança do bom selvagem e outros ensaios

Mas não antecipemos. Paremos um pouco, com o autor, à entrada desse obscurantismo nascente. Acompanhemo-lo, ainda por algum tempo, nessa Grécia estranhamente apolínea que ele nos convida a visitar (e da qual está ausente a tragédia). Nem que seja apenas para medirmos o alcance subversivo do empreendimento filosófico. Pois esse trabalho, previne-nos Foucault, não é propriamente "um trabalho de *historiador*". É um exercício filosófico que o autor nos convida a praticar, em sua companhia, e que ele formula da seguinte maneira: "Saber em que medida o trabalho de pensar a sua própria história permite liberar o pensamento do que ele pensa silenciosamente, permitindo-lhe assim *pensar de outro modo*".

O outono do paganismo*

Entramos, pois, no segundo ato da história da constituição do sujeito sexual traçada por Foucault. Trezentos anos se passaram. Roma conquistou o mundo e a Grécia conquistou a sua vencedora: seus retores, médicos, filósofos afluem para a *urbs magna* (um pouco como hoje os intelectuais europeus afluem para a Califórnia). Cícero e Catão morreram, e com eles morreu a República. Um jovem antes frágil, Otávio, tornou-se Augusto, e deu ao Império sua estrutura administrativa e moral. "Trabalho, família, pátria" são mais ou menos as palavras de ordem da época. E Augusto sabe escolher seus propagandistas: Tito Lívio escreve a gesta de Roma, Virgílio canta a epopeia de Eneias, seu fundador mítico — e também as alegrias da volta ao campo, nas *Geórgicas*. A ordem reina pelo *mare nostrum*: dentro em breve, Pôncio Pilatos, um procônsul desafortunado, se verá obrigado, a contragosto, a mandar para o suplício um baderneiro da Galileia ("certo Christo", observará Tácito quase dois séculos mais tarde). Os homens estão longe de saber que

---

* *Jornal da Tarde*, 5 ago. 1984.

vivem o primeiro século da "era cristã". E Foucault respeita a sua ignorância: não se falará em cristianismo, nesse terceiro volume da *História da sexualidade*.[1]

Mas, assim que fechamos o livro, pressentimos que o "êxito" do cristianismo que está para acontecer nada tem de muito surpreendente. É que o paganismo não é mais o que era na época da Grécia clássica. Mesmo que a pederastia ainda não tenha sido declarada "contra a natureza", deixou de ser o centro da reflexão erótica. A fidelidade conjugal tornou-se um valor e o amor, furtivamente, entrou no gineceu. A atividade sexual, sem dúvida, ainda não é considerada a marca indelével de uma "queda", mas a lista dos seus perigos fisiológicos cresce cada vez mais. O terreno está preparado para que a "concupiscência" se torne o maior pecado entre os demais — para que o adúltero, o devasso e o homossexual sejam um dia assombrados pela ideia da danação antes de serem entregues, sem defesa, ao seu *superego*. O cortejo de Dionísio se afastou; que carnaval poderia trazê-lo de volta à vida, a não ser furtivamente? A libertinagem bem poderá distrair os homens: e os mergulhará, um pouco mais a cada vez, no mal. Como nas orgias de Fellini, ao amanhecer.

— Nossa miséria sexual começa assim com o imperador Augusto e a sua reforma moral?

— Não creio nisso, de modo algum. Augusto nada tinha de aiatolá, e a legislação imperial em matéria de costumes não pode ser chamada de repressiva. Pare, de uma vez por todas, de atribuir a repressão às instituições, às proibições e à malig-

---

1 Foucault, *Histoire de la sexualité*, v.3: *Le Souci de soi*, op. cit. Todas as citações remetem à edição francesa.

A vingança do bom selvagem e outros ensaios

nidade dos legisladores. A repressão caminha com o vagar de uma pomba. E o uso irrefletido dessa palavra afasta-nos justamente de uma análise da lenta evolução no decorrer da qual se formaram e consolidaram-se as proibições. Ora, é apenas essa evolução subterrânea que interessa a Foucault – e não, repitamo-lo, a enumeração das desgraças do desejo perseguido pela lei. Trabalho de arqueólogo, às vezes de geólogo, mas nunca de roteirista. Deixemos de lado, pois, as reformas de Augusto. E, em termos mais gerais, não nos questionemos sobre "proibições novas sobre atos" que teriam surgido nos dois primeiros séculos da nossa era (p.55). "Aquilo que, à primeira vista, poderia ser considerado austeridade rigorosa, severidade mais acentuada, exigência mais estrita, não deve ser interpretado, na verdade, como um acirramento das proibições: o campo do que poderia ser proibido não se ampliou em nada e não se procurou organizar sistemas de proibição mais autoritários ou mais eficazes. A mudança se refere muito mais à maneira pela qual o indivíduo deve se constituir enquanto *sujeito moral*" (p.84).

Esta última fórmula, é verdade, parece levantar mais questões do que seria capaz de resolver. Por que o homem culto, na época do Império, tornou-se um *sujeito moral* mais refinado e mais exigente? E por que ele exerce o domínio de si mesmo de maneira mais sutil? Uma resposta nos ocorre de imediato: é a resposta hegeliana. A Cidade-Estado está morta: não há mais cidadãos, apenas *indivíduos*, igualmente isolados e oprimidos pelo despotismo imperial. Assim, os males da época convidam o homem livre a se voltar para si mesmo, a avaliar a futilidade da vida pública, a se confinar na vida privada – e a meditar sobre ela. Seria, portanto, a ascensão do *individualismo* que teria levado o homem pagão a forjar uma imagem nova de si mesmo e a se situar de maneira diferente em relação ao mundo.

Mas seria essa resposta satisfatória? Não é verdade que o despotismo imperial tenha igualado os sujeitos em uma desgraça comum, e que toda vida pública tenha subitamente acabado: Roma, nas cidades e reinos sob a sua tutela, preservava o funcionamento das instituições (e o estoicismo foi também uma filosofia política, e não, como queria Hegel, uma ideologia de exilado ou solitário). E ainda que essa lenda contivesse uma parte de verdade, a palavra "individualismo" nada explicaria. Como bom filósofo nietzschiano, Foucault destrincha com habilidade esse conceito ambíguo. *Individualismo* pode significar pelo menos três coisas diferentes, que não necessariamente marcham uma ao lado da outra (p.55-7): 1) um privilégio ontológico concedido ao indivíduo como tal; 2) uma maior importância dada à vida privada; 3) "a intensidade das *relações consigo mesmo*, ou seja, das formas pelas quais somos levados a tomar a nós mesmos como objeto de conhecimento a fim de nos transformar, nos corrigir, nos purificar, nos salvar" (p.56). É esta última pista que o autor resolve seguir.

Acaba sempre chegando um momento em que um homem, não contente em levar às escâncaras uma vida bela e honrosa, não contente em domar os seus impulsos a fim de provar a sua força d'alma, passa a se preocupar mais com a sua vida cotidiana, a se interrogar todas as noites sobre o modo com o qual empregou as horas de seu dia, esforçando-se por elaborar assim, ao longo do tempo, uma técnica de sabedoria. De onde vem, contudo, tornamos a perguntar, esse gosto pela atenção dada a si mesmo? Parece, aqui, que a influência da filosofia (ou mais, da mentalidade) estoica tenha sido capital. O animal,

A vingança do bom selvagem e outros ensaios

diz Epiteto, foi confiado à natureza; o homem foi entregue *a si mesmo*. E por isso ele é dotado de *razão*, essa estranha faculdade "capaz de tomar a si mesma, bem como a todo o resto, como objeto de estudo" (p.62). E ainda: "Zeus não apenas te criou, porém, mais que isso, te confiou e te entregou apenas a ti mesmo" (p.77). Autoguiar-se dia a dia, observar-se hora a hora não é, portanto, apenas um luxo para o homem assim instruído sobre a sua vocação: é um dever expressamente inscrito em sua condição. "O que haverá de mais belo", escreve Sêneca, "do que esse hábito de se interrogar sobre todo o seu dia?".

E o que haverá de mais útil do que perguntar à própria alma, como este outro estoico romano: "Qual defeito curaste hoje? Qual vício combateste? Em que te tornaste melhor?". O que haverá de mais proveitoso, também, do que optar, de tempos em tempos, pela abstinência? Pelo menos para "familiarizar-se com o mínimo" e testar a capacidade de suportar uma desgraça, caso ela venha?

É impossível, e seria até desrespeitoso, querer resumir essas páginas em que o autor, como que se comprazendo com isso, atribui a Epiteto, Sêneca ou Marco Aurélio (esses parentes pobres da filosofia escolar) sua dignidade de grandes pensadores — mostrando com isso que estaríamos errados em procurar o significado do estoicismo em uma espécie de resignação morosa. Trata-se, aí, de uma nova analítica da existência — da existência concebida como um papel a ser desempenhado o melhor que possamos, como um ofício que exige consciência profissional. "Conhece-te a ti mesmo" continua a ser a palavra de ordem. Mas o adágio socrático muda aqui de sentido. Não significa mais "avalia o teu saber e os teus limites", mas "aprende a te controlar" incessantemente, a filtrar tuas representações e só acolher aquelas que não te encadeiam a um desejo do qual te tornarias escravo. Também não significa "permanece à escuta de ti mesmo", mas "faz de modo a ser sempre o único senhor de ti mesmo, e a ser feliz no exercício dessa *potestas sui*".

Poderia parecer que dessa ascese (no simples sentido de *exercício*) começa a emergir o que entendemos por *sujeito*. Ainda assim, evitemos afirmá-lo sem mais. "Sujeito", para nós, modernos, é um termo dificilmente dissociável de "subjetividade", ou do labirinto que em diários íntimos e confissões levam o eu a se perder de si mesmo e a se reencontrar uma vez mais, e assim por diante. A subjetividade é objeto de um decifrar-se infinito. Nada disso acontece ao sujeito esculpido pelos estoicos: ele é simplesmente isso que consigo fazer de mim mesmo. A subjetividade é a singularidade levada ao seu ponto extremo: o "sujeito" de que falam Epiteto e Sêneca é um ser que se despojou mentalmente daquilo que o *singulariza*, que pratica a *epoché* de sua condição sociopolítica e de todas as marcas efêmeras de que a sorte o dotou. O que ele possui para sempre não é a recordação proustiana de um sabor ou de um sorriso: é apenas a "alma direita", "algo que não se deteriora de dia para dia", "um deus, diz Sêneca, que se fez hóspede em um corpo mortal" – e pouco importa, acrescenta ele, que esse corpo seja de um cavaleiro, de um liberto ou de um escravo (p.106). Ser *sujeito* não é deleitar-se com sua própria singularidade (social ou psicológica), tampouco é cortar as pontes com o outro ou retirar-se da vida pública. É apenas tomar certo recuo em relação à sua carteira de identidade ou ao *who's who* deste ano. É saber se dissociar de sua *doxa* e de sua *fama*.

Se assim é, o homem da "preocupação consigo mesmo" não para nunca de se *subjetivar*: qualquer mal vital, em particu-

A vingança do bom selvagem e outros ensaios

lar, oferece-lhe uma boa ocasião para comprovar a força dessa soberania na adversidade, da qual ele fez o aprendizado imaginário. Nem o luto, nem a desgraça, nem o exílio o atingem. Ei-lo purificado. Ou ainda não. Ou melhor: ele jamais tem a certeza disso. Pois "os males da alma, diferentemente daqueles do corpo, não se fazem anunciar por meio de sofrimentos imperceptíveis, e não só podem permanecer muito tempo sem ser percebidos, mas cegam aqueles a quem atingem" (p.74). Como, então, poderíamos estar certos de ficar imunes a qualquer perturbação, a qualquer *páthos*? Como saber que estamos curados e que as cicatrizes não mais se abrirão? O cuidado de si, o *souci de soi*, é também o cuidado com a saúde, em todos os planos. Cuidado com a alma, mas também com o corpo: dosagem minuciosa das caminhadas (antes e depois do jantar), dos exercícios físicos, dos banhos, das massagens, em função da idade, da morfologia, do estado dos órgãos. Essa "introspecção" é inseparável de uma medicina do consigo mesmo, e a "conversão para si" é também o efeito de uma cultura "medicalizada". Detenhamo-nos por um instante nesse *modelo médico*, avaliando a sua importância.

Paideia, à época imperial, significa sempre "formação", *Bildung*. Mas ela é menos orientada no sentido da aquisição de um *saber* que da conquista de uma *cura*: formar-se é cuidar-se (p.71), e os discípulos de Epiteto são, antes de mais nada, consulentes. O mestre nos adverte disso: "Quereis aprender os silogismos? *Curai primeiro as vossas feridas*: parai o fluxo dos vossos humores, acalmai os vossos espíritos". Essa é a convicção profunda que motiva e anima a *subjetivação*: o homem é um *animal doente*, e a sua saúde só existe ao preço de uma atenção sem descanso. Não é, pois, por capricho que o homem greco-romano se transforma em sujeito, mas porque ele tomou consciência da fragilidade do seu corpo e da inconstância da sua alma. A *subjetivação* não nasce de uma curiosidade de ociosos: ela é o remédio urgente de que os "fracos" têm necessidade, uma vez que médicos e moralistas tenham revelado a extensão de sua fraqueza.

Como o tempo passou! Como está longe o domínio de si através do qual os gregos da era clássica manifestavam alegremente a sua força! Superar os seus impulsos passa, agora, por uma técnica muito árdua.

Mas vale pôr-se ao abrigo desses impulsos, prevenir o perigo que ronda, refugiar-se nessa parte do si mesmo em que se aloja o *nomos* cósmico. Conclusão prática: melhor não deixar mais que Sócrates repouse ao lado de Alcibíades (a supormos que este seja virtuoso). A nova sabedoria quer, ao contrário, que os pais tenham extremo cuidado na escolha do pedagogo que vai encarregar-se do seu filho. Não há dúvida de que os romanos não sentiam repulsa pelos rapazinhos, mas os jovens escravos lá estavam para satisfazer os seus desejos: cada qual no seu lugar.[2]

Também não há dúvida de que os *aphrodisia* tampouco estão associados ao mal: "Ainda assim, podemos já ver como a questão do mal começa a trabalhar o antigo tema da força, como a questão do mal começa a influenciar o tema da arte, da *techné*" (p.85). Podemos perguntar-nos se nessa nova *Genealogia da moral* o estoico não representa um pouco o papel que Nietzsche atribuía ao "padre-judeu".

Não nos apressemos, contudo, a pôr o autor na trilha de Nietzsche, não vendo na preocupação consigo mais que um ve-

---

2 Paul Veyne, "La famille et l'amour sous le Haut-Empire romain", *Annales*, 33º Année, n.1, janvier-février, 1978.

A vingança do bom selvagem e outros ensaios

neno pré-cristão. Sem dúvida, Foucault descreve aqui o lento surgimento de uma desconfiança, ou melhor, de uma "inquietação mais intensa" em relação aos prazeres sexuais. Mas essa desconfiança não é destilada por envenenadores ávidos de poder: *ninguém é responsável por essa escalada do puritanismo*.

Ainda não deixamos o terreno do paganismo: a atividade sexual continua a passar por inocente, as proibições ainda são brandas – e a dietética da alimentação continua sendo mais importante que a do sexo. Simplesmente, o bom uso dos prazeres é vivido de forma diferente, em favor de uma *problematização* mais refinada. Mas esta ainda não é uma resposta. A que se deve, em última instância, essa intensificação da inquietação? Que fatores a explicam?

O capítulo "médico", dedicado a Galeno, talvez seja o mais esclarecedor quanto a esse ponto. Em parte alguma Foucault mostra tão bem como nessas páginas que a moralização pode ser o simples produto de uma análise "científica" dos mecanismos do corpo, sem que seja necessário fazer intervir tabus e preconceitos. O que Galeno nos diz? Que transmitir a vida é, também, deixar que se perca a substância mais preciosa, o esperma, originado do *pneuma*, formado no cérebro. Quer dizer que essa perda se reflete no organismo como um todo. Daí a necessidade de submeter os *aphrodisia* a uma economia rigorosa. Se a evacuação frequente do esperma pode ser benéfica para certos temperamentos, muito mais numerosos são os casos em que ela leva ao cansaço, ao mal-estar, ao abatimento. Vale a pena avaliar a originalidade dessa doutrina. Não há dúvida de que os médicos do século IV a.C., que comparavam o coito à crise epilética, já estavam advertindo contra os excessos sexuais. Mas, agora, o *próprio ato sexual* é apresentado como um *páthos*,

gerador de desequilíbrios orgânicos, e cuja amplitude dificilmente é previsível. Mil precauções deveriam, portanto, rodear
cada acoplamento. Que o jovem, por exemplo, não se entregue
aos *aphrodisia* "antes do tempo prescrito pela natureza", pois,
do contrário, doenças incuráveis poderão advir (p.153). Que
o coito seja praticado de preferência tendo em vista a procria-
ção, e que a abstinência não seja considerada um mal (p.144).
E, enfim, que a ejaculação seja somente uma *purgação* do corpo:
nada além disso, que não seja buscada em vista do prazer que
dá (p.164). Ou seja, concedamos ao corpo aquilo que ele pede,
mas não lhe concedamos *mais* do que ele pede; não deixemos
a nossa imaginação (as nossas *phantasiai* ou *doxai*) "escapar às
formas ou aos limites do desejo que se manifesta no corpo"
(p.159). Em outros termos, saibamos imitar os animais, que
só copulam "a fim de expulsar o esperma que os esgota", não
para sentir um gozo antecipado (p.160). Evitemos os espe-
táculos lascivos, expulsemos os "pensamentos e lembranças
capazes de excitar desejos venéreos". Imunizemo-nos contra
toda e qualquer imagem de prazer. E, acrescenta Plutarco, não
nos entreguemos a esse prazer a não ser quando as tochas já
estejam apagadas, no escuro: à luz do dia, restariam lembranças
visuais, tantos outros aguilhões da lubricidade.

Quem fala aqui? O médico ou o moralista? Um e outro, al-
ternadamente; mas como distingui-los? Quem fala é o *higienista*.
Porque a moralização é uma sequela da *higiene*, e não de inter-
dições morais preexistentes. É preciso concordar nisso, se não
quisermos ficar rodando num círculo. E não é para exorcizar
os demônios que empreendemos a tarefa de controlar o corpo.
Ao contrário, é para proteger o corpo ainda mais que acabamos por inventar os demônios, e, bem entendido, acreditar

A vingança do bom selvagem e outros ensaios

neles firmemente. Morais e religiões são sempre sublimações de técnicas corporais impostas por certas "verdades médicas". É talvez precisamente nesse ponto que Foucault aproveita melhor as lições de Nietzsche.

Assim, sob o olhar do arqueólogo, os "dados da natureza humana" se desfazem um a um: a repressão é uma racionalização da dietética, o pudor, de uma receita terapêutica... — E o amor? O que fazer do amor? Pois ei-lo justamente que surge, nesse espaço pré-repressivo, na encruzilhada não mais de "mil pequenos prazeres", mas de mil pequenas abstinências. Aqui também, a influência estoica é determinante. São os estoicos que professam que o homem não é apenas votado ao casamento para perpetuar a espécie, mas porque ele é também um animal destinado a formar uma comunidade com uma mulher, a compartilhar a sua vida com uma criatura do outro sexo — em pé de "quase igualdade", já que a "capacidade para a virtude" é igual em ambos os sexos (p.189). A essa companheira ele deve fidelidade, não mais por simples respeito a si mesmo (como na Grécia clássica), mas apenas por exigência de simetria. Suportaria ele que sua esposa seduzisse um criado? Por que, então, seria aceitável que ele dormisse com uma escrava? De acordo com a exigência higiênica de restrição da atividade sexual, o *ideal do casal* começa a tomar forma. É no lar que se unirão o homem e a mulher (no coração da noite, é claro): é lá, e apenas lá, que se exercerá legitimamente a atividade sexual. É o que anuncia Musonius Rufus, estoico romano que determina o conceito dos "prazeres legítimos" (*aphrodisiai dikaia*): "prazeres que os parceiros cumprem no casamento para o nascimento de crianças" (p.197) – evitando, naturalmente, as extravagâncias lúbricas.

Gérard Lebrun

Mas não nos enganemos. Ainda não é o amor cortês, nem a paixão de Racine, tampouco o *amour fou* surrealista – mas já se trata de ternura, e da cumplicidade reforçada por alguns arrependimentos, e da ideia ao mesmo tempo melancólica e tranquilizante de que "envelheceremos juntos" (como será cantada Elsa). Tudo isso já é expresso em um dos textos mais comoventes citados por Foucault. É um texto do século I d.C., mas extremamente moderno: uma carta de Plínio, o Jovem, à mulher, que estava viajando. Como a casa lhe parece vazia! "Uma boa parte de minhas noites eu passo acordado, representando a vossa imagem para mim mesmo; e, durante o dia, na hora em que costumo vos ver, meus pés me levam por si mesmos até o vosso quarto" (p.97). O arqueólogo exibe para nós o *nascimento* desse sentimento; a arqueologia, disciplina neutra, nem por isso é uma desmistificação cínica.

É chegado o tempo, portanto, da "conjugalização da relação sexual". A relação matrimonial está em vias de se tornar a sede de uma nova erótica, mais sábia. O ato sexual ainda não é um pecado. Mas o território *legítimo* deste último já se delineia. Sim, cada um em seu lugar. Flautistas e cortesãs irão para o lupanar. Os filósofos não irão mais aos ginásios contemplar a nudez dos jovens. A ordem está para reinar na cidade de Eros. Uma ordem cujos traços serão retidos pelo código cristão – mas numa cidade que o cristianismo reduzirá às cinzas.

Não tive a pretensão de resumir uma obra tão rica, tão densa, mas, apenas, de dar ao futuro leitor uma ideia do interesse do livro, e, também, de sua incomparável beleza. Enfim, o *desejo* de ler Foucault. Mais vivo do que nunca.

Foucault no purgatório*

Nestes últimos tempos foram publicados muitos estudos críticos que tentaram provar que a obra de Foucault era pouco importante e devia seu destaque a um certo ilusionismo. Não há o que estranhar, nessa reviravolta de perspectivas: raro foi o pensador célebre que não teve de atravessar o seu purgatório. O que me espanta, porém, é que nem sempre consigo reconhecer, no Foucault que assim se elege como alvo, o autor que eu li ou pensei ler.

Abra o leitor o livro recente de José Guilherme Merquior – *Foucault ou o niilismo de cátedra*[1] –, traduzido do original inglês, e do qual já se anuncia uma edição francesa. Ao autor não falta talento nem erudição: são 250 páginas agradáveis de se ler, e frequentemente proveitosas, nas quais Foucault é devidamente

---

* *Jornal da Tarde*, 24 maio 1986. O artigo de Lebrun é publicado após uma resenha do livro de Merquior por Sérgio Rouanet, a resposta de Merquior e uma tréplica de Rouanet, no mesmo jornal.

1 Merquior, *Foucault ou o niilismo de cátedra*. Rio de Janeiro: Nova Fronteira, 1986. Todas as citações remetem a essa obra, salvo quando indicado no rodapé.

esfolado. Salvo algumas frases de efeito, a sua pessoa é respeitada – muito mais, em todo caso, do que em certos panfletos recentemente publicados na França. Mas sua obra é condenada sem apelo, e até mesmo, nas últimas páginas, com alguma virulência. Relativista, niilista, mestre de um demagógico irracionalismo: este foi Foucault. Ou este ele teria sido.

Serão errôneas essas conclusões? Não somente me faltaria tempo para demonstrá-lo, nas dimensões estritas de um artigo de jornal, como também acredito que seria vã uma tal tentativa de demonstração. A polêmica de ideias só pode ter alguma utilidade quando se trata de debater um ponto *muito preciso* – como fazem os autores dos *papers* anglo-saxões –, e não o conjunto de uma obra. Serei por isso mais modesto, limitando-me a perguntar por que a representação que vemos de Foucault, nesse livro, me desconcertou tanto. E isso eu farei, além do mais, restringindo a minha investigação a algumas das análises que Merquior efetua de *As palavras e as coisas* e da *Arqueologia do saber*.

Merquior pensa que a arqueologia de Foucault constituiu um fracasso: "Nem uma *estória* adequada", diz ele, "nem uma história exata do saber" (p.108). O que pensar dessa dupla negação e do juízo que dela se extrai? Comecemos pelo segundo ponto: "nem uma história exata do saber". É verdade que os recortes efetuados pelo autor de *As palavras e as coisas* foram contestados por especialistas da história da biologia e da linguística. Dessas polêmicas, quase desconhecidas do grande público, Merquior elege uma série de exemplos muito oportunos, e temos que convir que as críticas que dirige a Foucault, nesse campo, acertam às vezes na mosca. Assim, temos de conceder-lhe que o sobrevoo da *episteme* da Renascença comporta sérias objeções. Também reconheceremos que a unificação, sobre uma única "base", do racionalismo do século XVII e da *skepsis* empirista das Luzes deixa muitos leitores desconcertados. E, ainda, que a imbricação das noções de *taxonomia* e de *mathesis* mereceria uma análise mais detida. Em suma, nessas páginas não há uma anotação crítica de Merquior que careça de interesse: todas produzem no leitor a vontade de consultar as obras de história por ele utilizadas – e todas recordam, também, que *As palavras e as coisas* não é uma bíblia. Até aqui, portanto, o autor merece toda a nossa gratidão. Contudo, acabaremos por lembrar que Foucault jamais pretendeu escrever uma história a mais do "espírito clássico", e que o caráter contestável de algumas de suas análises não deve nos levar a prejulgar o valor do *seu desígnio*.

Essa precaução se impõe com ainda mais força no que diz respeito ao primeiro ponto, "nem uma *estória* adequada". Por "*estória* da ciência" Merquior entende uma "narrativa do seu progresso no caminho do saber verificável, objetivo" (p.107). Ora, é sabido que Foucault nutria uma tamanha desconfiança pela ideia de um *saber cumulativo*, que jamais poderia pensar em retraçar "uma estória" das disciplinas que veio a estudar... Merquior constata-o, por sinal, para deplorar essa orientação: "O que faz o arqueólogo, em contraposição ao epistemólogo, é simplesmente verificar algumas condições históricas da possibilidade de determinado número de formas do saber, com total descaso pela *crescente perfeição* destas últimas – em outras palavras, por seu incremento em termos de verdade, racionalmente avaliado" (p.107).

Descaso? Tem cabimento essa palavra aplicando-se a um autor que manifestou a *vontade deliberada* de esquivar "o caminho do saber verificável objetivo" e que sustentava que, fora da matemática, a divisão entre *científico* e *não científico* é menos nítida do que se imagina? Da mesma forma, escrever que Foucault

265

Gérard Lebrun

"não mostra nenhum interesse pelo valor racional das ciências" (p.125) é sugerir ao leitor que ele se mostrou um tanto descuidado – quando o que ele fez foi escolher um outro método de investigação no domínio tradicionalmente reservado à história das ideias. É claro que se pode perfeitamente discordar desse tipo de abordagem. É o caso de se perguntar, por exemplo, como faz Merquior, se o procedimento arqueológico teria condições de dar conta da história de uma ciência como a mecânica (ainda mais porque a resposta esboçada a essa objeção, no final da *Arqueologia do saber*, está longe de ser convincente). Mas, mesmo assim, não se deve começar lançando o anátema sobre Foucault – e, acima de tudo, não se deve censurá-lo por não atender a exigências que ele explicitamente recusava. Tomando essa via, o historiador da filosofia poderia ir longe. Poderia, por exemplo, acusar Kant de ter "descaso" pela noção clássica de substância, isto é, por uma noção que Kant considerava quimérica e procurava reformular.

Com que frequência não se censura aos autores "não terem levado em conta que…" ou "terem ignorado que…", como se estivessem revelando cegos ou míopes diante de evidências ofuscantes, como se uma tal "negligência" ou um tal aturdimento não tivesse sido *expressamente desejado* pelo pensador que assim é atacado.

Poderão retrucar-me que esse meu escrúpulo terminará paralisando toda e qualquer crítica. Mas o que mais me sensibiliza aqui é o fato de que a vontade de polemizar, neutralizando com excessiva presteza um tal escrúpulo, impede-nos de "ruminar" o suficiente (como Nietzsche gostava de dizer) o autor que se escolhe como alvo. Esse é o perigo que, a meu ver, o livro de Merquior nem sempre evita. Disso me permitirei dar alguns exemplos.

A vingança do bom selvagem e outros ensaios

É verdade que Foucault não via nenhum sinal de deficiência no fato de que, segundo ele, as ciências humanas não podem aceder à cientificidade. Porém, o seu crítico acrescenta: "Longe de se desesperar face a esse aporte cognitivo, Foucault rejubila-se. Para ele, o conhecimento não está voltado para a verdade, mas para a perpétua *skepsis* de intermináveis interpretações fortuitas — e sua alma nietzschiana recusa-se a se sentir deprimida por isso" (p.113). Ora, em nenhum lugar eu vejo Foucault rejubilar-se com o anúncio de que as ciências humanas não constituem ciências. Não o são, ele diz — mas disso não se conclui que sejam impostura ou ideologia. Constata-se, simplesmente, que esses saberes não têm, ao contrário da biologia ou da linguística, um *objeto* cuja natureza se devesse analisar — e que eles não interrogam a positividade do homem, mas a representação que o homem faz dessa positividade. As ciências humanas, embora constituam *saberes*, não possuem, entretanto, "os critérios formais de um conhecimento científico" — e "seria tão ocioso ou injusto analisá-las enquanto fenômenos de opinião quanto confrontá-las, através da história ou da crítica, com formações propriamente científicas; e ainda mais absurdo seria tratá-las como uma combinação, misturando, em proporções variáveis, *elementos racionais* e outros que não o fossem".[2] Peço que meu leitor releia o capítulo que se intitula "Os três modelos". Onde está a gargalhada nietzschiana? Onde está o brado de triunfo "irracionalista"?

Outro exemplo de interpretação que me deixa desconcertado. Analisando a *Arqueologia do saber*, Merquior escreve: "no mais das vezes, a caça ao sujeito é decretada por *diktats* especulativos,

---

2 Foucault, *Archéologie du savoir*. Paris: Gallimard, 1969, p.367. [*Arqueologia do saber*. Trad. Luiz Felipe Baeta Neves. Rio de Janeiro: Forense Universitária, 1986.]

Gérard Lebrun

como [...] 'o sujeito é necessariamente situado e dependente'. Por que *necessariamente* dependente? Foucault não nos esclarece. Quanto aos estruturalistas, não necessitam de esclarecimento em relação a isso. Eles 'sabem' que é assim. *Delendum subjectum*".[3] Vamos então à p.239 da edição francesa da *Arqueologia do saber*, à qual Merquior aqui se refere. É nela que Foucault nos diz que a arqueologia se proíbe de recorrer ao esquema consciência--conhecimento-ciência. Será baseando-se em outro eixo que ela procederá à sua investigação: no eixo prática discursiva-saber-ciência. O saber, isto é, "um domínio no qual o sujeito é necessariamente situado e dependente, sem que nunca tenha a condição de titular".[4] Parece-me que aqui está sendo proposto um *recorte metodológico* — e não proferindo algum *diktat* especulativo. O "saber" é apresentado como instrumento conceitual que permite não pressupor o sujeito como origem, que permite que se evite o recurso a uma atividade transcendental implícita. Foucault, nessa página, não *destrói* nada: simplesmente, estabelece *uma nova* grade de leitura. Admitir essa grade pressupõe, é verdade, que se aceite a distinção entre *saber* e *ciência*: nem toda formação discursiva está destinada a investir-se em ciência, e esse fato não necessariamente a reduz a uma tessitura de ilusões. Isto posto, uma outra linha de ataque se revelará possível, que Foucault considera mais frutífera. Pessoalmente, eu não vejo aqui nenhuma decisão "especulativa" de excluir o *sujeito*. O que fica posto entre parênteses é a *função* tradicionalmente atribuída ao sujeito, enquanto foco do discurso — não há intenção alguma de destruir uma entidade chamada "sujei-

---

3 Foucault, *Archéologie*, op. cit., p.124.
4 Ibid., p.239.

A vingança do bom selvagem e outros ensaios

to". A própria palavra não é eliminada. Subsiste, mas como a designação de um *problema*: "o que pretendi não foi excluir o problema do sujeito, mas definir a posição e as funções que o sujeito poderia ocupar na diversidade dos discursos".[5] Observação que, diga-se de passagem, deveria evitar que falássemos sem mais, como se faz hoje, em uma reintrodução do sujeito na *História da sexualidade*: a palavra "sujeito" e o problema que ela designa (ou deveria designar) nunca foram excluídos nem destruídos por Foucault.

Valendo-me desses exemplos, não pretendo entregar-me a uma releitura pedante, mas apenas mostrar que o desejo de liquidar um autor não é forçosamente o melhor meio para iluminar o movimento de um texto. Existe uma outra maneira de se ler Foucault que não necessariamente nos levará a "dar-lhe razão", mas que ao menos nos impedirá de ajustar contas com ele depressa demais. Se tudo o que Foucault fez se resumisse à tomada de algumas posições radicais, com o intuito de agradar ao seu público e assim criar uma moda, então não há dúvida de que ele mereceria ser submetido a uma censura tão rude quanto a de Merquior. Mas a simples minúcia do aparato conceitual que ele construiu já serve, pelo menos, como um indício de que as coisas não se deram assim. E é a crítica que se torna insatisfatória quando percebemos que as decisões dogmáticas (ou "*aprioristicas*") que ela imputa a Foucault podem ser, na verdade, simplesmente os produtos de um *método* paciente que se impunha pela própria investigação de problemas considerados *novos*.

Acontece que se desconheça o sentido de certas obras do pensamento quando não se presta atenção suficiente à nova

---

5 Ibid., p.261.

orientação do olhar em que consiste a sua proposta. Ninguém elevou maiores protestos contra esse tipo de má interpretação, de *misreading*, do que Kant, ao responder a Eberhard – filósofo muito honrado, mas que se obstinava em julgar a *Crítica* pelo metro da metafísica, aquela mesma que Kant tinha a consciência de ter desativado. Como o senhor poderia compreender-me, diria Kant em outras palavras, se está se recusando a ver que eu parto de uma pergunta ("como são possíveis os juízos sintéticos *a priori*?") cuja mera formulação é vedada pela metafísica a que o senhor insiste em se reportar? É provável que Foucault pudesse responder da mesma forma a bom número de seus críticos de hoje. Não que ele tivesse o gênio de Kant (quem sou eu para decidir isso?), mas porque tinha, também ele, a convicção de desmatar uma floresta virgem – meio sem rumo, "mancando", como ele dizia em tom de brincadeira, mas sem nenhuma vaidade ou casquilhice. Também ele acreditava estar se metendo num domínio inexplorado, que a história das ideias até então nem sequer permitira vislumbrar. Por isso, embora não tivesse nenhum desprezo pelos bons livros de história das ideias, afirmava que, em seu trabalho, fazia *outra coisa*.

É claro que essa convicção não coloca a sua obra ao abrigo de toda crítica: concordo. Contudo, onde começa o *erro*, quando estamos lidando com uma *problemática*? Pode alguém ter tanta certeza de encontrar o erro tão facilmente? E, no caso de Foucault, não valeria a pena levar a sério, ainda que condicionalmente, o projeto que ele empreendia? Não valeria a pena indagar se a sua obra é mesmo movida pelo suposto ódio *a priori* pelo *sujeito* e pela *continuidade*? Certas páginas polêmicas de Foucault, se tomadas isoladamente, poderiam induzir a essa crença. Mas cuidado: não se deve petrificar um pensamen-

A vingança do bom selvagem e outros ensaios

to em algumas teses escolares, nas quais um autor que abominava as etiquetas teria muita dificuldade de se reconhecer. Por sinal, isso vale para todo pensador a que se confira algum peso. Mesmo supondo que seja possível refutar um filósofo (no que, pessoalmente, eu não acredito), não se poderia sequer cogitar algo assim sem a condição de compreender previamente por que os conceitos que ele constituiu lhe parecem ser as únicas chaves possíveis para a decifração que se propôs a fazer. Negligenciemos a problemática, e tudo o que restará serão conceitos de aparência arbitrária — a ideia, a mônada, a duração — que poderão ser reduzidos a um *parti-pris* como numa brincadeira de criança.

Mas foi por um mero *parti-pris* que Foucault foi levado a enfatizar as cesuras, as descontinuidades? Não, foi antes para reagir contra a tendência, que nos é tão familiar, a neutralizar ou minimizar a diferença, a cada vez que pensamos historicamente — a acreditar, por exemplo, que a ideia de evolução estava no ar bem antes de Darwin, e que este nada mais fez que recolhê-la e aperfeiçoá-la. Com base nessas semelhanças, foi fácil imaginar um conceito único, que teria atravessado os séculos — "como se os *mesmos* pensamentos, já dizia Pascal, não formassem, numa disposição diferente, um *outro* corpo de discurso, assim como as mesmas palavras, numa disposição diferente, formam outros pensamentos". Essa tentação de apagar a diferença nos espreita sem cessar, quando lemos os textos filosóficos; a cada vez, por exemplo, que nas *Éticas* de Aristóteles se traduz *hekousion* por "voluntário" ou, na *Física*, *hylé* por "matéria", entendendo-se com isso, inevitavelmente, "substância corpórea". Será correto dizer que quando alguém reage contra essa tendência à confusão semântica é por estar possuído pela mania das censuras? Ou, mesmo, por adotar sistematicamente o partido do *Descontínuo* contra o do *Contínuo*? Foucault não pensava assim. A arqueologia, diz ele, simplesmente recusa a existência de um contínuo entendido como um "elemento de suporte", e propõe-se a mostrar "como o contínuo é tomado nas mesmas condições e a partir das mesmas regras que a dispersão".[6] Do ponto de vista arqueológico, o contínuo constitui, *tanto quanto o descontínuo*, um conceito de primeira aproximação, que terá de ser retrabalhado.

Tampouco foi por algum *parti pris* que Foucault recusou o esquema da "história cumulativa", mas porque esta sempre dependeu de uma ideia "vaga" e "abstrata", a de "mudança", "analisada segundo as metáforas dinâmicas, biológicas, evolucionistas, nas quais habitualmente se dissolve o problema, difícil e específico, da mutação histórica".[7] Não se trata, portanto, de preferir o sincrônico ao diacrônico. Foucault apenas sustenta que, até os nossos dias, a História foi, com poucas exceções, mal pensada, ou melhor, mal contada; que se adquiriu o hábito de concebê-la a partir de "modelos adventícios" que, na verdade, entravavam a análise (como os modelos lineares da fala ou do fluxo da consciência). É de tais modelos, portanto, que precisamos nos desligar, se quisermos compreender no que consiste exatamente o "*devir*" de uma configuração discursiva. São esses os hábitos imaginativos que devemos descartar, ou melhor, "colocar entre parênteses". "Não neguei a história, apenas suspendi a categoria geral e oca da mudança, para que pudessem aparecer transformações que se dão em níveis diferentes: recuso um

---

6 Ibid., p.228.
7 Ibid., p.272.

A vingança do bom selvagem e outros ensaios

modelo uniforme de temporalização".[8] Rejeitar os conceitos que se aplicam a toda e qualquer coisa, a fim de tornar mais eficientes as análises: como poderia uma tal atitude passar por um ato dogmático?

Finalmente: não é por um *parti-pris* que Foucault afirma, desde o *Nascimento da clínica*, que não quis ser mais um a descrever *Welstanschauungen*. Com efeito, quando exuma as condições para se pensar a ordem na Idade Clássica, não é uma forma de conhecimento que ele está procurando reconstituir, nem "um estágio geral da razão, um certo estrato de pensamento ao qual os homens de uma época determinada não teriam como escapar".[9] Nada a ver, portanto, com uma leitura que pretendesse recuperar a unidade de um *Geist* ou de um "tipo de racionalidade". Uma vez mais, será dogmatismo recusar-se a usar, na história, qualquer recorte hegeliano ou para-hegeliano? Será dogmatismo o ato de recusar a facilidade?

No que diz respeito a este último ponto, não terei, contudo, nenhuma dúvida em conceder a Merquior que algumas páginas de Foucault favorecem, efetivamente, uma interpretação dita "holística". A esse propósito o autor cita – com toda a propriedade – uma frase de *As palavras e as coisas* que contribui para gerar esse mal-entendido. Foucault reconheceu-o já na *Arqueologia*, quando lastimou, em seu livro anterior, "que a falta de uma baliza metodológica possa ter levado (alguns) a acreditar que se tratava de análises em termos de totalidades culturais".[10] Isso não impede, retruca o seu crítico, que as

---

8 Ibid., p.261.

9 Ibid., p.50.

10 Ibid., p.27.

epistemes tenham mesmo um aspecto holístico (p.91-2). E por sinal, prossegue, "como poderia ser de outro modo?". Se se começa atribuindo a elas uma flexibilidade e uma heterogeneidade excessivas, se se tornam excessivamente pluralísticas, então, o que se ganha em exatidão factual, histórica, perde-se do lado interpretativo, já que, à força de sofrer qualificações, dificilmente cada *episteme* poderia manter o *status* de infraestrutura cognitiva compulsória" (p.92). Não há dúvida de que essa observação seria pertinente se a *episteme*, no sentido de Foucault, fosse "uma infraestrutura cognitiva", se o que Foucault entende por *saber* pudesse traduzir-se por *conhecimento*. Mas o próprio conceito de formação discursiva já foi elaborado com o intuito bem definido de vedar-nos essa assimilação, que, além do mais, Foucault explicitamente rejeita: "A *episteme.* não é um tipo de conhecimento ou de racionalidade que, atravessando as mais diversas ciências, manifestaria a unidade soberana de um sujeito, de um espírito ou de uma época; é o conjunto das relações que podemos descobrir entre as ciências, no que diz respeito a uma época dada, quando as analisamos no plano das regularidades discursivas".[11]

Que pobre informação, provavelmente nos responderá o objetor. Pois, o que pode ser, afinal de contas, essa tão misteriosa *episteme*? – Penso que uma resposta é possível, graças especialmente, ao *Nascimento da clínica*: ela é o "não pensado" que "sistematiza" os pensamentos dos homens (numa disciplina dada e num período de tempo determinado) *sem com isso unificá-los*. Essa ressalva é fundamental. Pois é ela que nos impede de ver, no que Foucault chama, a meu ver com muita felicidade,

---

11 Foucault, op. cit., p.250.

A vingança do bom selvagem e outros ensaios

de um *"a priori histórico"*, uma "forma historicizada da categoria de Kant", como pretende Merquior (p.54). Como encontrar uma função neokantiana nesse *a priori* completamente inédito, que tem por incumbência "dar conta dos enunciados em sua dispersão, em todas as brechas abertas pela sua não coerência [...], em sua simultaneidade, que jamais poderá ser unificada, em uma sucessão que nunca se fará dedução?".[12]

Dir-se-á então que a *episteme* não passa de palavra vã, pois já não oferece o menor semblante de unidade? Resta saber, porém, se podemos esperar que uma "configuração discursiva" seja una, no sentido em que, desde os gregos, o Uno se opõe ao Múltiplo. Mas o que interessa a Foucault não é *unificar*; não é, tampouco, dispersar as significações aos quatro ventos. É estudar como se distribui a dispersão – como, por exemplo, um *corpus* discursivo comum pôde ensejar, na análise das riquezas, as ramificações fisiocratas/utilitaristas – ou como, ao contrário, as diversas vertentes que podemos encontrar na História Natural já supunham todas, malgrado as suas diferenças, um sistema tal que jamais poderia acomodar o *nosso* conceito de vida. Consiste nisso o *a priori* segundo Foucault: um campo de flexões e escansões das significações que não é cognitivo, nem sequer pré-teórico – que é flexível o bastante para que nele se possam enraizar escolhas muito distintas, e, ao mesmo tempo, suficientemente coercitivo para excluir a presença de certos conceitos – vários dos quais, hoje em dia, nos parecem tão evidentes quanto indispensáveis. Será isso ser *relativista*? Certamente, se continuarmos a nos prostrar diante do que Foucault chamava de "tirania do referente". Se acharmos, por exemplo, que Santo Agostinho e Schopenhauer

---

12 Foucault, op. cit., p.167.

falaram da *mesma coisa* sob o nome de "vontade", ou, ainda, que a *pólis* dos gregos e a *Commonwealth* de Hobbes constituíram duas representações do que nós designamos como "Estado". Mas, se assim for, receio que todo estudo histórico empreendido com circunspecção desemboque, forçosamente, nesse "relativismo". Pessoalmente, eu não perco a oportunidade de assinalar aos meus alunos os falsos objetos e as falsas essências que a filosofia escolar multiplicou, já nos títulos dados aos capítulos de seus manuais ("a vontade", "a inteligência", "a religião", "a ação"). Diante desses inúmeros encavalamentos de conceitos, a primeira coisa a fazer é tratar de deslindá-los, de dissociá-los, para, depois, tentar encontrar a data em que foram *inventados* (sim, a palavra é esta: inventados). Será isto ser niilista? Se tomarmos essa palavra no sentido nietzschiano, duvido que Foucault merecesse ser assim chamado. Pois o que é, para Nietzsche, em linhas gerais, um niilista (ou, pelo menos, um niilista *fraco*)? É aquele que considera que a vida não tem mais sentido, uma vez que se esboroaram os valores que haviam sido afirmados "pelos bons e pelos justos". Como se poderia encontrar em Foucault o equivalente a uma tal atitude? Para ele, é justamente o contrário: uma vez despistados os conceitos gerais ocos e abstratos é que se tem alguma chance de compreender, afinal, o que é um dispositivo de saber, em toda a sua complexidade – é então que se reúnem as condições de trabalhar de maneira útil, sem recorrer às ideias feitas e aceitas. Em sua obra, mais do que nunca, o crepúsculo dos ídolos é o beiral da gaia ciência. É claro que não é nada fácil renunciar, de coração alegre, a esses ídolos. É claro que é difícil admitir a existência de uma análise histórica que não se refira mais a *"uma* ciência, (a) *uma* mentalidade, (a)

A vingança do bom selvagem e outros ensaios

uma racionalidade, (a) *uma* cultura".[13] É difícil reconhecer que todas essas palavras, na verdade, eram proferidas *para resumir*, à maneira de abreviaturas, e que não constituíam ainda conceitos operatórios. Com todas essas dificuldades, entende-se por que existe uma tentação tão pronunciada a relegar Foucault ao campo do ceticismo mais extravagante.

É por essas razões, mais do que por quaisquer outras, que nem sempre consegui reconhecer Foucault, tal como o li, nas brilhantes páginas que Merquior lhe consagra. De Foucault, sempre pensei ter recebido uma notável lição *de método*. E agora, de repente, fico sabendo que havia caído nas armadilhas de um sofista, que teve a petulância de questionar essas duas palavras sagradas, "ciência" e "verdade". Quer dizer que eu era, inconsciente, um "niilista de cátedra". Assim seja: só me resta confessar-me culpado.

---

13 Ibid., p.208.

As reflexões de Giannotti, rumo ao espaço*

José Arthur Giannotti não nos pega à traição. É o primeiro a advertir que teremos de enfrentar "árduas dificuldades" na leitura de seu livro *Trabalho e reflexão*.[1] Assim, não requer pouca audácia fazer uma resenha, por concisa que seja, dessa obra austera. E talvez correr o mesmo risco que o infeliz professor Garve, quando veio comunicar a público o pouco que havia compreendido da *Crítica da razão pura* (e este pouco, julgou Kant, era mesmo muito pouco).

Por que começar já assinalando o caráter de abstração de uma obra que, acredito, marcará data na literatura de ideias brasileira? E a amizade que sinto pelo autor me impede de reservar a estocada para o fim deste artigo. Minha única crítica será a seguinte: receio que numerosos leitores, incluindo os mais benevolentes, percam muito depressa a coragem de escalar essa Muralha da China – e acho que isto seria uma pena. Sem dúvi-

---

* *Jornal da Tarde*, 6 ago. 1983.

1 Giannotti, *Trabalho e reflexão: Ensaios para uma dialética da sociabilidade*. São Paulo: Brasiliense, 1982. Todas as citações remetem a essa obra.

Gérard Lebrun

da, não ignoro que, desde Kant e sua tijolada de 1781, os pensadores não têm por costume facilitar a tarefa de seu público. Mas também não chegam, ao que eu saiba, a ponto de complicá-la inutilmente. Pergunto-me se o autor não teria incorrido nesse defeito. Sem o fazer por malícia, é claro. Mas, devido ao que considero um erro estratégico, pretende que acertemos muitos alvos ao mesmo tempo ou que atravessemos de um único salto distâncias consideráveis demais. De modo que a sua ordem das razões adquire às vezes o aspecto do circuito de Interlagos.

Parece-me que a extrema densidade desse texto vem principalmente de conter ele, pelo menos, três obras distintas: 1) uma exegese de Marx; 2) uma crítica das ciências sociais enquanto saberes do entendimento; 3) uma ontologia da identidade – algo como uma réplica a *Diferença e repetição*, de Deleuze. Quanto ao primeiro item, é verdade que Giannotti nega ter procedido a "uma leitura ou interpretação de Marx". É, porém, o que faz em numerosas passagens e em quase todo o quinto ensaio ("Formas da sociabilidade capitalista"), quando, para nos persuadir que Marx escreveu o livro que inegavelmente "desvenda as formas elementares da sociedade capitalista", não nos poupa nenhum dos momentos do ciclo de transformação do capital. "Rotação alucinante", diz ele. E, lendo-o, concordo: diria mesmo *atordoante*, no sentido menos metafórico da palavra. Em vez de "leitura" gianottiana, seria melhor falar aqui em "releitura" – algo acelerada. Mas essa releitura, terrivelmente alusiva (a não ser para alguns especialistas), não me parece aclarar nem o *projeto crítico* nem o *projeto central* que fazem desses seis ensaios um *livro* – a saber, a ontologia do social que nos é proposta.

A vingança do bom selvagem e outros ensaios

Quero dizer com isso, mais precisamente, que o estilo uniformemente marxiológico de Giannotti poderia enganar o leitor, levando-o a desconhecer a originalidade de sua reflexão. É uma convicção bem firme do autor que a análise marxista do valor continua sendo a chave para a compreensão de nossas sociedades. Mas por que às vezes nos dá a impressão de que seu livro está a *serviço* dessa tese? É o inverso, parece-me, que é verdade. Essa tese só adquire (ou readquire) vida e interesse ao ser referida à problemática e à configuração conceitual de *Trabalho e reflexão*. É a *démarche* do autor que lança uma nova luz sobre os dogmas marxistas, e não estes que a validam. Por isso, seria lamentável que o texto de Giannotti fosse julgado apenas segundo a medida do marxismo doutrinário, e servisse somente de alimento à voracidade de marxólogos e marxistas de todo jaez. Aliás, não ficaria o próprio Marx ligeiramente irritado com isso? Tomemos um exemplo imaginário: teria Proust apreciado que *Em busca do tempo perdido* se tornasse propriedade dos sexólogos, e de mais ninguém?

Por que, exatamente, Giannotti faz tanta questão de *refletir com* Marx? A dar-lhe crédito, é essencialmente porque Marx soube recolocar a dialética hegeliana no lugar onde ela não era esperada: nas condições de funcionamento do processo de produção capitalista. Desde cedo, "seu objetivo é mostrar que o motor da negação não reside num absoluto, inscrevendo-se, ao contrário, no próprio desdobramento do processo produtivo" (p.243). Assim, a velha negatividade hegeliana volta a encontrar um serviço – não mais, sem dúvida, como discurso do Absoluto, mas na investigação de um fenômeno circunscrito pela história. Localizando, assim, a dialética no coração do *Capital*, Giannotti mata dois coelhos com uma cajadada: não apenas se

Gérard Lebrun

opõe ao althusserianismo, mas priva de seus direitos toda *teoria geral* do social. Com efeito, toda sociologia será forçosamente uma disciplina abstrata, pois desconhece a diferença de relevo entre formas de sociabilidade pré-capitalistas e capitalistas, e nem pensa em ordenar a análise dos comportamentos sociais segundo a onipresença da forma valor – "a única capaz de emprestar inteligibilidade às categorias com que o sistema labora na superfície" (p.227). Assim, que ninguém entre nas ciências sociais se não for dialético, porque o modo de produção capitalista (que, ainda por algum tempo, constitui o nosso destino) torna indispensável a inteligibilidade dialética. Portanto, se o capitalismo é nossa morada, só podemos compreender o jogo das relações sociais – e atenção: de *todas* as relações sociais (pois o marxismo, ao giannotizar-se, nada perde de seu imperialismo – passando por uma exposição prévia das determinações *formais* da mercadoria. E essa exposição necessariamente ultrapassa a competência de qualquer lógica do Entendimento. A análise do Capital, entendido como Logos do social, arrasta-nos, assim, numa descida aos infernos para a qual nenhuma metodologia positiva poderia servir-nos de guia. E Giannotti põe os pingos nos is: "Um físico fiel aos cânones de sua ciência não pode entender *O capital*" (p.78).

O que implica duas coisas. Em primeiro lugar, que não há dialética da natureza, e a autoridade do dialético termina na soleira dos departamentos de Física, Química e Biologia – o que pode causar uma apoplexia nos teóricos do materialismo dialético porventura ainda existentes. Mas, em segundo lugar, a dialética, promovida a ciência suprema do social, não tem contas a prestar a nenhum método elaborado pelas ciências do entendimento. Nesse domínio, o dialético pode trabalhar sem

A vingança do bom selvagem e outros ensaios

tutor. Qual será a sua tarefa? Consistirá em reencontrar, por meio de sua grade neo-hegeliana, as linhas de força que articulam em segredo, muito aquém da aparência, a constituição do campo social. Labor ingrato como nenhum outro, pois nada se compara à opacidade do social. Nada mais complexo do que a rede de suas representações constitutivas, de suas fetichizações e totalizações. Sob a condição, está claro, de não pensar o social *atomizado*, à maneira dos sociólogos, como uma coleção de indivíduos autônomos. É verdade que o próprio Giannotti, por razões pedagógicas, não hesita em usar exemplos trivialmente atomistas para fazer-nos chegar ao ponto zero da socialidade. E o leitor cruzará, no correr dessas páginas, com multidão de bons selvagens trocando arco por flechas, melanésios que têm a experiência do outro pescando ou remando; chegará mesmo a ter sua primeira lição de ontologia social com dois jogadores de pingue-pongue. Mas essas aparentes robinsonadas têm por único objetivo tirar de sua ingenuidade o sociólogo positivista. "Se assim procedemos, foi porque preferimos começar pelas aparências com que laboram os cientistas contemporâneos, pela crítica do pressuposto que toma o indivíduo social como um dado" (p.245).

Este o inimigo número I da ontologia do social: o *atomismo*, a tentação de compreender o todo como justaposição das partes e o social como a soma de unidades. O livro inteiro se incumbe de extirpar essa ilusão – mas isso depende da primeira questão que propõe: o que é o *indivíduo*? E quando temos o direito de determinar uma entidade como um polo *identitário*? Humianos e nietzschianos aturdidos elidem essa questão, e contentam-se em postular, como ponto de partida, os seus átomos, os *minima* ou "centros de força". Fazem uma *dispersão de elementos*, que o vendaval do acaso depois reagrupará de uma maneira qualquer. Giannotti, porém, não se cansa de problematizar o elemento, de interrogar "o indivíduo dado", essa falsa evidência que poda toda investigação constitutiva. "Nunca pretendemos mais do que mostrar que atrás da perdurabilidade da coisa, da sua identidade lógica, que permite a referência do nome próprio, se esconde um processo social da avaliação e transformação" (p.241). E também: "desde o início estamos insistindo que os fenômenos sociais se individualizam por um movimento prático onde forma e conteúdo se põem um para o outro" (p.322). Não nos enganemos: a *identidade* verdadeira é a parada (arbitrária) num movimento, a reificação (passageira) de uma reflexão. A identidade verdadeira não designa o recolhimento de um ser sobre si mesmo. Se por preguiça acreditamos nisso, é porque nos regulamos em segredo pelo paradigma – impróprio – das coisas da natureza (como se falássemos da *mesma* ação ou da *mesma* instituição, como se falássemos da *mesma* pedra ou da *mesma* estrela). Já a ontologia do social desvenda o sentido da identidade recompondo o trajeto subterrâneo da *identificação*. "O *idêntico*, o *mesmo*, não é mais do que a própria passagem, a trajetória da própria identificação, que, em virtude de determinar formalmente um objeto como cruzamento de comportamentos de comparação e de substituição, transforma-o no representante de uma identidade posta" (p.32).

Posição, "anteposição", "reposição" – deixemos ao leitor o trabalho de acompanhar os dédalos dessa nova *lógica da essência* e de percorrer as determinações que permitem falar de *um* fenômeno social, de *uma* classe, *uma* instituição. Repto lançado à ontologia parisiense? Sim, é isto que está em questão. Pois aquela apressou-se demais ao fazer a Diferença triunfar de uma Identidade caricata, e em ver em Hegel, desdenhosa, "o último dos discípulos de Parmênides". Mas Giannotti – e isso é o mais interessante – não aceita ser tido como um "logocentrista" (como se dizia em Paris há alguns anos). Onde estaria *centrado* o logos nesse balé ultramobilista que Giannotti encena, e que ele compara, com muita justiça, a "um jogo de espelhamento"? "Queremos tomar a sociedade como um processo simbólico capaz de se gerar por si mesmo, de constituir por si próprio os passos em que assenta suas representações. Estamos defendendo a tese de que qualquer instituição, da pessoa ao Estado, ganha sua própria identidade no movimento de espelhar-se numa superfície refletora, de descobrir traços que se fixam pelo ato da descoberta" (p.300). O que visivelmente apaixona Giannotti é o caráter especular da dialética.

Longe de mim a tentação de estilhaçar esses espelhos. *Trabalho e reflexão* não é *A dama de Shangai*. Longe de mim a ideia de criticar um pensamento tão coerente. Só me pergunto se o autor não continua sendo, mais do que gostaria, um herdeiro do pensamento clássico em que se nutriu. Pois, afinal, é precisamente um pensamento *fundador* ou *constitutivo* que requer atos tão destros, executados com o brio que se imagina. Uma vez mais, somos convidados a remontar às condições de possibilidade. Não é por um lapso que Giannotti fala várias vezes na "ótica transcendental" que é a sua, ou diz que o "esquema operatório do trabalho", que gera todas as demais formas de sociabilidade, exerce uma função "genético-transcendental" (p.304). Observemos de passagem que a escolha dessa abordagem *transcendental* talvez não se faça sem dificuldades. Como pode uma análise ser transcendental sem se referir que seja a algum *cogito* clandestino, a algum ego doador de sentido (coisa de que Giannotti entende se proteger como da peste)? Isso poderia ser problematizado, mas não é nesse ponto que me deterei.

O que quer dizer a palavra *transcendental*? Designa a lei ou regra segundo a qual, de modo inteiramente necessário, um fenômeno se dá – a norma imprescritível do seu aparecer. Não é possível, portanto, estipular matriz transcendental para um fenômeno social (o Estado), sem com isso colocar que existe uma configuração mínima determinando, através dos tempos e das civilizações, alguma coisa como um "Estado". Em suma, não pode praticar análise transcendental quem não é essencialista... Essencialista: é verdade que Giannotti o é de maneira discreta. Por isso, muitas vezes sublinha a relevância dos cortes históricos e a necessidade de levarmos em conta as monografias. Seria um absurdo, por exemplo, propor uma teoria geral das formas estatais pré-capitalistas "sem passar pelo estudo pormenorizado de suas figuras particulares" (p.319). Isso posto, resta – ou ao menos é o que me parece – que o "logos prático" de que ele fala atravessaria, por suposto, todas as formas históricas e econômicas, ainda que seja desigualmente explicitado nesse percurso. O autor adota, ao menos implicitamente, o ponto de vista do absoluto, quando descreve como se constitui *toda* comunidade, *todo* Estado – considerando, é claro, as variações conjunturais que não poderiam ser eliminadas sem que com isso se reduzisse a análise dialética a um teatro de marionetes no qual se agitariam o capital, o salário, o imperialismo etc. (p.228). Mas essa concessão à empiria não permanece *mesquinha*?

A vingança do bom selvagem e outros ensaios

É por isso, na verdade, que eu comecei dizendo que se perderia o aspecto mais interessante deste livro, a reduzi-lo à defesa e ilustração de teses marxistas. Quanto a estas, é claro que cada um está livre para aceitá-las, matizá-las ou recusá-las. Pessoalmente, eu escolheria muitas vezes este último partido. Assim, Giannotti não me convencerá de que o seu *esquema operatório do trabalho*, por sutilmente analisado que seja, contenha o segredo de todas as relações sociais (p.63-4). Dificilmente conseguirá me persuadir que a distinção proposta por Habermas entre processo técnico e troca simbólica não é pertinente, e, por conseguinte, não se poderia criticar Marx por ter escamoteado tal oposição (p.308). Nunca me fará acreditar, a despeito de toda a sua engenhosidade, que a formação de um *tesouro* é o núcleo necessário da forma política "Estado", e que o nível atingido pela produção pública é o que determina a "re-presentação" da comunidade sob a forma do *poder estatal*. Mas não é isto que conta, e nunca julgarei esse livro contentando-me em opor a minha *opinião* à do autor. "Uma certeza nua", dizia Hegel, "tem tanto peso quanto qualquer outra". O que me interessa é saber por que Giannotti tantas vezes não me convence. Seria por princípio?

É porque sou incuravelmente "reacionário"? Não, pois o que me incomoda não são as teses sociopolíticas: é o método essencialista que me desconcerta. O que me incomoda não é, por exemplo, a osmose que o autor efetua (com muita habilidade, por sinal) entre o político e o econômico: é ele apresentar essa tese como uma verdade da razão. O que me perturba não é a utilização que faz dos exemplos históricos (o tesouro do faraó ou o *ager publicus* romano): é o fato de que as ocorrências históricas vão a reboque de uma eidética – e de que, no limite, a história dos historiadores já não nos ensina muita coisa, mas serve, basicamente, para verificar o acerto da dialética das formas. Em suma, o que me afasta de Giannotti não é ser ele marxista: é que o seu marxismo me parece uma *ancilla philosophiae transcendentalis*. Não é ser ele dialético: é que a sua dialética sirva a um projeto neo-husserliano.

Giannotti não mudou muito desde o tempo (remoto) em que líamos juntos as *Lições para uma fenomenologia da consciência íntima do tempo*, de Husserl. Um dia, pôs-se a franzir o cenho quando subitamente lhe revelei que esse degringolar de um "grau de constituição" a outro começava a me causar vertigem e que talvez estivéssemos em plena fantasmagoria. Foi mais ou menos como se eu confessasse um vício que ele desconhecia em mim. "Mas, então, você não aceita os *a priori materiais*?" Não ousei (ou não soube) responder-lhe que estava me tornando alérgico aos *a priori* em geral, e à maquinaria transcendental em seu conjunto. O que eu não poderia de jeito nenhum acompanhar, hoje, é esse remontar a condições de possibilidade que circunscreveriam o que um fenômeno deve ser – por essência.

Nesse trajeto, Giannotti é coerente quando ataca a miopia das ciências sociais e a história dos historiadores, relegando ambas entre os saberes do entendimento. O historiador, por exemplo, laboriosamente efetuará a conexão da fuga dos servos para a cidade (F) com o desenvolvimento do capitalismo (D). Ora, tratar-se-á, ontologicamente, de dois fatos separados? "Pois não existe uma lei geral assegurando a conexão dos eventos, sendo que o desenvolvimento do capitalismo só constitui para nós um fato intrigante depois que soubermos que F se liga a D porque é o mesmo que D, pois naquelas circunstâncias concretas o capital variável só poderia efetuar-se

A vingança do bom selvagem e outros ensaios

na dependência dessa fuga. A despeito das diferenças concretas entre F e D, é a mesmidade epocal de ambos, a base da mais-valia só podendo assumir a forma do servo Jujão [*sic*], que nos desperta o interesse por este último fenômeno" (p.340-1). Assumamos a matriz "capital" e perceberemos como acontecimentos aparentemente isolados são, na realidade, *momentos* da mesma configuração. Conceitualizemos (*begreifen*) em vez de dissecar, e a contingência não demorará a dissolver-se, o sublunar a dissipar-se... Assim, o autor escolhe o lado da *Vernunft* integradora – com Aristóteles (contra os atomistas), com Hegel (contra o Entendimento). E mostra-nos, melhor que qualquer outro, graças à sua destreza conceitual, como Marx foi uma *estação* dessa tradição.

Giannotti prossegue sendo coerente ao construir o conceito de uma História como *Weltgeschichte* totalizadora, e mostrar como a historicidade do vir-a-ser provém do autoequilíbrio do capitalismo. Sem dúvida, essa História é uma temporalidade pervertida – e o seu fim deverá ser mais brutal do que em Hegel, exigindo a tomada de mais algumas Bastilhas e Palácios de Inverno. Mas, sejam quais foram as suas diferenças com o hegelianismo, o importante é a aliança objetiva do autor com Hegel, e a sua oposição àqueles para quem "a história como totalização seria apenas uma das muitas ilusões que o século XIX nos teria legado, tentativa fracassada de aplicar na rede intrigante dos atos humanos uma racionalidade *a priori*" (p.322). – Para que continuar? Seria de extremo interesse ler *Trabalho e reflexão* notando, à sua passagem, todos os *topoi* e temas que fazem de seu autor, acima de tudo, um *continuador da Vernunft*.

Não: não pretendia criticar Giannotti. Balizar não é criticar. Queria apenas explicar por que a sua expedição espeleo-

Gérard Lebrun

lógica é uma empreitada que me contentarei em admirar, sem dela querer participar. Não digo isso pelo vaidoso prazer de dar a *minha opinião* (as opiniões, repito, nada têm a ver com os juízos filosóficos). Acontece simplesmente que, nos limites deste artigo, só poderia propor a ajudar, por pouco que fosse, o futuro leitor a *orientar-se* com relação a um texto de extrema riqueza. Tentando medir a distância a que me sinto deste livro, que eu tenha permitido a outros leitores sentir a proximidade que sentirão em relação a ele! Giannotti pertence ao "grande racionalismo". Foi Merleau-Ponty que cunhou esse termo — e, na sua boca, era muito elogioso.

Fenomenologia é tema de livro subversivo*

Se me perguntassem quais são, em história da filosofia, os dois livros mais subversivos que li nos últimos anos, eu responderia sem hesitar: *Plato und die Formen des Wissens*, de Wolfgang Wieland, e *Crítica da razão na fenomenologia*, de Carlos Alberto de Moura.[1] Em comum, ambos têm ao menos o fato de querer pôr fim a uma lenda. Respaldados pelo peso da tradição, diz Wieland dirigindo-se a nós, vocês acreditam que Platão é o autor de uma teoria das formas. Pois bem, releiam Platão, procurem essa teoria nos textos, e vocês não a encontrarão. De tanto ter ouvido falar no fracasso da fenomenologia, diz Carlos Alberto de Moura, vocês acham que Husserl foi a última grande figura da loucura especulativa, o último infeliz arquiteto do saber absoluto. Pois bem. Vejam mais de perto, e perceberão que a fenomenologia nada mais era do que uma nova crítica da razão, um empreendimento de monta, perceberão que Husserl é o sucessor de Kant

---

* *Folha de S.Paulo*, 9 dez. 1989.

1 Moura, *Crítica da razão na fenomenologia*. São Paulo: Nova Alexandria, 1989 [2.ed. São Paulo: Editora Unesp, 2022]. Todas as citações são da primeira edição dessa obra.

e não o rival de Hegel. E a lenda do fracasso – álibi para os existencialismos e as hermenêuticas do ser – provém do fato de que os discípulos não compreenderam o pensamento do qual eram apóstatas. Pois o livro de Carlos Alberto é também uma história de humor sombrio: como os filhos podem matar o pai apenas por incompreensão.

A demonstração é impressionante, antes de mais nada porque segue de muito perto a "marcha" de Husserl e as autocríticas que o guiam. Já sabíamos que a fenomenologia nunca teve por fundamento um sistema acabado, mas um sistema vivo, que se rearranja constantemente. Mas o mérito de Carlos Alberto é mostrar que essas modificações nunca foram gratuitas, mas eram destinadas a superar as sucessivas dificuldades que o filósofo via surgir diante de si. A ordem das razões, aqui, é o percurso das aporias – e isto desde sempre.

Que existam objetos ideias, que o número 5 seja um objeto tanto quanto a cidade de Roma, eis o que marca a ruptura de Husserl com o "psicologismo", mas também sublinha uma *dificuldade*, colocada em evidência pelos leitores dos *Prolegômenos* de Kant: como pode haver representação dessa *objetividade*? E, de um modo mais geral, como uma representação, qualquer que seja, pode ser relativa a um objeto? Essa dificuldade leva Husserl à decisão de adiar a fundação da lógica e abrir, a partir das *Investigações lógicas*, um parêntese que ele jamais fecharia: a exploração da esfera das vivências intencionais, para nelas descobrir o segredo da objetividade. Estaria a carreira de Husserl desde então traçada? Ainda não. Pois não basta se perguntar sobre a origem da validade dos conceitos: é preciso antes ter estabelecido que temos o direito de nos colocar "sobre esse terreno" para proceder a essa elucidação, e, mais exatamente, que temos o direito de recolocar o universal em uma série de *individuais*.

A vingança do bom selvagem e outros ensaios

Ora, "como é possível formar um conceito universalmente válido sob a fase da intuição de um indivíduo?" (p.110). Essa questão nos leva a um terrível dilema: ou nos permitimos recorrer à fenomenologia compreendida como psicologia descritiva — mas a psicologia, na medida em que só é capaz de nos fornecer fatos, não poderia fundar a objetividade de um conceito; *ou então* constatamos essa impotência da descrição fenomenológica e, mais uma vez, temos de renunciar à tarefa da fundação. Como sair desse impasse? A única solução é admitir que existam essências, ou seja, não mais identificar, como Aristóteles, *existência* e *existência individual*. Desse modo, será possível remontar à *essência* da vivência intencional, e, assim, o método deixará de ser incompatível com o projeto de fundação. Vê-se que não é por saudades do platonismo que Husserl se torna essencialista, mas para resolver um problema metodológico muito preciso. Um dos maiores interesses do livro é reinscrever, sistematicamente, os conceitos de Husserl nas aporias que eles deveriam dissolver. Não há filosofia que antes não tenha sido um passatempo aporético.

Husserl não foi, portanto, esse exorcista que de repente teria decidido partir em uma guerra contra os demônios do psicologismo. Com muita lentidão, por razões técnicas bem precisas, ele se distanciou da investigação psicológica, até livrar-se dela por completo e decidir que o saber que inaugurava seria muito diferente da psicologia descritiva que ele ainda invocava em 1901, nas *Investigações lógicas*. O encadeamento dessas transformações em ritmo lento permite ao leitor testemunhar o momento em que a fenomenologia alça voo e depois ganha envergadura, com o *coup de thêatre* de 1907, que põe o novo método sob o signo do *idealismo*. Como mostra o autor, isso não chega a surpreender.

Gérard Lebrun

Pode parecer que Husserl, quando fala em *idealismo transcendental*, teria renunciado à neutralidade metafísica que até então preconizara. Não teria desviado a nova ciência, inserindo-a na velha querela do idealismo e do realismo? Essa objeção, dirigida a ele pelos discípulos, certamente tinha razão de ser. Mas é justamente essa razão de ser — entenda-se: essa *ingenuidade* — que Husserl, a partir de 1907, pretendeu desautorizar. Com efeito, se mantida a atitude que ele tinha em 1901, seria impossível para a descrição transgredir a esfera (ainda cartesiana) da imanência. Também seria impossível, pela mesma razão, tirar algum proveito da revisão a que Husserl submetera a noção de intencionalidade (e que Sartre iria depois celebrar, em um texto mais fulgurante). Pois, de que serve assegurar que o objeto intencional é transcendente, se a análise das vivências é incapaz de se estender até esses objetos transcendentes? Da mesma forma, de que serve denunciar as teorias clássicas da representação, de Locke a Brentano, se continuamos a aceitar o que elas pressupõem, a saber, que o mundo é transcendente enquanto *exterior à consciência*? Assim, é preciso recolocar em questão o par interioridade/exterioridade. Começa então o diálogo de surdos entre o mestre e os dissidentes. Estes acreditam que Husserl, traindo a sua inspiração primeira, estaria novamente levando a sério o debate gnosiológico tradicional, quando ele na verdade destrói a conceptualização que tornara esse debate possível.

Quando eu digo que percebo uma macieira, trata-se de uma macieira em flor, a dez passos de mim, no jardim. Não se trata de sua imagem ou de algum outro substituto. Por que vocês não se convencem de uma vez? É que vocês teimam em falar em "coisa pensante" e "coisa extensa": permanecem reféns da ideologia cartesiana. Em suma, recusam-se a decolar do

A vingança do bom selvagem e outros ensaios

chão – tão familiar quanto pouco estudado – da "atitude natural". Ora, essa atitude natural é apenas uma interpretação, e o fenomenólogo oferece a nós a oportunidade de trocá-la por outra, ao menos durante a operação de redução. Ela é uma mera interpretação, a exemplo da visão dos prisioneiros na alegoria de Platão: eles também estavam tão seguros de estar com a verdade, que nem sequer sabiam que estavam em uma caverna... Para Husserl, assim como para Platão, o saber filosófico começa fazendo-nos tomar consciência da interpretação como tal, reestabelecendo o ponto de vista como ponto de vista. Por isso, é preciso destruir a cena e substituir a "consciência" oposta ao "mundo exterior" por uma consciência sem exterioridade – revolução comparável àquela que, na pintura, levou do figurativo ao abstrato. É isso o que está em jogo na redução.

Para dizer a verdade, é Fink quem compara a redução com a saída do prisioneiro para fora da caverna. Carlos Alberto, de sua parte, evita sugerir uma semelhança entre fenomenologia e saber platônico. Pelo contrário, no capítulo 6, particularmente bem-feito, consagrado à "redução transcendental", ele demonstra que se comete um contrassenso acerca do novo conceito de consciência elaborado por Husserl quando simplesmente se compreende a atitude transcendental como a *verdade* da atitude natural. Melhor dizer, mais modestamente, que a redução é a interpretação inédita que, sozinha, permite à análise eidética desdobrar-se sem entraves. Seguindo passo a passo a longa iniciação que está no coração de *Ideias 1*, Carlos Alberto nos permite descobrir que o texto só é coerente se o leitor tiver o cuidado de não tomar a atitude transcendental como o substituto da atitude natural, e não identificar entre si os dois tipos de objeto que Husserl menciona nessas páginas:

Gérard Lebrun

o objeto intencional, tal como descrito em regime de redução, e o objeto *puro e simples* (ingenuamente colocado pela atitude natural). Essa distinção é essencial à inteligibilidade da exposição. Em outros termos, a redução, como modo de decodificação indispensável ao trabalho filosófico, não deve em absoluto nos levar a tomar a *atitude natural* como ilusória e ultrapassada. Essa atitude se mantém plenamente e em vigor: é sobre o seu terreno que deve se posicionar aquele que estuda "a natureza das coisas". Portanto, o filósofo husserliano *realmente* terá de retornar à caverna: se a deixou para trás, nem por isso ela se dissipou como uma miragem.

Poderíamos então perguntar: o que ganhou esse filósofo ao tomar emprestado o "grande aparelho da redução"? Carlos Alberto responde: ele pode livrar-se do problema do conhecimento "tal como era formulado" no quadro de uma atitude natural; ele não precisa mais pensar em abrir um caminho que nos leve da interioridade do Eu à exterioridade das coisas, de uma "região do mundo" a outra. A fenomenologia só poderá pretender-se exaustiva se recusar essa *positivo questionis* tradicional. Entretanto, é preciso logo acrescentar que, longe de descartar todo problema do conhecimento, ela o reformula em outros termos. Pois ela não pretende desqualificar nem desmistificar o conceito de conhecimento, mas retornar até o verdadeiro enigma colocado pelo *conhecer*. Por ter desenraizado os pressupostos que viciavam as teorias intramundanas do conhecimento, a fenomenologia não deixa de ter o conhecer como tema. Como os polos de identidade podem surgir na multiplicidade do aparecer? Essa é a questão (retomada de Hume) que guia a problemática husserliana da *constituição*. Não devemos perder de vista que a fenomenologia – ao menos a de Husserl – se toma, ela

A vingança do bom selvagem e outros ensaios

também, por uma *crítica da razão*, e que essa crítica, ainda que liberada dos entraves kantianos, não renega o espírito do kantismo. "É apenas essa crítica da razão que figura no horizonte de Husserl. Apenas ela define o problema da fenomenologia" (p.37). Essa é a tese que torna o livro discreta, mas veementemente polêmico, do início ao fim. Desde o título.

Não se enganem: se Carlos Alberto de Moura tem razão, significa que Fink, Heidegger e Merleau-Ponty, entre outros, foram fenomenólogos desatentos, mais do que discípulos infiéis. Se ele tem razão, a leitura de Husserl por Foucault não se sustenta, e *As palavras e as coisas* ameaçam vir abaixo. Mas, o que fazer? Esse trabalho de demolição (cuja amplitude poderia escapar ao leitor desprevenido) é comandado por uma simples preocupação com o rigor. Se ignorarmos a fidelidade de Husserl em relação à *Erkentinnistheorie*, pensa Carlos Alberto, não tardaremos a exigir da fenomenologia husserliana performances que ela jamais poderia conceber. É nesse ponto que as críticas voltadas contra ela começam a ruir. Dessa análise eidética da vida intencional, vivida sem viseiras, chega-se a uma explicação do *ser*, como se o objetivo da redução fosse abrir caminho para uma investigação ontológica. A essa paciente elucidação do representado, associamos, erroneamente, um projeto totalizante de estilo hegeliano. Tal foi a interpretação de Fink, cuja exegese Carlos Alberto, mais severo que o próprio Husserl, recusa repetidas vezes. Fink dá à ciência da *subjetividade pura* elaborada pelo mestre o caráter de um saber absoluto, o que parece agora decepcionante. Ora, se formos aos textos, veremos que a ambição dessa ciência de novo gênero é na verdade mais modesta. Ao falar da constituição, Husserl não dirá que ela designa uma explicitação do ser, mas se limitará a indicar que, para ele, a solução dos "problemas de constituição" é equivalente a uma "fenomenologia da razão" (p.236-7).

Certo, permanece o fato de que o objeto intencional nada tem de uma imagem ou signo que remeteria a algo "externo". Nesse sentido, repitamos, Husserl desmantelou o problema clássico da representação. Entretanto, a eliminação dessa estrutura representacional não significa, de modo algum, que o terreno esteja liberado para o desenrolar de um saber absoluto, pois – seguindo a leitura *paranietzschiana* de Carlos Alberto – a redução será sempre, no limite, apenas uma *interpretação* da qual não se deve esperar que ela diga o seu *ser*, que só tem sentido, precisamente, na *interpretação representativa*. Carlos Alberto é, assim, perfeitamente coerente: Heidegger, como Fink, erraram enquanto leitores de Husserl, erraram ao pensar que o mestre não conseguiu resistir ao prestígio da representação. Não entenderam que a redução é apenas um sistema de leitura, uma "decodificação" (essa palavra é utilizada com frequência) que só poderia excluir a direção ontológica, que só tem sentido e interesse *em regime de representação*. Eis por que hermenêuticas e existencialismos só se introduziram na fenomenologia graças a um contrassenso inicial.

Talvez restasse ainda indagar se o contrassenso não teria sido possivelmente autorizado e mesmo às vezes estimulado pelo próprio Husserl. Talvez devêssemos perguntar se Husserl teve sempre a clara consciência de que, com a redução, estava apenas forjando um fecundo sistema de interpretação, e nada mais. De minha parte, suspeito que não. E isso por uma razão. Carlos Alberto descreve com clareza admirável a crítica da teoria clássica da representação, tal como operada por Husserl. Mas, no fim, não seria Husserl conivente com o que

A vingança do bom selvagem e outros ensaios

poderíamos chamar aqui, tomando uma expressão de Foucault e Deleuze, de *dispositivo de representação*? Sua busca não é conduzida, de uma ponta a outra, pela ideia da transparência de princípio do ser ao pensamento, justamente aquela que a "razão clássica" era incapaz de colocar em evidência? Se é assim, fica mais fácil ver na fenomenologia o estopim de um saber absoluto – não importa a modéstia de seu criador. As interpretações dos discípulos seriam, então, mais compreensíveis, e também mais desculpáveis, com sua constatação de fracasso: enquanto pensamento do *logos*, a fenomenologia só poderia acabar nessa suntuosa implosão (teológica). Carlos Alberto de Moura escreveu um livro muito bom, que deverá marcar os estudos husserlianos. E ele conseguiu persuadir-me de muitas coisas – exceto uma, é verdade: que "discurso da razão" e "modéstia" não possam ser compatíveis.

A personagem do escritor*

Um congresso nacional ou a fundação de uma associação nacional de escritores leva a opinião pública a indagar sobre o lugar do escritor na sociedade. Às vezes, ouvimos dizer que esse lugar coloca um problema. Essa maneira de falar não é incorreta, mas implica um risco. O risco de nos fazer esquecer que esse lugar já foi determinado quando a cultura moderna criou a função do escritor. E o "escritor", segundo Foucault, remonta a uma data tão recente como o "homem".

Teriam os grandes clássicos se considerado como profissionais da *escrita*? É duvidoso. E os autores gregos que participavam dos concursos de tragédia, ou os poetas latinos financiados por Augusto – teriam eles consciência de *construir uma obra*, de distinguir a linguagem de seus estilos? Parece mais provável que trabalhassem sob encomenda. Sua preocupação, antes de qualquer outra, era interessar a audiência ou agradar a seu benfeitor. Lucrécio foi um propagandista do epicurismo – sem dúvida, genial. E é por isso que o chamamos de escritor.

---

* *Jornal da Tarde*, 20 abr. 1985.

Do mesmo modo que a todos os clássicos: nós os fizemos membros de uma mesma dinastia da escrita, deixando que se apagassem os traços do interesse (religioso, ideológico, comercial ...) que os levou a escrever. E também porque parece-nos natural que sempre tenham existido profissionais da escrita.

Entretanto, Shakespeare era diretor de um grupo de teatro, Racine, historiógrafo do rei... Durante muito tempo, a escrita de ficção não passou de uma atividade que angariava prêmios, favores, consideração – mas jamais exercida por uma personagem que tenha merecido um lugar à parte na ordem social. Para que pudesse surgir o escritor como categoria social, tiveram que ser preenchidas inúmeras condições. Por exemplo, foi necessário que a arte de imprimir se tornasse uma espécie de indústria cultural e que se criasse um *público* suficientemente grande – o que só ocorreu no século XVIII, quando se começa a falar em "sucesso de vendas", quando a primeira tiragem da *Nouvelle Héloise* se esgotou em poucos dias.

Essas constatações podem parecer banais. Mas, ao menos, elas nos permitem avaliar como é estranho que as simples expressões "indústria cultural" ou "mercado cultural" apareçam tão frequente e pesadamente carregadas de um sentido pejorativo, como se a difusão comercial de um produto literário ou artístico contradissesse a sua natureza profunda e ameaçasse a sua autenticidade. Ora, a condição (sem falarmos na profissão) do escritor é inseparável da existência de um mercado cultural. Não estamos menosprezando a literatura ao constatarmos que ela está submetida à lei da oferta e da procura: foi ao final do século XVIII que o romance se impôs como gênero na Inglaterra, e que o público passou a exigi-lo um pouco como exige hoje as telenovelas – e foi durante a segunda metade do século XX

A vingança do bom selvagem e outros ensaios

que começou o seu declínio, ao menos na Europa. Tampouco estamos menosprezando a literatura ao constatarmos que a decisão de produzir uma obra literária pode ser descrita e compreendida como tentativa de lançar um produto. O escritor não é um visionário solitário que se descobre, *por acréscimo*, fornecedor de bens de consumo da imaginação. Sua obra é uma produção, e se ele ousa, desde há pouco mais de dois séculos, marcá-la com sua subjetividade, é porque sabe que o público quer "algo mais" — que talvez corresponda ao que ele tem a oferecer de original. O acesso a um público é o *ato da escrita*, no dizer escolástico, e o conteúdo de uma obra é inseparável da ideia do público que ela pretende convencer ou emocionar.

Certamente não pretendemos com isto afirmar que todo escritor se esforça para agradar ao gosto de um público: isso seria absurdo. Quem ignora que o grande escritor é, frequentemente, aquele que consegue fomentar um interesse inédito e criar uma nova demanda? Mas, mesmo então, a reação do público vai testando a originalidade do texto. Muitos escritores foram desconhecidos de seu tempo. Que seja. Mas como sabemos que o foram? Porque outra geração, de gosto diferente, retirou-os do limbo e *reconheceu* seu justo valor, como se costuma dizer. Foi a esse público que esses autores desafortunados se dirigiram enquanto vivos. "Não serei compreendido antes de 1880", dizia Stendhal — e isto era mais que um repente.

Que não se alegue o caso dos escritores consagrados, de reputação "difícil", e cuja audiência não supera o círculo dos *happy few*. Em primeiro lugar, eles também, e talvez principalmente eles, se dirigem a um público de contornos bem definidos. Além disso, a indústria cultural tende a tornar essa situação mais rara do que era no início do século. Que eu saiba, Guimarães Rosa atingiu um público bastante amplo. Na França, no intervalo de poucos anos, Marguerite Yourcenar e Marguerite Duras, ambas já avançadas em anos, conheceram subitamente a glória. Existem, como existirão sempre, autores tratados injustamente (como os atores de talento que não conseguem brilhar), embora os padrões atuais de difusão reduzam o número dos chamados "malditos".

Um desejo de reconhecimento, especificamente moderno, explica as origens do escritor, e o seu reconhecimento efetivo por um público é o que o constitui como tal. Por isso, é impossível, nesse caso, distinguir o valor intrínseco do preço estimado. A frase de Hobbes se aplica aqui com perfeição: "O valor de um homem é o seu preço". Todo escritor, mesmo aquele que se lastima por ser rejeitado ou incompreendido, sabe que assumiu o risco de deixar que a opinião, e somente ela, julgue o seu valor. Sobre esse assunto, Adam Smith escreveu uma bela página na *Teoria dos sentimentos morais*, indagando-se por que os escritores são mais suscetíveis que os doutos e infinitamente mais sensíveis à menor crítica. O escritor não poderá, como o artista, responsabilizar a *ignorância* do público pelo seu fracasso, nem, como o ator, atribuí-lo aos papéis medíocres que lhe foram confiados. Caso não queira assumir a culpa, só lhe restará acusar o público por falta de gosto, e voltar-se para uma *geração futura*, mais curiosa, mais sutil, que lhe faça justiça. Ele não pode abster-se da *opinião*. Estejamos, portanto, certos de que o escritor, essa personagem cuja existência nos parece tão natural, teria escandalizado Platão. O que não é de modo algum estranho, uma vez que o escritor só ganhou estatuto a partir do século XVIII, quando se formou a *opinião pública*.

A vingança do bom selvagem e outros ensaios

Nada mais contestável, portanto, do que a ideia – conservadora ou neoclássica – de que os escritores escapam do seu papel quando julgam os negócios públicos, pretendendo aconselhar o príncipe, ou quando se reúnem para definir uma linha política justa, num momento de mutação (na França, em 1945; na Hungria, em 1956; no Brasil, hoje). Num panfleto que obteve grande repercussão nos anos 1930, na França e fora dela, Julien Benda falou na "traição dos clérigos" (dos homens de letras). Acredito que ele se equivocou, pois os homens de letras, entronizados pelo século XVIII, sempre "traíram" – cada qual à sua maneira. Esse direito de censura, esse direito de observação sobre a coisa pública, estão inscritos em sua função. O próprio Kant, pouco suspeito de tendências subversivas, reconheceu que era assim. Ao mesmo tempo criaturas da opinião e criadores dela, por que os escritores deveriam se contentar em comunicar seus estados de alma? A menos que escrevamos para *agradar* (o que de resto nem sempre foi considerado desprezível: é o caso da maioria dos clássicos), escrevemos para *transformar* o leitor – seja para mantê-lo preso a uma intriga romântica, seja para lhe transmitir, através de *confissões*, como Rousseau, uma referência que lhe permita se conhecer melhor a si mesmo. Mas não é fácil traçar o limite entre as intenções de *agradar* e de *transformar*. A menos que se considere um comerciante (o que, na minha opinião, é mais raro do que parece), o escritor, através de sua atividade, pretende exercer uma influência sobre o receptor, seu julgamento, sua sensibilidade, sua maneira de ver os problemas – e por meio delas, queira ele ou não, o seu comportamento político. Eis por que, diga-se de passagem, um regime totalitário pode tolerar os artistas (controlando a sua produção), mas não os escritores – que ele relega à dissidência.

Gérard Lebrun

Se refletirmos sobre o lugar do escritor em relação à opinião, tal como ele foi estabelecido pelos tempos modernos, percebemos que a missão do esclarecimento político sempre foi inseparável do ofício de escrever, desde que este último recebeu direito de cidadania. Isto torna-se evidente quando se trata de um autor famoso. Sua audiência é o índice de que ele soube atingir um público suficientemente grande para que pudesse, ocasionalmente, assumir o papel de condutor de consciências. Portanto, ele continua a exercer a sua função quando toma partido ou denuncia um escândalo. Ao defender Calas e Dreyfuss, Voltaire e Zola não tiveram que descer às armas por vocação: já se encontravam junto a elas.

Do mesmo modo, é surpreendente que a noção de literatura *engajada* tenha conseguido aparecer como nova, nos anos do pós-guerra na Europa. Talvez as diferentes tendências estetizantes do final do século XIX tenham feito esquecer como constituiu-se, sob a *Aufklärung*, a função de escrever, e qual era, em sua origem, a função estratégica desta última.

Todavia, ao indagarmos sobre a natureza da influência exercida por um autor literário, tropeçamos, em seguida, num paradoxo. A revolução que deu início ao modo moderno de pensar foi feita, indiscutivelmente, contra a noção de *autoridade*, e isto de Descartes ao Iluminismo. Seria absurdo considerarmos verdadeira uma tese sustentada pelos doutos simplesmente porque foram eles que a defenderam — isto não se discute. Assim sendo, não é mais à autoridade que devemos nos remeter, mas à competência — que é capaz de mostrar racionalmente por que devemos lhes dar crédito.

Ora, em que se apoia o crédito do público a um autor engajado? Em sua competência? De modo algum. Nada quali-

A vingança do bom selvagem e outros ensaios

ficaria García Marquez e Günter Grass a serem mais ouvidos que outros, quando o primeiro defende o regime cubano e, o segundo, a retirada dos mísseis americanos. Nada, além de sua fama literária. E é aí que se configura o problema. Poderemos, talvez, imaginar que o mesmo ocorre aos cientistas Einstein e Russell: quando se engajaram politicamente, não invocaram competência política particular, mas sabiam o peso que sua autoridade científica iria conferir à sua tomada de posição (inspirada em motivos éticos). Mas, nesse caso, trata-se da mesma fonte de autoridade? A repercussão que terá a intervenção política do cientista vem do fato de que a associação entre *saber* e *sabedoria* permanece poderosa em nosso pensamento pré-refletido. Sem dúvida, o saber do cientista não deveria conferir mais valor à sua opinião política ou confessional; todavia, pensamos espontaneamente que essa opinião tem mais "gravidade" – como diriam os jesuítas do século XVII –, uma vez que ela foi emitida por um "homem-que-sabe" e que deve seu prestígio ao reconhecimento (unânime ou quase) de uma *comunidade científica*.

Eis, precisamente, onde está a diferença em relação à atuação do escritor que, no que lhe diz respeito, deve sua autoridade apenas ao *público*, e que não possui outra credencial a oferecer à opinião além daquela que esta própria opinião lhe conferiu. Nesse caso, a "gravidade" não resulta do valor do trabalho especializado, mais do que resultaria do bom comportamento moral do autor. O que nos recomenda o julgamento do escritor é simplesmente o juízo que fazemos de sua produção. É simplesmente porque foi *reconhecido* por uma parcela da opinião que um autor de textos, cujo valor não é determinável por especialistas (uma vez que os críticos literários são opinantes, não cientistas), torna-se um *autor* no sentido latino original, *auctor*, alguém cujo julgamento possui, logo de início, mais peso que o de outro, e merece consideração *a priori*. Alguém que tem mais direito que outro de chamar o público à vigilância e até mesmo de despertar a sua cólera.

Não se trata, em absoluto, de esboçar a análise de uma mistificação, no sentido corrente e pejorativo da palavra, mas, ao contrário, de indicar quão contestável é a rejeição cartesiana de toda *auctoritas* — e quantos problemas de legitimação ela deixou pendentes. Uma vez mais, Aristóteles tinha razão: os homens não podem abster-se da *auctoritas* — como sabem bem democratas e republicanos nos Estados Unidos, quando recrutam estrelas de cinema para suas campanhas eleitorais. E o Iluminismo, tentando substituir as antigas autoridades pelo tribunal da Razão, nada fez além de criar uma nova forma de autoridade (o filósofo, no sentido do século XVIII, o intelectual, o escritor...), acrescentando, assim, uma nova figura aos jogos de espelho da opinião (a *doxa*). De bom grado acreditaria que a função de escrever foi sacralizada tantas vezes ao longo do século XIX apenas para dissimular a origem puramente *dóxica* da autoridade que se atribui ao escritor. O autor literário deve a sua superioridade na hierarquia social dos valores ao sucesso que lhe é concedido, à "beleza pura" ou ao seu dom de personagem inspirado, à sua capacidade de preceder e guiar a humanidade em marcha pelo caminho do Progresso. Victor Hugo foi a forma acabada desta última figura do mito, que, por certo, comporta muitas versões. Mesmo a "maldição" cultuada no século XIX, a exclusão dos filisteus, contribui para alimentá-lo. O importante é que esse mito foi indispensável

A *vingança do bom selvagem e outros ensaios*

para justificar o fato de que uma autoridade universal emanaria, simultaneamente, de um autor literário.

Hoje, essas justificativas do século XIX nos parecem ingênuas, elas pertencem a outra época. E Foucault estava certo ao assinalar – durante um encontro com Deleuze em 1982[1] – que já não estamos mais como no tempo em que "o intelectual dizia a verdade aos que ainda não a viam e em nome daqueles que não podiam dizê-la: consciência e eloquência". Não se tornou evidente, indaga Foucault, que as massas não têm necessidade dos intelectuais para *saber*? E o intelectual que toma consciência desse fato deve questionar se ele próprio não é parte, em última instância, do "sistema de poder" que condena as massas ao silêncio. "Os próprios intelectuais fazem parte desse sistema de poder, a ideia de que eles são agentes da consciência e do discurso também faz parte desse sistema". Conclusão: "O papel do intelectual não é mais colocar-se um pouco à frente e um pouco de lado para dizer a muda verdade de todos; antes, é lutar contra as formas de poder onde ele é, ao mesmo tempo, objeto e instrumento".

Pergunto-me se essa crítica justa à superioridade do intelectual não leva a uma posição radical. É verdade que o intelectual progressista tradicional iludia-se ao julgar que desempenhava um papel de *explorador*. Mas o escritor, enquanto escritor, poderá *contentar-se* em lutar ao lado das massas, partilhar de suas preocupações? Porque, mesmo que se torne militante, ele não deixará de ser membro de uma elite criada pela opinião e testemunha de uma determinada configuração da cultura. Os es-

---

1 Foucault, *Microfísica do poder*, Ed. Roberto Machado. Rio de Janeiro: Graal, 1982, p.70-1.

critores não são uma categoria social qualquer – e o esforço, certamente considerável, que eles possam mobilizar para se integrarem completamente não poderá pôr fim à sua *condição* de porta-vozes privilegiados.

É fato que, em nossa sociedade, multiplicaram-se as profissões intelectuais que ampliariam as fileiras daqueles que Platão considerava como ilusionistas. Mas deveriam eles pedir perdão em público, e tentar viver de acordo com os ditames do platonismo? Duvido. Mesmo que tentassem, não conseguiriam jamais. Os professores poderão se defender da acusação de serem sofistas, de que fingem aumentar a sabedoria dos jovens confiando a eles mensagens preciosas. Platão continuaria a zombar. Do mesmo modo, os escritores estariam errados ao afirmar e crer que são cidadãos como outros quaisquer. Platão lhes mostraria que não podem se abster da *opinião* nem recusar o papel que ela atribui a eles. Quer queiram ou não, eles a "guiam", e não depende deles recusar esse papel, por mais que o considerem ilusório. De resto, valeria a pena colocar um ponto final nessa ilusão? Poderíamos desejar o fim do reinado da opinião?

Segredos compartilhados*

A entrevista de uma personalidade literária é um gênero perigoso. Entrevistado com respeito excessivo, o escritor nada dirá de novo sobre si mesmo. Ao contrário, se ele for submetido a questões indiscretas, responderá furtando-se, querendo se livrar o quanto antes do importunador. Admiro o fato de que Betty Milan, entrevistadora debutante, tenha evitado os dois perigos. Nem conformista nem agressiva, nem ingênua nem pedante, empenha-se em obter uma quantidade de confidências suficiente para conferir ao autor a proximidade que desperta a vontade de ler – quando não de reler.

O empenho dela não é recompensado em todos os casos. Em alguns, que, aliás são raros (deixo ao leitor apontá-los), a corrente simplesmente não passa. A entrevistadora nada tem a ver com isso. É o autor que recusa a ideia de comentar a si mesmo, imaginando de certo que o seu texto basta por si só e

---

* *Folha de S.Paulo*, 28 jul. 1996. A versão integral aqui reproduzida foi publicada como Prefácio, in: Milan, *A força da palavra: entrevistas*. Rio de Janeiro: Record, 1996.

que toda glosa implicaria o risco de um mal-entendido. Essa posição, perfeitamente defensável, é adotada por Nathalie Sarraute, que merece todo o meu respeito, e não há por que se irritar com um entrevistado que, de vez em quando, evita as questões que lhe são postas. Sempre que Betty Milan não depara com uma retração de princípio, como é mais frequente, ela consegue mostrar o interlocutor em sua melhor forma.

A entrevista com Jean D'Ormesson, que nos deleita com sua autoironia, é um exemplo feliz disso. Aposto que mais de um leitor vai achar que é demasiadamente curta e desejará conhecer melhor esse "aristocrata" da República das Letras, com um excesso de talento para ser maldoso. Obrigado a ele e a Betty Milan pela lufada de século XVIII... Excelente também a franqueza de Jean-Claude Carrière falando com tanta paixão quanto precisão do seu *ofício* de dialogista... Mas eu paro por aqui. A ideia de dar ibope não me agrada. Não cito as entrevistas que preferi ou que gostaria de citar. Só quero dizer que a habilidade de Betty com frequência conduz o autor a falar de si com franqueza e sem a pretensão de mostrar que é sério. D'Ormesson, Carrière, Françoise Sagan e outros mais (a lista completa eu obviamente não vou dar, pois prefiro não cometer gafes) entraram no jogo graças a uma interlocutora que soube evitar as banalidades midiáticas e os chiliques de salão Verdurin.

A que gênero pertencem os textos que leremos? Melhor não os considerar como rebentos do jornalismo. Seria supor que o jornalismo é um gênero literário, quando, na verdade, é um modo de difusão que inclui vários gêneros – do panfleto à filosofia política, passando pela crítica literária... Não sei. Talvez possamos incluir este livro na última categoria: uma *crítica literária dialogada*. As entrevistas que leremos numerosas a meu

A vingança do bom selvagem e outros ensaios

ver são tão estimulantes quanto os melhores *Lundis* de Sainte-
-Beuve. Nesses tempos pós-estruturalistas, o elogio poderia
parecer uma agulhada na autora. Não tenho essa intenção.
Insisto no não conformismo a ponto de pensar que, se reinse-
rirmos uma obra na biografia do autor, não diminuiremos em
nada a sua consistência e a tornaremos ainda mais interessante.
Talvez já esteja na hora de rever o processo instituído e julgado
por Proust contra Sainte-Beuve. A crítica literária que se recusa (ou se recusaria) a renegar Sainte-Beuve só é arcaica para
quem considera arbitrariamente que a análise das obras literá-
rias é da alçada exclusiva dos técnicos do Texto — tão drástica
é essa posição, que a própria noção de "autor" acaba passando
por vetusta e a de "sensibilidade" é simplesmente dispensada.
Nem todos os inovadores consagrados da literatura esposam
essas ideias extremadas.

O que é um bom crítico literário? Eis a resposta de uma das
interlocutoras de Betty Milan: "É preciso que ele seja muito
sensível à escrita em si, que saiba exprimir o que sente no contato com o livro e se aproxime do que o livro pretende dizer.
O crítico deve ter a sensibilidade muito aguçada. Isso vale para
cada um dos livros que lê".

Quem disse isso não é uma cronista de uma revista bem-
-comportada, é Nathalie Sarraute. Pois a subversão eficiente
precisa bem menos do terrorismo intelectual, que é a arma dos
pobres de espírito, do que se imagina. Agora que as polêmicas acirradas dos *sixties* pertencem à história literária (Picard
contra Barthes a propósito de Racine, Boyancé contra Bollack
a propósito da Lucrécia), talvez já tenha chegado o momento
de rever os processos movidos contra uma *velha guarda* literaria-
mente incorreta. Os métodos de análise ditos "estruturalistas"

são úteis na medida em que acabam com a psicologia sumária (e possivelmente ingênua), praga dos estudos literários na França dos anos 1950. Podemos, no entanto, duvidar dos limites da competência desses métodos, quando o crítico ou o hermeneuta que os dogmatizou proíbe "que se considere o que um livro pretende dizer" – um livro, quando não uma página do mesmo. Ou, então, quando um estudante, em geral de boa formação, acredita ter analisado uma argumentação cerrada de Nietzsche ou de Bergson, meditando sobre a alternância das formas interrogativas e assertivas num determinado fragmento. De minha parte, quando sou o examinador, fico profundamente insatisfeito.

No terreno literário, a situação não é muito diferente. É tão lamentável considerar como indigno de interesse teórico a identificação dos afetos novos que o romancista procura despertar quanto negligenciar, num texto filosófico, o conceito novo que o autor, com maior ou menor dificuldade, tentava introduzir. Diante das proezas dos técnicos do Texto, a gente se sente até mal de lembrar que os autores (de filosofia) *também* provavam que uma tese era insustentável ou reformulavam um problema mal enunciado para indicar a futilidade intrínseca das "soluções" que se acreditava necessário dar a ele – em suma, *querer dizer algo de importante*, fulgurante às vezes, e preciso sempre. Quando o comentador procura dar conta de um enfoque inovador (e as inovações estilísticas não são mais do que um dos aspectos), ele precisa se valer, num ou noutro momento, de uma documentação de *ordem histórica*, história de um espírito, história das suas leituras, história social. Assim, tanto a teoria literária quanto a história da filosofia obrigam quem não optou pelo espírito de seita a honrar as prescrições metodológicas que,

A vingança do bom selvagem e outros ensaios

frequentemente, só foram consideradas trivialidades por se ter uma ideia *assepsiada* do que devem ser *a* literatura e *a* filosofia.

Fiquemos agora só com as obras de ficção, pois Betty Milan nos apresenta, principalmente, os escritores. Escrever um romance talvez seja fazer surgir um mundo (que mundo? *Welt* ou *Umwelt*?; em alemão, seria necessário precisar) ou retraçar um novo "horizonte" etc. Porém não seria também — e necessariamente — fazer uma obra de *cronista*? Tahar Ben Jelloun não hesita em lembrar essa trivialidade, na entrevista que leremos: "Em todo romance existe o projeto de fazer o retrato de uma sociedade... Em *O homem rompido*, eu falo da corrupção. Noutro eu falo da condição feminina e, noutro, da História. Com tudo isso, a gente chega a ter uma ideia do que é o Marrocos hoje".

Eis aí um primeiro elemento de um eventual *Por Sainte-Beuve*. As informações obtidas sobre a *experiência* de um escritor não nos impedem de apreciar a especificidade *literária* da sua obra, não incitam forçosamente a uma curiosidade "psicologizante" que mutilaria de saída o alcance do trabalho. Já não estaria em tempo de desconfiar da condescendência de princípio em que a instância "psicológica" é mantida pelos puristas da literatura? As filosofias das essências e, posteriormente, das estruturas expandiram demais a superfície *a priori* pouco fecunda ou maldita do "psicologismo". Sem atentarmos para os afetos que se formaram no escritor, depois para a maneira pela qual um projeto ainda rudimentar foi remanejado à medida que a intriga e o contexto se definiam, como compreender a constituição de um gênero que nós *abstratamente* chamamos de ficção, ou compreender que tantas experiências singulares tenham se ajustado a um *modo de expressão*, se só examinarmos tal modo considerando que as experiências são anedóticas, dignas apenas de algumas

315

linhas, na introdução de uma edição escolar? O biográfico, o psicográfico, merecem mesmo tamanho desdém? Que eu saiba, é pela profusão e a precisão da documentação biográfica que muitos volumes da *Pléiade* despertaram de novo o interesse do público por autores contemporâneos consagrados (Colette, Faulkner etc.). Betty Milan realiza um trabalho comparável quando leva, por exemplo, Patrick Grainville a dizer o que o Brasil lhe deu e de que forma a caução do "tropicalismo" o liberou do modelo da narrativa neoclássica, ainda tão presente no imaginário francês.

— As entrevistas do livro acaso são, do seu ponto de vista, *pesquisas de fontes*, amostras do método de Lanson?

A isso eu responderia primeiramente que seria um cumprimento à autora, pois o método de Gustave Lanson, que foi levianamente desvalorizado, é uma etapa indispensável da compreensão literária — pelo menos quando esta não se reduz a um jogo combinatório "textual". Mas o prazer que eu tenho de mexer com as ideias estabelecidas não me fará deixar Betty Milan em companhia de Sainte-Beuve e de Lanson. O que, aliás, não seria infamante, porém não daria conta do seu modo de proceder. Pelos deslindamentos dos fatos, ela busca encontrar a gênese de uma voz (de uma "musiquinha", como dizia Céline), quer saber como os acasos e a tenacidade se entrelaçaram para formar um *timbre*, que o leitor acaba reconhecendo — uma *singularidade* literária. O interesse dela pela vida e as opiniões do escritor não o aprisiona ao *individual*. Trata-se de um recurso para chegar às *singularidades* que fizeram de tal *indivíduo* uma voz literária (a distinção deleuziana entre os dois termos é útil aqui). Que isso nos sirva para evitar um contrassenso sobre o título do livro. *A força da palavra* de que aí se trata

A vingança do bom selvagem e outros ensaios

não diz respeito ao diálogo transcrito nas páginas que vamos ler, mas às palavras pronunciadas pelas vozes eminentemente singulares, cuja origem as entrevistas procuram encontrar.

Inseparabilidade da experiência de vida se não da experiência quotidiana e do fazer literário. Essa ideia que parece nortear sempre a entrevista é ilustrada mais uma vez. Considere-se a página comovente em que Nathalie Sarraute diz que a escrita não deve procurar a beleza, e sim, modestamente, procurar não perder o contato com "a sensação". E também vale a pena considerar as entrevistas com as biógrafas-escritoras que escolhem como *tema literário a vida* de uma personagem excepcional (Maradona, Eva Perón, Marguerite Yourcenar). Depois de ler Alicia Dujovne Ortiz, a biógrafa de Evita, ou Michèle Sarde, biógrafa de Yourcenar, a gente já não precisa mais repetir que a verdade, às vezes, ultrapassa a ficção, porque a vida verdadeira, sem acréscimos hagiográficos, *já era ficção*, modelagem voluntarista de si mesmo. O mármore aí se esculpe numa estátua, que depois fica esperando o seu Plutarco. Sabe-se lá onde começa a literatura, onde termina a vida, quando se evoca Yourcenar, exilada altivamente na sua ilha, correndo mundo assim que a última amarra afetiva se rompeu. Ou quando a biógrafa "conta" a história de Evita, morena bastarda e desprezada nos seus primórdios, loira fictícia depois, vestida por Dior e metamorfoseada em Madonna... entre santa e demagoga, na sua volta da Europa, levitando certamente para além do bem e do mal (não posso deixar de recomendar especialmente as páginas sobre ela). Essa espécie de monstros sagrados, Hegel a chamava "grandes figuras plásticas", porém só a encontrava na Grécia antiga — antes que a modernidade tivesse demarcado a fronteira entre o real e o imaginário, fronteira que a nossa autora prefere deixar indecisa. O que apaixona é o imaginário no coração do dia a dia, o vivido que o talento, com uma vara de condão, promove à dignidade de imagem. Não acreditemos no que Hegel diz, o fim da sua *Estética* é lúgubre demais. Não é verdade que a arte, a partir de então, pertença ao passado. A literatura continua a ser uma *força viva*, se consentirmos em dela tirar a maiúscula. O segundo sentido do título "A força da Palavra" me parece, aliás, ser este.

Bem verdade que a entrevistadora prefere ver a força aplicada aos objetivos dela, porque também tem sua própria temática, também é escritora. A exemplo disso, a frequência com a qual os temas da viagem sem fim e do exílio retornam — os filhos de diplomatas destinados a viajar a partir da infância (d'Ormesson, Álvaro Mutis) muito a interessam. E vocês a verão lançar a isca, socraticamente, a Álvaro Mutis. "– O senhor diria que contar é tão importante quanto errar? – Sim, contar é uma maneira de errar. Reconstruir a errância é uma forma de passar por ela novamente." E o que foi que essa herança deu a Álvaro Mutis? "Não sei bem... Comecei a minha vida com a errância e para mim ela é absolutamente natural."

Porém a errância, diz ele ainda, pode ser o resultado de uma condenação. Ou, pelo menos, a maneira que o solitário, o escritor, encontra de transformar o ensimesmamento numa virtude. Enclausurada na sua ilha, num país em cuja língua ela nunca escrevera, Yourcenar, nos diz Michèle Sarde, havia se instalado na errância, fortaleza onde nada a podia atingir. Ao saber da destruição do castelo de sua infância, citou o verso de *Sertorius*, de Corneille: "Roma não está mais em Roma, mas sim onde eu estou". O escriba de Adriano nos faz ouvir Ovídio novamente: "Se o mundo despencasse, as suas ruínas só comoveriam

A vingança do bom selvagem e outros ensaios

um indivíduo indiferente". E a biógrafa acrescenta: no fundo, todo escritor poderia se valer do verso de Corneille; é exilado até mesmo na sua cidade natal, e esse exílio assumido é talvez o preço que ele deva pagar pela sua obra. Solidão vagabunda, a errância é a aceitação do "exílio", e, sem dúvida alguma, uma das maneiras mais corajosas de "gerenciá-lo", como diria a televisão francesa.

Sim, mas, quem diz "exílio", diz pátria perdida. Que pátria? A dos "bons europeus" no sentido de Nietzsche, e, em particular, daqueles que não se conformam com o fato de terem sido expatriados pelas caravelas dos seus ancestrais, dos que dizem "Europa! Europa!", como o jovem armeniano de Kazan diz para si mesmo, "América! América!", ao longo da sua odisseia. Que pátria? A resposta é clara, quando se trata de Hector Bianciotti, a quem a entrevistadora lembra que, à semelhança de Borges, ele define os argentinos como "europeus no exílio". Europeu no exílio ele foi, depois "estrangeiro na França", antes de se transmutar em escritor francês. E a resposta toca Betty Milan o suficiente para que leve Alícia Dujovne Ortiz a tratar do *Heimstlösigkeit*. Dujovne Ortiz, argentina também, exilada também, e que deixou o país natal à procura de uma ilha para si: "não saí em busca de um país onde tivesse raízes, escolhi um exílio literário".

Da crítica literária de aparência cosmopolita, eis-nos reconduzidos à literatura sul-americana. "Reconduzidos"? Não, a palavra não é esta, porque a América Latina e sua especificidade estão sempre presentes nessas páginas, conquanto nos detivermos nelas. Bem verdade que essa harmônica teria me escapado, se eu não tivesse ficado tão impressionado, alguns anos atrás, com as páginas marcantes que a autora consagrou às suas origens libanesas e à implantação da sua família no Brasil. A "pá-

319

tria perdida" e a procura da impossível "identidade" nada têm a ver, para Betty Milan, com os "lugares" provenientes da tópica analítica. Mais uma vez, o imaginário, decididamente, não se separa do biográfico – do sangue e da terra. Se o perfume (por sinal, nada desagradável) dos "trens de luxo" mistura-se com os odores mais acres do navio de Simbad, ele não permite desconhecer que, para a narradora do livro, se trata das suas raízes e das contas que ela precisou acertar com as mesmas.

E – elegância suprema –, isso tudo sem nostalgia. Considere-se o final das entrevistas de Alicia Dujovne Ortiz e de Carrière. Os dois (que não se encontraram) entreveem que a América Latina, triunfo indubitável da mestiçagem ("Basta sair na rua para ver a cor variada das crianças"), bem pode se tornar um modelo para o século que se aproxima. Século da vaidade da preservação como da procura da identidade, temas, aliás, tipicamente "europeus". Não acredito que Betty Milan, na sua estada europeia (não falo do "seu exílio"), reinvente a ilha de Yourcenar. Já não tenho certeza, depois de ter lido essas páginas, que ela tenha encontrado na "Literatura" como os cátaros se jogaram na fogueira. Acredito, antes, que esteja a ponto de desvelar um segredo. Qual seria? Para falar ainda nietzschianamente: o dos "bons sul-americanos".

Bibliografia

ALLEMAN, Bernard. *Hölderlin et Heidegger*. Paris: PUF, 1969.

ARENDT, Hannah. Imperialism, Road to Suicide. *Commentary*, Nova York, v.1, p.27-35, fev. 1946.

ARISTÓTELES. *Retórica*, I, 1375. [Ed. bras.: trad. Manuel Alexandre Jr. et al. São Paulo: Martins Fontes, 2012.]

BAECHLER, Jean. *Les Origines du capitalisme*. Paris: Gallimard, 1971.

BEAUFRET, Jean. Prefácio a *Hölderlin*: Remarques sur Oedipe/Remarques sur Antigone, Paris: Gallimard, 1965.

BRAUDEL, Ferdinand. *L'Identité de la France*. Paris: Flammarion, 1986. [Ed. bras.: *A identidade da França*. Trad. Lygia Watanabe. São Paulo: Globo, 1986.]

BUCHANAN, James. *The Limits of Liberty*: Between Anarchy and Leviathan. Chicago: Chicago University Press, 1975.

BURKE, Edmund. *Reflexões sobre a Revolução em França*. Trad. Renato Assumpção Faria et al. Brasília: Editora da UnB, 1982.

_____. Letter on the Catholics of Ireland. Londres: 1792.

CAMBACÉRÈS, Jean-Jacques-Régis de. Discours sur la science sociale. In: *Mémoires de l'Institut National des Sciences et Arts*: Sciences Morales et Politiques. t.III. Paris: Baudouin, [s.d.].

COLLINGWOOD, Robin G. *The New Leviathan, or Man, Society, Civilization and Barbarism*. Oxford: Clarendon Press, 1942.

COMTE, Auguste. *Cours de philosophie positive*. Lv.4. Paris: Bachelier, 1821.

DESCARTES, René. Discurso do método. In: *Obras escolhidas*. Trad. Jacó Guinsburg e Bento Prado Jr. Pref. e notas Gérard Lebrun. São Paulo: Abril Cultural, 1973.

DUMONT, Louis. *Homo aequalis*: genèse et épanouissement de l'idéologie économique. Paris: Gallimard, 1977. [Ed. bras.: *Homo aequalis*: gênese e plenitude da ideologia econômica. Trad. José Leonardo Nascimento. Bauru: Edusc, 2000.]

FOUCAULT, Michel. *Histoire de la sexualité*. v.2: L'Usage des plaisirs. Paris: Gallimard, 1984. [Ed. bras.: *História da sexualidade*. v.2: O uso dos prazeres. Trad. Maria Thereza da Costa Albuquerque. Rio de Janeiro: Graal, 1988.]

_____. *Histoire de la sexualité*. v.3: Le Souci de soi. Paris: Gallimard, 1984. [Ed. bras.: *História da sexualidade*. v.3: O cuidado de si. Trad. Maria Thereza da Costa Albuquerque. Rio de Janeiro: Graal, 1988.]

_____. *Microfísica do poder*. Org. Roberto Machado. Rio de Janeiro: Graal, 1982.

_____. *Archéologie du savoir*. Paris: Gallimard, 1969. [Ed. bras.: *Arqueologia do saber*. Trad. Luiz Felipe Baeta Neves. Rio de Janeiro: Forense Universitária, 1986.]

_____. *Les Mots et les choses*. Paris: Gallimard, 1966. [Ed. bras.: *As palavras e as coisas*. Trad. Salma Tannus Muchail. São Paulo: Martins Fontes, 1989.]

FRIEDMAN, David. *The Machinery of Freedom*: Guide to a Radical Capitalism. Nova York: Arlington House, 1978.

FURTADO, Celso. *A fantasia organizada*. Rio de Janeiro: Paz e Terra, 1985. [*Obra autobiográfica*. São Paulo: Companhia das Letras, 2014.]

GIANNOTTI, José Arthur. *Trabalho e reflexão*: ensaios para uma dialética da sociabilidade. São Paulo: Brasiliense, 1982.

GUEVARA, Che. *Obras completas*. 14v. São Paulo: Edições Populares, 1982.

HABERMAS, Jürgen. *Théorie et pratique*. v.I. Paris: Payot, 1976. [Ed. bras.: *Teoria e práxis*. Trad. Rúrion Melo. São Paulo: Editora Unesp, 2013.]

HAYEK, Friedrich. *Os fundamentos da liberdade*. Trad. Ana Maria Capovilla e José Ítalo Stelle. São Paulo: Visão, 1983.

_____. *Law, Legislation and Liberty*. 3v. Chicago: Chicago University Press, 1978. [Ed. bras.: *Direito, legislação e liberdade*. Trad. Carlos Szlak. São Paulo: Avis Rara, 2023.]

_____. *The Constitution of Liberty*. Chicago: Chicago University Press, 1960. [Ed. bras.: *Os fundamentos da liberdade*. Trad. Ana Maria Capovilla e José Ítalo Stelle. São Paulo: Visão, 1983.]

HEGEL, G. W. F. *Aesthetik*. Ed. Glockner, XII. [Ed. bras.: *Cursos de estética*. Org. Viktor Knoll. São Paulo: Edusp, 2015.]

_____. *Phénoménologie de l'esprit*. Trad. de J. Hyppolite, v.II. [Ed. bras.: *Fenomenologia do espírito*. 2v. Trad. Paulo Meneses. Petrópolis: Vozes, 1992.]

_____. *Enzyklopädie der philosophischen Wissenschaften*, in: *Werke in zwanzig Bänden*, v.10. Frankfurt am Main: Suhrkamp, 1970. [*Enciclopédia das ciências filosóficas*, v.3. Trad. Paulo Meneses. São Paulo: Edições Loyola, 1995.]

_____. *Theologische Jugendschriften*, ed. Hermann Nohl. Tübingen, 1907.

HELLER, Michel. Lenine et la Vetchka. *Libre*, n.2, p.147-70, 1977.

HUME, David. *Dialogues Concerning Natural Religion*. Londres: Penguin Classics, 1990. [Ed. port.: *Diálogos sobre a religião natural*. Trad. Álvaro Nunes. Lisboa: Edições 70, 2019.]

_____. *A Treatise of Human Nature*. 2.ed. Oxford: Oxford University Press, 1978. [Ed. bras.: *Tratado da natureza humana*. Trad. Deborah Danowski. 2.ed. São Paulo: Editora Unesp, 2009.]

JOUVENEL, Bertrand de. *Les Origines de l'État moderne*: une histoire des idées politiques au XIXe siècle. Paris: Fayard, 1976.

LACOUE-LABARTHE, Phillipe. *Hölderlin*: l'Antigone de Sophocle. Paris: Seuil, 1978.

LEMIEUX, Pierre. *Du Libéralisme à l'anarche-capitalisme*. Paris: Presses Universitaires de France, 1983.

LEPAGE, Henri. *Demain le libéralisme*. Paris: Le Livre de Poche, 1980.

MACHAJSKI, Jan. *Le Socialisme des intellectuels*. Textos escolh., trad. e apres. Alexandre Skira. Paris: Seuil, 1979.

MACPHERSON, C. B. *The Political Theory of Possessive Individualism*: Hobbes to Locke. Oxford: Oxford University Press, 1964. [Ed. bras.: *A teoria política do individualismo possessivo*: de Hobbes a Locke. Trad. Nelson Dantas. Rio de Janeiro: Paz e Terra, 1979.]

MARX, Karl. *La Question juive*. Paris: Union Générale d'Éditions, 1968. [Ed. bras.: *Sobre a questão judaica*. Trad. Nélio Schneider e Wanda Caldeira Brant. São Paulo: Boitempo, 2010. Coleção Marx & Engels.]

_____; ENGELS, Friedrich. *Die deutsche Ideologie*. In: MEGA, I, 1, Berlim: Dietz, 1981. [Ed. bras.: *A ideologia alemã*. Trad. Rubens Enderle. São Paulo: Boitempo, 2007. Coleção Marx & Engels.]

MERQUIOR, José Guilherme. *Foucault ou o niilismo de cátedra*. Rio de Janeiro: Nova Fronteira, 1986.

MILAN, Betty. *A força da palavra*: entrevistas. Rio de Janeiro: Record, 1996.

MOREAU, Pierre-François. *Les Racines du libéralisme*. Paris: Seuil, 1978.

MOURA, Carlos Alberto Ribeiro de. *Crítica da razão na fenomenologia*. São Paulo: Nova Alexandria, 1989. [2.ed. São Paulo: Editora Unesp, 2022.]

NOHL, Hermann (org.). *Hegels theologische Jugendschriften*. Tubingen: J. C. B. Mohr, 1907.

NORTH, Douglass; THOMAS, Robert. *The Rise of the Western World*: *A New Economic History*. Cambridge: Cambridge University Press, 1976.

OLIVEIRA, Maria Lúcia (org.). *A conquista do espaço político*. São Paulo: Edição Jornal da Tarde, 1983.

PLATÃO. *A república*. Trad. Carlos Alberto Nunes. Belém: Editora UFPA, 2023.

_____. *Leis*. 3v. Lisboa: Edições 70, 2017.

RIBEIRO, Renato Janine. *Ao leitor sem medo*: Hobbes escrevendo contra o seu tempo. São Paulo: Brasiliense, 1984.

_____. *A etiqueta do Antigo Regime*: do sangue à doce vida. São Paulo: Brasiliense, 1983. (Coleção Tudo é História.)

ROTHBARD, Murray. *For a New Liberty*: A Libertarian Manifesto. São Francisco: Fox and Wilkes, 1973.

ROUSSEAU, Jean-Jacques. Discours sur l'économie politique. In: *Œuvres complètes*. t.3. Paris: Gallimard; Pléiade, 1964. ["Economia". In: DIDEROT, Denis. *Enciclopédia ou Dicionário razoado das ciências, das artes e dos ofícios*. v.4: Política. São Paulo: Editora Unesp, 2015.]

_____. *Émile, ou de l'éducation*. Lv.5. Paris: Garnier, 1962. [Ed. bras.: *Emílio, ou da educação*. Trad. Thomaz Kawauche. São Paulo: Editora Unesp, 2022.]

SAUVY, Alfred. *La Machine et le chômage*: les progrès techniques et l'emploi. Paris: Dunod; Bordas, 1980.

SCHELLING, Friedrich W. J. Conférences de Stuttgart. In: *Essais*. Paris: Aubier, 1968. [*Preleções privadas de Stuttgart*. Trad. Luis Felipe Garcia. São Paulo: Clandestina, 2022.]

SENNETT, Richard. *Les Tyrannies de l'intimité*. Paris: Seuil, 1979.

_____. *The Fall of the Public Man*. Nova York: Alfred Knoll, 1976. [Ed. bras.: *O declínio do homem púólico*: as tiranias da intimidade. Trad. Lygia Watanabe. 3.ed. Rio de Janeiro: Record, 2018.]

SÓFOCLES. *Antígona*. Trad. Jaa Torrano. São Paulo: Ateliê, 2022.

STEINER, Steiner. *Les Antigones*. Paris: Gallimard. 1984. [Ed. port.: *Antígonas*. Lisboa: Relógio d'Água, 2009.]

STRAUSS, Leo. *The Political Philosophy of Thomas Hobbes*: Its Basis and its Genesis. Chicago: Chicago University Press, 1964. [Ed. bras.: *A filosofia política de Thomas Hobbes*: suas bases e sua gênese. Trad. Élcio Verçosa Filho. São Paulo: É Realizações, 2016.]

TALMON, Jacob-Leib. *The Origins of Totalitarian Democracy*. Londres: Secker & Warburg, 1952.

TODD, Emmanuel. *La Chute finale*: essai sur la décomposition de la sphère soviétique. Paris: Robert Laffont, 1976.

VEYNE, Paul. *Como se escreve a história*. 4.ed. Brasília: Editora UnB, 1998.

VEYNE, Paul. Les Grecs ont-ils connu la démocratie? *Diogène*, n.124, p.3-33, 1983.

_____. "La famille et l'amour sous le Haut-Empire romain". *Annales*, 33º Année, n.1, janvier-février, 1978.

WOLIN, Sheldon. *Politics and Vision*: Continuity and Innovation in Western Political Thought. Boston: MIT Press, 1960.

Lembranças de Gérard Lebrun

Conheci Gérard Lebrun em Paris, na Casa do Brasil, no apartamento de minha amiga Olgária Matos, por volta de 1975. Nunca tinha estado com ele, mas conversamos todos longamente, já não lembro sobre o quê. Acredito que ele já tivesse vindo à USP para sua segunda temporada entre nós, como professor convidado. Dois ou três anos após esse encontro, quando me tornei professor no Departamento de Filosofia, nos encontramos na Universidade e ele me convidou a almoçar. Foi o primeiro de muitos almoços e de uma boa amizade, a que se somou mais tarde o papel de tradutor de seus artigos para o *Jornal da Tarde*, de dois de seus livros, *O que é poder*, com Silvia Lara, e mais tarde *Passeios ao léu*, e, agora, deste *A vingança do bom selvagem*.

Pensando bem, na verdade, a primeira vez que o vi foi alguns anos antes, por volta de 1971, quando passou por São Paulo a caminho de Santiago do Chile, onde ia lecionar, creio que por algumas semanas. Estava indo em tempos da Unidade Popular, do governo de Salvador Allende. Em sua breve escala brasileira, deu-nos uma palestra, a convite do Departamento. Não lembro nada do que disse — aliás, tinha esquecido desse dia, que só me

Gérard Lebrun

veio à memória na terceira ou quarta versão deste texto – mas sei que me impressionou. Principalmente sua postura: a gestualidade, exuberante, significava. Mexia a cabeça e os braços, e isso passava, a quem o via, um sentido. Deu a mim e a alguns amigos a ideia de uma postura muito livre e de uma forma de filosofar bastante independente.

Em tempos idos, ele simpatizara com a esquerda. Mais do que isso, fora membro do Partido Comunista Francês. Era agora um homem de direita. Mas não mostrava nenhuma simpatia pela ditadura que então ainda vivíamos. A partir de 1977, frequentaria os Mesquita, a família dona do *Estadão*, que era um jornal conservador que apoiara o golpe de 1964, mas que tinha algumas grandes qualidades. A primeira é que o *Estadão* rompia com quem estivesse no governo – mesmo que no início correspondesse a seus valores. Não sei se por dignidade ou, simplesmente, porque os governantes haviam se mostrado incapazes de fazer jus, no plano dos fatos, à ideologia do "bravo matutino". A segunda é que o jornal separava seus editoriais das reportagens. As opiniões conservadoras dos Mesquita não interferiam na cobertura dos fatos. Esse é um traço essencial, aliás, da boa imprensa – e eu diria mais: também do mundo acadêmico e da própria decência dos indivíduos privados. Precisamos ser capazes de respeitar a realidade, mesmo – e talvez sobretudo – quando queremos transformá-la.

Lebrun era, antes de mais nada, esse espírito crítico, um democrata liberal que, com certeza, tinha algo das duas coisas. Também era uma pessoa muito independente. Sua homossexualidade, num tempo em que esse assunto ainda constituía tabu, era algo que ele não disfarçava.

A vingança do bom selvagem e outros ensaios

Em relação ao marxismo, que à época constituía um referencial constante dos professores e pesquisadores – uma escola com a qual podíamos não concordar, mas que nos desafiava a tomar posição – Lebrun se situava como um daqueles, dentre muitos, que viam na utopia a semente da distopia. Ele gostava de François Furet, e penso que o título de um dos livros desse grande historiador, *O passado de uma ilusão* – uma brincadeira com *O futuro de uma ilusão*, de Freud –, resumiria muitas de suas convicções. Para ele, o marxismo, longe de mostrar um futuro, apontava para o passado.

Era uma época em que Thatcher e Reagan estavam desmontando as políticas sociais e o Estado de bem-estar social, criados pela social-democracia, sobretudo europeia, que pareciam ter se tornado desnecessários para o capitalismo à medida que este vencia o comunismo e o marxismo parecia ter sofrido a triste sina de ter feito uma bela teoria redundar numa prática odiosa. Não sei se Lebrun concordaria com o que direi agora: uma diferença entre comunismo e fascismo é que, se as práticas de ambos, uma vez no poder, foram detestáveis, aquele tinha uma teoria boa, o que lhe permitia – quando na oposição – constituir uma força democrática; este, porém, tinha uma doutrina (não lhe darei a nobreza de uma *teoria*) e uma prática, ambas, detestáveis. (Se eu lhe dissesse isso, penso que ele descartaria com um abano de mão: provavelmente me responderia que eu concedia aos comunistas o dom de crer em sua boa-fé, em sua honestidade.)

Lebrun, que criticava o comunismo e admirava os doutrinários já então ditos "neoliberais", não tinha, porém, como foi dito, complacência alguma pela ditadura que então vivíamos. Lembro uma vez que, ao traduzir um artigo seu em que criticava

329

o *establishment* psicanalítico, o consultei se poderia chamar este último de *Sistema*; ele respondeu que não: "Sistema" era o nome que a imprensa dava ao aparato da ditadura brasileira; a psicanálise, conquanto criticável, nada tinha em comum com ele.

Talvez interesse contar algo de sua relação com Foucault. Eram amigos; um dia lhe perguntei o que o autor de *Vigiar e punir* propunha para as prisões. Suas obras tinham-se tornado fonte de inspiração para toda crítica a quaisquer formas de disciplina; mas o que pensava ele de concreto para os criminosos, para os presos? Lebrun riu, moveu a cabeça e a mão num de seus gestos típicos, como que marcas registradas suas, e contou que perguntara isso ao amigo – e que Foucault lhe respondeu, *Queria apenas que as prisões fossem mais humanas.*

Sua irmã, Danièle Lebrun, mais nova que ele, é uma grande atriz da *Comédie Française*; terá seus 87 anos quando sair este livro. Quando Mitterrand venceu as eleições em 1981, por coincidência ele me levou a visitá-la; Lebrun disse na casa dela que a festa da vitória socialista reunira *la pègre*, a ralé; sua sobrinha riu e disse-lhe: *eu estava lá, faço parte da ralé, je suis la pègre!* Penso que a teatralidade era um dom dele, como da irmã; e de Foucault também.

A teatralidade, que me chamou a atenção desde sua conferência dos anos 70 em São Paulo, era uma forma de distanciar-se dos enunciados, uma espécie de teatro brechtiano, de fazer as pessoas marcarem um afastamento em relação ao que lhes parecesse óbvio. O afastamento – como veríamos em seu *Pascal*, publicado na coleção Encanto Radical – nos *tours, détours et retours* – era uma forma de fazer pensar. Talvez, apesar da distância política entre ele e Foucault, fosse esse o ponto comum de ambos: levar até o esgarçamento os laços do pensamento

A vingança do bom selvagem e outros ensaios

preguiçoso, provocar o outro (ou a si próprio) a se separar de suas convicções indolentes; em suma, convidar a filosofar.

Quando Lebrun reuniu artigos seus no livro que se chamou *Passeios ao léu*, sua intenção era dar-lhe o título de *Passeios paulistas*; mas seu editor, Caio Graco Prado, da Brasiliense, objetou que tal título não seria vendido fora do estado de São Paulo. Por isso aceitou chamá-lo de uma forma que evocasse as *flâneries*, quase um sinônimo do caminhar por Paris, mas que evocasse os tempos passados na cidade de São Paulo, que ele adorava e onde os artigos seriam publicados.

Havia também sua relação com nossa língua: um sotaque fortíssimo, irrenunciável; alguma confusão com uma ou outra palavra.

Sobre a experiência de traduzi-lo: eram artigos cheios de vida, que demandavam uma conversão em nossa língua que mantivesse o vigor, a contundência. Foi o que procurei fazer. Deu-me muito prazer. Ainda hoje, relê-lo me causa muita satisfação.

Impossível falar de Lebrun sem lembrar do final de sua presença no Brasil. Em algum momento de 1995, ele estava radiante. Tinha ido ao Museu da Imagem e do Som, quando viu parar, na calçada, um carro oficial, que devia ser preto; dele, desceu o Presidente da República. Ao vê-lo, Fernando Henrique Cardoso, seu amigo de trinta anos, o cumprimentou efusivamente; todos sabemos que nosso intelectual-presidente é uma pessoa educada e charmosa; ficou felicíssimo. Foi a última vez que o vi, e a última em que nos falamos.

Infelizmente, essa alegria pouco durou; não eram passados meses, e surgiu na imprensa uma acusação a ele, que o deixou profundamente abalado. Lembro que numa entrevista ele disse, à *Folha de S. Paulo*, que seu possível isolamento não o perturbava tanto, pois não tinha vida social, "não tinha amigos". Nosso amigo Bresser Pereira então me ligou; disse que queria enviar ao jornal uma carta, dizendo que ele, eu, mais Lourdes Sola e José Arthur Giannotti, éramos seus amigos. Assim o fizemos. Mas ele estava mesmo magoado – pelo menos assim me pareceu, pelo que ouvi depois. Soube que Maria Lúcia Cacciola, de passagem por Paris, lhe telefonou, e marcaram um encontro; ele só lhe falou em francês; ela se emocionou, isso o desarmou. É a última lembrança que tenho dele, e penso que seja boa: numa hora de tanta hostilidade, sentiu que alguém aqui gostava dele. Alguéns, eu diria.

Renato Janine Ribeiro*

---

* Professor titular sênior do Departamento de Filosofia da FFLCH-USP, ex-Ministro da Educação, membro da Academia Brasileira de Ciências e Presidente da Sociedade Brasileira para o Progresso da Ciência (gestão 2021-2025). É tradutor dos textos publicados neste volume.

SOBRE O LIVRO

Formato: 13,7 x 21 cm
Mancha: 23 x 44 paicas
Tipologia: Venetian 301 12,5/16
Papel: Off-white 80 g/m² (miolo)
Cartão Triplex 250 g/m² (capa)

1ª *edição Editora Unesp*: 2024

EQUIPE DE REALIZAÇÃO

Edição de texto
Tulio Kawata (Preparação de texto)
Marcelo Porto (Revisão)

Capa
Marcelo Girard

Editoração eletrônica
Eduardo Seiji Seki

Assistente de produção
Erick Abreu

Assistência editorial
Alberto Bononi
Gabriel Joppert

Camacorp Visão Gráfica Ltda

Rua Amorim, 122 - Vila Santa Catarina
CEP:04382-190 - São Paulo - SP
www.visaografica.com.br